INTELIGENTE mas DISPERSO

Copyright © 2009 by Peg Dawson, Richard Guare.
Licença exclusiva para publicação em português brasileiro cedida à nVersos Editora. Todos os direitos reservados. Publicado originalmente na língua inglesa sob o título: *Smart but scattered: the revolutionary "executive skills" approach to helping kids reach their potential.* Publicado pela editora Guilford Publications.

Diretor Editorial e de Arte:_____

Julio César Batista

Produção Editorial:_____

Carlos Renato

Preparação:_____

Mariana Silvestre de Souza

Revisão:_____

Studio Lizu e Rafaella de A. Vasconcellos

Revisão técnica:_____

Bruno Coelho

Diagramação:_____

Hégon Henrique de Moura

Capa:_____

Juliana Siberi

Dados Internacionais de Catalogação na Publicação (CIP)
(Câmara Brasileira do Livro, SP, Brasil)

Peg Dawson e Richard Guare

Inteligente mas Disperso: O método revolucionário das habilidades executivas para ajudar as crianças no desenvolvimento de seu potencial

Peg Dawson e Richard Guare; tradução: Marcos Malvezzi.

– São Paulo: nVersos, 2022.

Título original: *Smart but scattered : the revolutionary "executive skills" approach to helping kids reach their potential.*

Desenvolvimento infantil.

ISBN 978-65-87638-30-0

1. Desenvolvimento infantil 2. Educação

1ª edição – 2022
4ª reimpressão – 2024
Esta obra contempla o Acordo Ortográfico da Língua Portuguesa
Impresso no Brasil - *Printed in Brazil*
nVersos Editora: Rua Cabo Eduardo Alegre, 36 – CEP: 01257060 – São Paulo – SP
Tel.: 11 3995-5617
www.nversos.com.br
nversos@nversos.com.br

Peg Dawson, EdD
Richard Guare, PhD

INTELIGENTE mas DISPERSO

O método revolucionário das habilidades executivas para ajudar as crianças no desenvolvimento de seu potencial

Tradutor: Marcos Malvezzi

nVersos

Sumário

Introdução 7

Primeira Parte: Por que seu filho é inteligente, mas disperso

1. Como uma criança tão inteligente pode ser tão dispersa? 17

2. Como identificar as forças e as fraquezas de seu filho..............35

3. A importância das forças e fraquezas nas habilidades executivas dos pais..55

4. A tarefa que combina com a criança 69

Segunda Parte: Fundamentos que podem ajudar

5. Dez princípios para aperfeiçoar as habilidades executivas de seu filho 83

6. Modificar o ambiente: A de Antecedente 95

7. Ensinar habilidades executivas diretamente: B de *Behavior* (comportamento) 107

8. Motivar seu filho a aprender e usar habilidades executivas: C de Consequência.. 127

Terceira Parte: Juntando tudo

9. Organizador avançado... 139

10. Planos já prontos para ensinar seu filho a completar tarefas rotineiras 149

11. Desenvolver inibição de resposta 199

12. Aprimorar a memória de trabalho 209

13. Aperfeiçoar o controle emocional 217

14. Fortalecer a atenção sustentada 227

15. Ensinar inicialização de tarefas 235
16. Promover, planejar e priorizar 243
17. Incentivar a organização 251
18. Instigar o gerenciamento de tempo 259
19. Encorajar a flexibilidade 267
20. Aumentar a persistência orientada por metas 275
21. Cultivar a metacognição 283
22. Quando o que você faz não basta 291
23. Trabalhar com a escola 299
24. O que vem depois? 305
Bibliografia 311
Índice remissivo 315

Introdução

Nada é mais frustrante do que ver seu filho(a), que tem tanto a oferecer, enfrentar enormes dificuldades com tarefas e funções típicas do cotidiano. Os outros alunos da sala conseguem fazer a lição de casa do terceiro ano, lembram-se de levar o livro de Matemática para casa e terminam suas tarefas antes da hora de dormir. Por que seu filho não faz isso? Quando se senta com ele, percebe claramente que ele sabe matemática, e a professora confirma que a criança entende a lição. A maioria das crianças da creche se senta em um círculo por 10 minutos sem causar problemas. Por que seu filho, que lê desde antes do Jardim de Infância, não consegue ficar quieto por dez segundos? Você tem outra criança, de 8 anos de idade, que arruma o quarto sem criar encrenca, mas para seu filho(a) de 12, a tarefa vira uma guerra semanal. Os filhos de seus amigos não se esquecem dos bilhetes de autorização, não perdem um casaco caro nem têm crises emocionais em público. Por que o seu tem?

Você sabe que seu filho ou filha tem inteligência e força de vontade para ser bem-sucedido. No entanto, os professores, seus amigos e talvez os avós da criança – além daquela voz incômoda na cabeça – dizem que a criança não está onde deveria estar. Você experimentou de tudo: pedidos, gritos, paparicos, subornos, explicações, talvez até ameaças ou castigos, para que a criança se acalmasse, fizesse o que era esperado e tivesse autocontrole para agir de acordo com a idade. Nada funcionou.

Talvez o problema seja a falta de certas *habilidades*. Não se pode convencer uma criança a usar habilidades que não possui, assim como não se pode vencer uma competição de esqui quando não se sabe nem o princípio do esporte. Seu filho pode até *querer* alcançar o potencial para fazer o que é exigido, mas não sabe *como*. Cientistas que estudam o desenvolvimento e o cérebro infantil descobriram que a maioria das crianças que são inteligentes, porém dispersas não possuem determinados hábitos mentais chamados *habilidades executivas*. São habilidades fundamentais do cérebro para executar tarefas: organizar-se, planejar, começar um trabalho, focar na tarefa, controlar impulsos, regular emoções, ser adaptável e forte – quase tudo que uma criança precisa para negociar as demandas típicas da infância na escola, em casa e com amigos. Algumas crianças não têm certas habilidades executivas ou demoram até desenvolvê-las.

Felizmente, muita coisa pode ser feita para ajudar. Este livro lhe mostrará como é possível modificar as experiências diárias de seu filho de 4 a 13 anos de idade e construir as habilidades executivas que lhe permitirão entrar no caminho certo para conquistar seus objetivos. As bases para o desenvolvimento de habilidades executivas no cérebro são estabelecidas antes do nascimento e você não pode controlar essa capacidade biológica. Os neurocientistas, porém, sabem que essas habilidades se desenvolvem gradual e progressivamente no decorrer das duas primeiras décadas de vida. Isso dá aos pais infinitas oportunidades durante toda a infância de estimular as habilidades executivas que seu filho parece não possuir.

Com as estratégias ensinadas neste livro, será possível ajudar sua filha a aprender a organizar o quarto, fazer as lições de casa, esperar por sua vez, lidar com decepções, adaptar-se a mudanças de planos, encarar novas situações sociais, seguir orientações, obedecer a regras, guardar o dinheiro da mesada e muito mais. Você poderá ajudar seu filho a cumprir milhares de outras exigências, grandes ou pequenas, que fazem parte da vida de uma criança, e reverter um padrão preocupante de atraso no aprendizado escolar, de perda de amigos e, de um modo geral, de não se enturmar com os colegas.

Vimos os métodos deste livro funcionarem com milhares de crianças no ambiente escolar, bem como em casa com a família. As estratégias exigem comprometimento, tempo e constância, mas nenhum de nossos métodos é difícil de aprender ou adotar. Alguns podem até ser divertidos. Sem dúvida, essas alternativas a uma constante supervisão, às broncas e aos paparicos tornarão também a *sua* vida de pai ou mãe mais divertida.

O que este livro pode fazer para você e seu filho disperso?

Até certo ponto, em determinado nível, todas as crianças enfrentam dificuldades para se organizar, exercer autocontrole e se relacionar com os outros. Brigas por causa da arrumação do quarto ocorrem em quase todos os lares. E não existe uma única criança de 13 anos de idade que faça todas as lições de casa impecavelmente todos os dias. Alguns jovens, porém, necessitam de supervisão constante para cumprir suas tarefas. É provável que queira saber quando poderá se poupar. Quando terá o alívio de não ter de lembrar seu filho das diversas coisas? Quando sua filha aprenderá a se acalmar em vez de esperar que você a acalme? Será que um dia você poderá sair de cena e deixar que seus filhos tenham sucesso sozinhos?

Esses momentos cruciais podem demorar muito, caso a tomada de decisões seja morosa. E, enquanto espera, seu filho corre o risco de sofrer uma queda na autoestima e você, como pai ou mãe, permanecerá frustrado e preocupado. Portanto, se seu filho não tem habilidades executivas suficientes para o cumprimento de exigências de outras pessoas, é importante partir para a ação e ajudá-lo a acelerar o passo. As habilidades executivas foram recentemente identificadas como a fundação necessária para todas as crianças lidarem com as demandas da infância; essas habilidades sediadas no cérebro se tornam cada vez mais críticas à medida que as crianças se aventuram no mundo e a supervisão e a orientação paternas diminuem. São, no final das contas, essenciais para que a vida adulta seja administrada de maneira eficaz. Estimular as habilidades executivas de seu filho vai poupá-lo de muitas dificuldades futuras.

Se seu filho de 5 anos de idade não possui as mesmas habilidades executivas das outras crianças, ou está atrasado em relação a terceiros, é provável que ele não suporte perder um jogo, não tenha controle sobre seus impulsos, e seu grupo de amigos se reduza. Talvez sua filha de 9 anos de idade não consiga planejar as tarefas e cumprir o cronograma, talvez nunca termine os trabalhos escolares mais longos, apropriados para essa idade. Se seu filho de 13 anos de idade tem um controle limitado sobre os próprios impulsos, o que o impedirá de passear de bicicleta com os colegas e deixar a irmã mais nova sozinha em casa porque você não estava lá para lembrá-lo de que prometera cuidar dela? Na adolescência, sua filha terá cuidado ao dirigir um carro cheio de amigos? Seu filho estudará para as provas finais ou ficará o tempo todo enviando mensagens de texto e jogando videogames? Ele ou ela terão as habilidades para se organizar e administrar o tempo na hora de se candidatar para um emprego temporário, além do controle emocional para não perder a compostura com um cliente irritante ou com o próprio chefe? Ao se tornar um jovem adulto, seu filho terá condições de sair da casa dos pais, ou não conseguirá "decolar"? Em suma, eles serão capazes de viver uma vida bem-sucedida e independente?

Se, desde já, eles puderem contar com a sua ajuda para construir as habilidades executivas faltantes ou deficitárias, eles terão chances muito maiores. Por isso, nosso foco é nas crianças da faixa etária do pré-escolar ao Ensino Fundamental. Ao chegar ao Ensino Médio, seu filho já terá uma base sólida para o sucesso nessa parte importante de sua vida acadêmica e social. Ele estará munido de um maior autocontrole, poder de decisão e capacidade de resolver problemas, muito mais do que sequer imaginava hoje. Boa parte do que ilustramos para os alunos no Ensino Fundamental pode funcionar também para os seus filhos no Ensino Médio; porém, como esses adolescentes enfrentam problemas diversos relacionados às habilidades executivas e reagem de maneira diferente às orientações dos pais, não nos aprofundaremos aqui na faixa etária mais avançada.

Sobre este livro

Como trabalhamos com outras crianças – e vimos nossos próprios filhos crescendo – sabemos que todos podem ter certos déficits nas habilidades executivas e que a maneira de ajudá-los varia, dependendo da idade e do nível de desenvolvimento da criança, bem como de nossas próprias forças e fraquezas, além dos problemas que causam maiores aborrecimentos. Se conseguir determinar o comportamento certo e escolher a estratégia apropriada, você terá um impacto positivo, importante e duradouro na capacidade de seus filhos de desenvolver habilidades executivas. A principal meta da Primeira Parte deste livro é ajudar o leitor a perceber onde seu filho precisa de ajuda e quais são os melhores ângulos de abordagem para fortalecer essas habilidades. Os capítulos iniciais (do 1 ao 4) dão uma visão geral de habilidades executivas, como se desenvolvem e se manifestam em tarefas progressivas comuns, e de que modo você e o ambiente podem contribuir para o desenvolvimento de habilidades executivas fortes. Vários cientistas e clínicos categorizaram e classificaram essas habilidades de diversas maneiras, mas todos nós concordamos que elas são processos cognitivos necessários para: primeiro planejar e direcionar atividades, incluindo o começo e o acompanhamento, e depois regular o comportamento – inibir impulsos, fazer boas escolhas; e, segundo, mudar de tática quando o que se faz não funciona, e controlar as emoções e o comportamento com o intuito de alcançar metas de longo prazo. Se considerarmos que o cérebro organiza o *input* e o *output*, as habilidades executivas nos ajudam a manejar as funções do *output*. Ou seja, ajudam-nos a absorver todos os dados que o cérebro coletou de nossos órgãos sensoriais, músculos, terminações nervosas etc. e escolher o modo de reagir.

No Capítulo 1, você aprenderá não só a respeito das funções mais específicas das habilidades executivas, mas também um pouco sobre o modo como o cérebro se desenvolve e, de forma mais específica, como essas habilidades se desenvolvem nas crianças desde o nascimento. Essa compreensão lhe dará uma ideia da extensão das funções das habilidades executivas e o porquê de as fraquezas ou déficits limitarem, em vários aspectos, a vida cotidiana de uma criança.

Claro que para identificar as forças e fraquezas específicas de seu filho você precisa saber quando as diversas habilidades começam a se desenvolver, assim como aprender as habilidades motoras, tais como engatinhar, sentar, ficar em pé e caminhar. A maioria dos pais já possui a percepção da trajetória progressiva das habilidades executivas. Nós e os professores de nossos filhos ajustamos naturalmente nossas expectativas para que se adequem à capacidade crescente de independência da criança, embora os rótulos não sejam conscientemente atribuídos a esses passos na aquisição das habilidades. O Capítulo 2 oferece uma visão mais apurada dessa trajetória, listando as tarefas comuns do desenvolvimento que exigem o uso das habilidades executivas nos diferentes estágios da infância. Mostraremos também o modo como as fraquezas e as forças nessas habilidades seguem certos padrões pessoais, embora seja um fato que as habilidades, de modo geral, se desenvolvem melhor em alguns indivíduos do que em outros. Você começará a formar um quadro das forças e fraquezas de seus filhos com um conjunto de testes breves. Esse quadro ajudará a iniciar a identificação de possíveis alvos para as intervenções citadas na Segunda e na Terceira Partes deste livro.

Como já mencionamos, a capacidade biológica para o desenvolvimento das habilidades executivas é determinada antes do nascimento, mas o ambiente é preponderante para a criança alcançar seu potencial de desenvolvimento dessas habilidades. Você, pai ou mãe, é uma parte enorme desse ambiente. O que não significa que os pais devam ser culpados pelas habilidades executivas fracas de seus filhos, mas se você identificar suas próprias fraquezas e forças, isso potencializará seus esforços em construir as habilidades executivas de seu filho e reduzirá conflitos já existentes entre vocês dois.

Digamos que seu filho seja muito desorganizado, assim como você. Não só será difícil ensinar a ele habilidades organizacionais, mas também as batalhas em torno da desorganização podem aumentar exponencialmente. Todavia, munido com o conhecimento dessa semelhança, você pode estabelecer uma parceria com a criança, enfatizando a necessidade mútua de aprenderem essas habilidades. O trabalho conjunto ajuda a preservar o orgulho da criança e encoraja a cooperação.

Ou talvez você detecte uma diferença em vez de uma semelhança, quando ciente de ser superorganizado enquanto seu filho é desorganizado, é essencial ser mais paciente com ele, ajudando-o a construir a habilidade na qual você já é forte. Se a criança é assim, não significa que está tentando irritar os pais, é apenas uma questão de diferenças em habilidades executivas. O Capítulo 3 o ajudará a entender onde se encontram as forças e fraquezas em suas habilidades executivas e como poderá usar esse conhecimento para ajudar o seu filho.

O ponto de encaixe entre você e a criança não é o único que deve ser notado. Uma boa harmonia entre seu filho e todo o ambiente também importa. Assim que acertar as estratégias para construir as habilidades executivas de seu filho, ficará claro que a primeira atitude para suprir um déficit é alterar o ambiente. Claro que não será para sempre – e o principal objetivo deste livro é assegurar que não seja necessário – mas é exatamente isso que os pais fazem, em graus variados, durante toda a infância e a adolescência de seus filhos. Tapamos as tomadas para que os bebês engatinhando não ponham nelas seus dedos curiosos; os primeiros passeios em parques infantis são acompanhados de pais ou responsáveis; limitamos o uso da internet e do celular para que a lição de casa seja feita. No Capítulo 4, mostraremos como detectar no ambiente um bom encaixe, ou adequação, com as habilidades executivas da criança e como supervisioná-la até o momento em que ela não precise mais de auxílios ambientais.

Quando não estiver claro quais são as forças e fraquezas de seu filho, você e o ambiente se harmonizam, e seu filho estará pronto para começar o trabalho de construção dessas habilidades. Acreditamos que nossas intervenções são eficazes, pois primeiro se aplicam ao espaço natural da criança; e, segundo, você pode escolher dentre vários ângulos de abordagem. Essas escolhas permitem customizar seus esforços, adequando-os à criança que você conhece tão bem, e lhe dão um Plano B, caso o Plano A não seja um sucesso completo.

O Capítulo 5 (na Segunda Parte) apresenta um conjunto de princípios a serem seguidos quando houver necessidade de decidir qual é o melhor ângulo de abordagem para determinada tarefa-problema, ou para uma habilidade executiva específica da qual seu filho precisa. Três desses princípios formam a estrutura de todo o trabalho que faremos, e cada um deles é descrito em um dos capítulos seguintes (Capítulos 6 ao 8): (1) fazer ajustes no ambiente para melhorar o encaixe entre a criança e a tarefa; (2) ensinar a criança a realizar tarefas que exigem habilidades executivas; ou (3) motivar a criança a usar as habilidades executivas já presentes em seu repertório. De um modo geral, recomendamos o uso de uma combinação dessas três abordagens, garantindo assim o sucesso; e o Capítulo 9 mostra como juntá-las. Até lá, você pode decidir se quer adotar algumas das técnicas de *scaffolding*[1] (que se traduz literalmente como *andaime*) ou usar os jogos sugeridos na Segunda Parte para impulsionar as habilidades executivas da criança em sua totalidade, no decorrer do dia.

Situações problemáticas que causam aborrecimento devem ser abordadas, bem como algumas habilidades executivas, que, por sua vez, criam adversidades em todos os domínios da vida de seu filho. O Capítulo 10 ensina rotinas que abordam os problemas mais comuns relatados pelos pais das crianças que atendemos em nosso consultório. Essas rotinas sugerem uma série de procedimentos e, em alguns casos, até um roteiro, que ajudarão seu filho a administrar atividades diárias com menos esforço e tumulto como, por exemplo, a rotina para a hora de dormir, mudanças de planos, ou um trabalho escolar de longo prazo. Muitos pais acham mais fácil começar com essas rotinas porque abordam de forma direta uma tarefa que é fonte de conflitos diariamente e também porque fornecem todos os passos e as ferramentas necessárias. É provável que perceba que essa é a melhor maneira de se acostumar com o trabalho de construir habilidades executivas, bem como o caminho mais curto até os resultados observáveis. Os pais também precisam de motivação, e nada melhor que o sucesso para incentivá-los a prosseguir. Sugerimos modos

---

1. Técnicas para elaborar disciplinas específicas, tomando cuidado com a linguagem. O *scaffolding* está relacionado com a transmissão da língua na aula de uma matéria específica.

de adaptar as rotinas à idade de seu filho. Elas também identificam as habilidades executivas necessárias para a realização de uma tarefa; assim, se você sentir que as mesmas habilidades servem para as tarefas que causam tanto transtorno para seu filho, leia e trabalhe as habilidades tratadas nos capítulos correspondentes seguintes.

Dos Capítulos 11 até o 21, cada habilidade executiva é abordada individualmente. A progressão típica da habilidade é descrita e uma escala sucinta apresentada para que determine se seu filho está focado ou atrasado em relação ao desenvolvimento da habilidade. Se sentir que as habilidades da criança são suficientes, mas precisam de um verniz, siga os princípios gerais ali listados. Se reconhecer que os problemas são mais sérios, crie sua própria intervenção baseada nos modelos oferecidos para as intervenções mais intensivas, enfocando as áreas problemáticas mais citadas em nosso consultório. Essas intervenções incorporam elementos dos três métodos descritos na Segunda Parte.

Temos certeza de que, diante de todas essas escolhas, você encontrará uma maneira de ajudar seu filho a converter habilidades executivas fracas em fortes. Vivemos, porém, em um mundo imperfeito; por isso, o Capítulo 22 inclui sugestões dinâmicas para os momentos em que encontrar uma barreira, algumas perguntas serão recomendadas para que você se questione acerca das intervenções experimentadas, além de orientações sobre como e quando procurar auxílio profissional.

Os pais conseguem ajudar os filhos a usar habilidades executivas fortes na hora de fazer a lição de casa e formar bons hábitos de estudo, mas não podem entrar com eles na sala de aula. A maioria das crianças dispersas enfrentam problemas na escola, assim como em casa. Na verdade, talvez tenham sido os primeiros professores dessas crianças que conscientizaram os pais das fraquezas executivas de seus filhos. O Capítulo 23 oferece sugestões para pais e professores trabalharem juntos e para a escola garantir que as crianças recebam a mesma ajuda e apoio necessários que têm recebido em casa. Estão incluídas sugestões para evitar antagonismo com professores e o acesso a um suporte adicional, bem como alguns planos, ou educação especial, se necessário.

As habilidades construídas com seu auxílio devem ajudá-lo a lidar melhor com a escola, mas o que acontece depois do Ensino Fundamental? Para os jovens dispersos, o Ensino Médio e a sequência apresentam desafios extras – geralmente mais assustadores que aqueles enfrentados pelas crianças menores, e o foco será maior no desenvolvimento da independência. O último capítulo deste livro oferece orientação para ajudar seus filhos a passar pelos estágios posteriores da vida.

Vislumbrar a estrada à frente e imaginar o que acontecerá às crianças ao se tornarem adultos pode ser assustador. Pessoalmente, os autores sabem que, quando seus meninos mais velhos estavam no Ensino Fundamental, passávamos noites em claro pensando em tudo que viveriam até chegar ao Ensino Fundamental II, sem falar no que viria depois. Escrevemos este livro, em parte, para assegurar que as crianças cresçam *de fato* e aprendam a se virar. Nossos filhos conseguiram – e os seus também conseguirão.

Este livro abarca anos de prática clínica e de experiência como pais. Esperamos que ajude a você, leitor pai ou mãe, qualquer que seja o ponto na jornada de seus filhos entre a infância e a independência.

Primeira Parte

POR QUE SEU FILHO É INTELIGENTE, MAS DISPERSO

1
Como uma criança tão inteligente pode ser tão dispersa?

Katie tem 8 anos de idade. É sábado de manhã e sua mãe ordenou que ela arrumasse o quarto, advertindo-a de que ela não pode atravessar a rua para brincar com sua amiguinha até que tudo esteja em ordem. De má vontade, Katie sai da sala onde seu irmãozinho assiste à TV e sobe a escada. Para diante da porta e observa a cena: suas bonecas estão jogadas em um canto do quarto, uma pilha delas, de roupinhas e acessórios. Na estante, os livros estão empilhados de qualquer jeito, alguns até caíram no chão. A porta do guarda-roupa está aberta e ela vê que algumas roupas caíram do cabide e cobriram os sapatos e alguns jogos de tabuleiro e quebra-cabeças com os quais não brinca mais. Algumas roupas sujas foram chutadas para baixo da cama, mas são visíveis no espaço entre a cabeceira e o chão. E há também uma montanha de roupas limpas espalhadas pelo carpete, que lá ficaram depois de uma busca frenética pelo suéter favorito que ela quis usar para ir à escola no dia anterior. Katie suspira e caminha até o canto das bonecas. Guarda duas na prateleira de brinquedos, pega uma terceira, estende os braços e observa a roupa que colocou nela. Lembra-se que estava vestindo a boneca para o baile na escola e percebe que não gosta daquele vestido. Procura, então, na pilha de roupinhas, por outro melhor. Está abotoando o último fecho quando a mãe espia à porta. "Katie!", ela chama, com um tom de impaciência. "Já passou meia hora e você não fez nada!" A mãe vai até o local das bonecas e, juntas, Katie e ela pegam as bonecas e as roupas, e guardam as primeiras nas prateleiras de brinquedos e as roupinhas, em uma caixa plástica que serve de baú. O trabalho acaba rápido. Mamãe se levanta para sair do quarto. "Agora, arrume estes livros", ela diz. Katie caminha até a estante e começa a organizar os livros. Em meio à pilha do chão, ela encontra o último de uma coleção infantil, que ainda está lendo. Abre o livro na página marcada e começa a ler. "Só vou terminar este capítulo", diz para si mesma. Quando termina, fecha o livro e olha ao redor. "Mãe!", chama, cautelosa. "É muita coisa pra fazer! Posso ir brincar e terminar isso depois? Por favor!".

No andar inferior da casa, a mãe de Katie suspira. Isso acontece toda vez que pede para a filha fazer algo: a menina se distrai, desanima, perde o rumo, e a tarefa só se completa quando a mamãe ajuda a filha em cada passo do trabalho – ou desiste e faz tudo sozinha. Como sua filha pode ser tão desfocada e irresponsável? Por que não consegue adiar um pouco aquilo que prefere fazer até terminar o que *precisa* fazer? Será que uma criança no 3º ano não consegue cuidar de *algumas* coisas por conta própria?

Desde que começou a fazer as Avaliações de Iowa[2], Katie está nos 90% de aproveitamento. Seus professores dizem que é imaginativa, muito esperta em Matemática e tem bom vocabulário. Também é uma menina meiga. Por isso, os professores detestam ter de informar aos pais que Katie não consegue concentrar-se nas tarefas e atividades em grupo, acaba atrapalhando a aula e que seus professores precisam pedir-lhe que se comporte nas leituras, se concentre nos livros e pare de mexer nos seus objetos embaixo da carteira, brincar com os cadarços dos sapatos ou cochichar com os colegas. Mais de uma vez, os professores sugeriram que valeria a pena os pais incutirem nela a importância de seguir instruções e se ater às atividades obrigatórias. E os pais, quando ouvem isso, dizem humildemente que já tentaram de tudo com a filha e ela sempre promete, com sinceridade, que tentará, mas tem a mesma dificuldade para cumprir a promessa que tem para arrumar o quarto ou ficar quieta à mesa.

Os pais de Katie já estão esgotados, e a filha corre o risco de não acompanhar a matéria na escola. Como uma criança pode ser tão dispersa?

Como mencionamos na Introdução, muitas crianças inteligentes ficam dispersas por não possuírem as habilidades cerebrais essenciais para planejar e direcionar as atividades, bem como regular o comportamento. Não significa que elas tenham problemas para receber e organizar o *input* adquirido através dos sentidos – o que costumamos chamar de "inteligência". Aliás, inteligência elas possuem demais. É por isso que não têm dificuldade para compreender divisão e fração nem para soletrar. A dificuldade surge quando precisam organizar o *output* – decidir o que e quando fazer e, em seguida, controlar o próprio comportamento para conseguir. Como elas possuem o dom necessário para absorver informações e aprender Matemática e Linguagem e outras matérias escolares,

---

2. *Iowa Test of Basic Skills* (ITBS) são testes padronizados pela faculdade de Educação da Universidade de Iowa e que mede o nível de conhecimento dos estudantes. No Brasil, é o SAEB (Sistema de Avaliação do Ensino Básico). Cada Estado também aplica sua própria avaliação. Em São Paulo, é o SARESP. [N. E.]

você supõe que tarefas muito mais simples – como a arrumação da cama ou o revezamento das tarefas domésticas – seriam fáceis. Mas isso não é verdade, pois seu filho possui inteligência, mas não as habilidades executivas para usá-la da melhor maneira possível.

O que são habilidades executivas?

Desde já, queremos corrigir um equívoco. Quando as pessoas ouvem a expressão *habilidades executivas*, pensam que estas se referem a um conjunto de habilidades exigidas dos bons executivos em negócios, tais como administração financeira, comunicação, planejamento estratégico e tomada de decisão. De fato, *existe* certa correlação – as habilidades executivas incluem, sem dúvida, tomada de decisão, planejamento e administração de todos os tipos de dados e, assim como as habilidades usadas por um executivo, as habilidades executivas ajudam as crianças a fazer o que precisam fazer; mas, na verdade, o termo vem da Neurociência e se refere às habilidades cerebrais necessárias para o ser humano *executar*, ou realizar tarefas.

Assim como você, seus filhos precisam de habilidades executivas para formular até o planejamento fundamental para o início de uma tarefa. Para algo tão simples quanto pegar um copo de leite na cozinha, precisam decidir se vão se levantar e ir à cozinha quando quiserem beber, apanhar um copo do armário, colocá-lo na mesa, abrir a geladeira e pegar o leite, fechar a geladeira, despejar o leite no copo, guardá-lo de volta na geladeira, e bebê-lo ali mesmo ou voltar à sala onde estavam. Na realização dessa tarefa simples, a criança precisa resistir ao impulso de pegar e comer os biscoitos que viu no armário, pois se comê-los ficará com mais sede ainda, ou impulso de beber um refrigerante cheio de açúcar, no lugar do leite. Se, no armário, não encontrar os copos comuns, deve olhar no escorredor de louças em vez de escolher um dos melhores copos da cristaleira dos pais. Quando perceber que quase não há mais leite, precisa se acalmar e resistir à vontade de brigar com a irmãzinha porque sabe que ela tomou quase tudo. Tem que tomar cuidado para não deixar uma marca de leite na mesinha de centro se não quiser que a proíbam de comer lanches na sala de estar, dali em diante.

Uma criança com habilidades executivas fracas pode pegar um copo de leite sem dificuldade – ou pode se distrair, fazer escolhas erradas e demonstrar pouco controle emocional ou comportamental, deixando a porta da geladeira aberta, pingando leite na mesa e no chão, esquecendo-se de guardar de volta na geladeira e brigar com a irmãzinha até ela chorar. Mas mesmo que consiga tomar leite sem nenhum incidente, pode apostar que essa criança terá dificuldade na vida com tarefas mais complicadas, que exijam mais de suas habilidades para planejar, manter a atenção, organizar, controlar seus sentimentos e saber como lidar com eles.

As habilidades executivas são, na verdade, aquilo que seu filho precisa para que os sonhos e esperanças do pai ou da mãe em relação a ele − ou até os sonhos e esperanças da própria criança − se realizem. No fim da adolescência, nossos filhos devem cumprir uma condição fundamental: *precisam funcionar com um grau razoável de independência*. O que não significa jamais pedir ajuda ou conselho. Significa que já não dependem de nós para planejar ou organizar o dia deles, indicar-lhes quando começar uma tarefa, guardar suas coisas quando as esquecem, ou lembrar que é preciso prestar atenção à aula. Quando nossos filhos alcançam esse ponto, nosso papel de pai ou mãe está chegando ao fim. Dizemos que agora "é por conta deles", aceitamos a situação com certo conforto e esperamos o melhor para eles. As instituições sociais fazem a mesma função ao definirem-nos como adultos para a maioria dos fins legais.

Para entrar nesse estágio de independência, a criança deve desenvolver habilidades executivas. Provavelmente você já viu um bebê observar quando a mãe sai do quarto, e depois de alguns minutos, começar a chorar. Ou, talvez, já tenha ouvido sua filha de 3 anos de idade dizer a si mesma, em um tom que lembra o seu, que não deve fazer determinada coisa. Ou testemunhou um garoto de 9 anos de idade parar e olhar para os dois lados antes de atravessar a rua atrás de uma bola. Em casos assim, você está testemunhando o desenvolvimento de habilidades executivas.

Nosso modelo

Nosso trabalho inicial com habilidades executivas ocorreu na década de 1980. Ao avaliar e tratar crianças com lesões cerebrais traumáticas, vimos que a fonte de muitas dificuldades cognitivas e comportamentais era um déficit nas habilidades executivas. Apesar de menos severos, observamos problemas semelhantes em crianças com significativo déficit de atenção (TDAH [Transtorno de Déficit de Atenção com Hiperatividade]). A partir dessas origens, começamos a investigar o desenvolvimento de habilidades executivas em uma vasta gama de crianças. Embora existam outros sistemas de habilidades executivas, nosso modelo foi elaborado para alcançar uma meta específica: *ajudar-nos a descobrir meios pelos quais pais e professores consigam promover o desenvolvimento de habilidades executivas em crianças que demonstram fraquezas.*

Baseamos nosso modelo em duas premissas:

1. *A maioria dos indivíduos possui um acervo de forças e fraquezas de habilidades executivas.* Na verdade, descobrimos que existem perfis comuns de forças e fraquezas. As crianças (e os adultos) que são fortes em habilidades específicas costumam ter fraquezas em outras, e os padrões são previsíveis. Queríamos um modelo que possibilitasse às pessoas identificar esses padrões para que seus filhos fossem encorajados a contar com as próprias forças e corrigir ou evitar suas fraquezas, com o intuito de aperfeiçoar o funcionamento geral. Percebemos também que era importante ajudar os pais a identificar suas próprias forças e fraquezas como pais, tornando-os capazes de ajudar ainda mais os filhos.

2. *O propósito básico de identificar áreas de fraquezas é a capacidade de elaborar e implementar intervenções que tratem dessas fraquezas.* Queríamos ajudar as crianças a construir as habilidades necessárias ou manipular o ambiente para minimizar ou evitar os problemas associados às fraquezas de habilidades. Quanto mais discretas são as habilidades, menos complicado é o desenvolvimento de suas definições operacionais. Se puderem ser operacionalizadas, será mais fácil criar intervenções para aprimorar essas operações. Por exemplo, pensemos no termo *disperso*. É ótimo como título de um livro, pois um pai ou uma mãe lê a palavra e sabe imediatamente que descreve seu filho. Mas *disperso* pode significar esquecido ou desorganizado, sem persistência, ou distraído. Cada um desses problemas sugere uma solução diferente. Quanto mais específicos formos em nossas definições de problemas, melhores serão nossas chances de desenvolvermos uma estratégia que de fato resolva o problema.

O esquema que desenvolvemos consiste em 11 habilidades:

- Inibição de resposta;
- Memória de trabalho;
- Controle emocional;
- Atenção sustentada;
- Inicialização de tarefas;
- Planejamento/priorização;
- Organização;
- Administração de tempo;
- Persistência orientada por metas;
- Flexibilidade;
- Metacognição.

Essas habilidades podem ser organizadas de duas maneiras diversas: em termos de desenvolvimento (a ordem em que se desenvolvem nas crianças) e de funcionamento (as que ajudam as crianças a fazer). Como já mencionamos, saber a ordem em que as habilidades surgem na infância, na fase de engatinhar e nas seguintes, ajudam os pais e os professores a compreender o que esperar de uma criança em determinada idade. Em uma oficina que conduzimos vários anos atrás com professores de Jardim de Infância até o 8º ano, pedimos aos professores que identificassem duas ou três habilidades executivas em seus alunos que causavam maior preocupação. Nas séries mais baixas, o foco era a inicialização de tarefas e a atenção sustentada, enquanto no Ensino Fundamental os professores destacaram o estresse com a administração de tempo, organização e planejamento e priorização. Detalhe interessante: em todos os níveis os professores escolheram a inibição de resposta como uma habilidade ausente em muitos alunos! O ponto principal, porém, é que, quando a ordem em que essas habilidades devem se desenvolver é conhecida, não haverá perda de tempo tentando incrementar uma habilidade em uma criança de 7 anos de idade que é própria dos 11 anos de idade. São suficientes as suas batalhas, não é necessário adicionar a elas uma infrutífera.

A tabela nas páginas seguintes lista as habilidades na ordem em que cada uma se manifesta, define cada uma e dá exemplos de como se manifesta em crianças de diferentes idades.

Progressão de habilidades executivas por desenvolvimento

Habilidade executiva	Definição	Exemplos
Inibição de resposta	A capacidade de pensar antes de agir – essa habilidade para resistir ao impulso de dizer ou fazer algo dá à criança tempo para avaliar uma situação, e prever qual será o impacto do seu comportamento nela.	Uma criança pequena pode esperar por algum tempo antes de tomar alguma atitude prejudicial. Um adolescente pode aceitar a repreensão do juiz de futebol sem discutir.
Memória de trabalho	A habilidade para reter informações na memória enquanto realiza tarefas complexas. Inclui a capacidade de contar com o aprendizado ou uma experiência anterior para lidar com uma situação presente ou projetá-la no futuro.	Uma criança pequena pode memorizar e seguir instruções de um ou dois passos. A criança no Ensino Fundamental se lembra das expectativas de vários professores.
Controle emocional	Habilidade para controlar emoções e alcançar metas, completar tarefas e controlar e direcionar o comportamento.	Uma criança pequena com essa habilidade consegue se recuperar de uma decepção em pouco tempo. Um adolescente pode dominar a ansiedade por um jogo ou prova e ter bom desempenho.

Atenção sustentada	Capacidade de prestar atenção em uma situação ou tarefa, apesar da distração, fadiga ou tédio.	Completar uma tarefa de 5 minutos com supervisão ocasional é um exemplo de atenção sustentada na criança pequena. Um adolescente consegue prestar atenção à lição de casa, com pequenos intervalos, durante 1 ou 2 horas.
Inicialização de tarefas	Habilidade para começar projetos sem adiamentos desnecessários, de uma maneira ordenada e eficiente.	Uma criança está apta a começar uma tarefa ou lição logo depois de ouvir as instruções. Um adolescente não precisa esperar até a última hora para começar um trabalho.
Planejamento/ priorização	A habilidade para criar um roteiro que leve a uma meta ou conclusão de uma tarefa. Envolve também a capacidade de tomar decisões seguindo parâmetros de importância.	Uma criança pequena, sob supervisão, consegue pensar em opções para lidar com conflitos com um colega. Um adolescente pode formular um plano para obter algo.
Organização	Habilidade para criar e manter sistemas para acessar informações ou materiais.	Uma criança pequena consegue, quando solicitada, guardar brinquedos no lugar certo. Um adolescente consegue organizar e localizar equipamentos esportivos.
Administração do tempo	A capacidade de calcular o tempo disponível, como utilizá-lo e como respeitar prazos e limites. Também envolve a noção de que o tempo é importante.	Uma criança pequena pode completar uma tarefa rápida dentro do limite de tempo dado por um adulto. Um adolescente pode estabelecer um cronograma para cumprir os prazos das tarefas.
Persistência orientada por metas	Capacidade de ter um objetivo, seguir os passos até alcançá-lo e não adiar nem se distrair com outros interesses.	Uma criança no 1º ano é capaz de completar um trabalho antes de sair para o recreio. Um adolescente ganha e economiza dinheiro para comprar algo importante.
Flexibilidade	A capacidade de revisar planos em face aos obstáculos, contratempos, novas informações ou erros. Relaciona-se a uma adaptabilidade a mudanças.	Uma criança pode se ajustar a uma mudança de planos sem grandes angústias. Um adolescente pode aceitar uma alternativa, como outra função, caso sua primeira escolha não esteja disponível.
Metacognição	A capacidade de recuar e ter uma visão panorâmica de si mesmo em uma situação, para entender como o problema pode ser resolvido. Inclui também o automonitoramento e habilidades de autoavaliação (por exemplo, perguntar: "Como estou me saindo?" ou "Como me saí?"	Uma criança pequena consegue mudar de comportamento reagindo ao *feedback* de um adulto. Um adolescente consegue monitorar o próprio desempenho e melhorá-lo ao observar outras pessoas mais habilidosas.

As pesquisas com bebês revelam que a inibição de resposta, a memória de trabalho, o controle emocional e a atenção se desenvolvem cedo, nos primeiros 6 a 12 meses de vida. Vemos o início do planejamento quando a criança descobre uma maneira de obter o objeto desejado. Fica mais evidente quando a criança anda. A flexibilidade aparece na reação infantil às mudanças e pode ocorrer entre os 12 e 24 meses. As outras habilidades, como inicialização de tarefas, organização, administração de tempo e persistência orientada por metas, surgem mais tarde, entre a idade pré-escolar e o começo do Ensino Fundamental.

Saber como funciona cada habilidade – se contribui para o pensamento ou as ações da criança – é útil, pois mostra se o objetivo de sua intervenção como adulto é ajudar a criança a *pensar* de outro modo ou a *se comportar* de maneira diferente. Se seu filho tem uma memória de trabalho fraca, por exemplo, você tentará fornecer estratégias para lembrar as informações essenciais (como, por exemplo, o que ele tem que trazer para casa da escola) com mais confiança. Se a fraqueza é o controle emocional, ajude-o a falar em vez de dar socos quando perceber que o irmãozinho sentou em cima de seu avião de brinquedo. Na verdade, contudo, pensar e agir caminham de mãos dadas. Frequentemente, ensinamos as crianças a usar os pensamentos para controlar o comportamento.

As *habilidades de pensamento* têm o propósito de escolher e alcançar objetivos, ou desenvolver soluções para problemas. Ajudam as crianças a criar uma imagem, um propósito e um caminho até ele, e lhes dão os recursos necessários que podem ser acessados no percurso para alcançar o objetivo. Também auxiliam seu filho a se lembrar dessa imagem, de criar um projeto, mesmo que o objetivo esteja distante e outros eventos ocorram no caminho, desviando a atenção da criança e ocupando espaço em sua memória. Mas para alcançar tal propósito, ela deve usar o segundo grupo de habilidades, que lhe permitam *fazer* o que precisa ser feito para o cumprimento das tarefas estipuladas. Esse segundo conjunto de habilidades incorpora comportamentos que orientam as ações da criança no caminho a percorrer.

Esse esquema organizacional é mostrado na tabela a seguir.

Quando tudo sai de acordo com o planejado, a começar pela mais tenra infância, nós temos ideias para coisas que queremos ou precisamos fazer, planejar ou organizar, reprimimos pensamentos ou sentimentos que interferem em nossos planos, animamos a nós mesmos, lembramo-nos do objetivo mesmo diante dos obstáculos, distrações ou tentações, mudamos de percurso quando a situação exige, e persistimos com nossos esforços até alcançarmos o objetivo. Isso pode ser rápido como completar um quebra-cabeça de 10 peças ou tão demorado quanto reformar a casa. Se temos

3 ou 30 anos de idade, usamos as mesmas habilidades executivas do cérebro para atingir nossos objetivos.

Enquanto seus filhos vão crescendo, é notável o aperfeiçoamento dessas habilidades executivas. É possível que se lembre de ter segurado a mão de seu filho na calçada quando ele tinha 2 anos de idade, e de andar lado a lado com sua filha de 4 anos de idade, bem como observá-la atravessar a rua sozinha dali a alguns anos. A cada estágio do crescimento, você reconhecia que as habilidades de seus filhos – habilidade para ser independente – aumentava, porém ainda não se desenvolvera o suficiente para que eles administrassem o próprio comportamento ou resolvessem todos os problemas sem orientação. Tudo o que você ensina a seu filho se relaciona com uma compreensão instintiva de seu papel como pai ou mãe que ensina o filho a desenvolver e refinar essas habilidades executivas. Então, se os pais cumprem o papel, por que algumas crianças perdem o rumo?

Duas dimensões de habilidades executivas: pensar e fazer

Habilidades executivas envolvendo o pensar (cognição)	Habilidades executivas envolvendo o fazer (comportamento)
Memória de trabalho	Inibição de resposta
Planejamento/priorização	Controle emocional
Organização	Atenção sustentada
Administração de tempo	Inicialização de tarefas
Metacognição	Persistência orientada por objetivos
	Flexibilidade

Como as habilidades executivas se desenvolvem no cérebro: biologia e experiência

Como as crianças adquirem habilidades executivas? No caso das muitas habilidades que temos, há dois fatores principais: biologia e experiência. Pensando na contribuição biológica, o potencial para as habilidades executivas é inato, presente no cérebro desde o nascimento. É semelhante ao modo como a linguagem se desenvolve. Claro que, no nascimento, essas habilidades executivas, também como a linguagem, existem *apenas* potencialmente. Isso significa que o cérebro possui o equipamento biológico para o desenvolvimento das habilidades. Existem, contudo, numerosos fatores biológicos que podem influenciar o modo como as habilidades se desenvolvem. Traumas sérios ou lesões físicas no cérebro da criança, principalmente nos lobos frontais, que afetam o desenvolvimento das habilidades. Os genes herdados dos pais também podem impactar na aquisição dessas habilidades. Se você não possui boas habilidades de atenção e organização, é provável que seu filho também tenha problemas nessas áreas. Quanto ao ambiente, se for biológico ou fisicamente tóxico, aumentam as chances de afetar as habilidades executivas do seu filho. Os "venenos" ambientais variam de exposição a chumbo até maus-tratos. Entretanto, pressupondo-se a presença de um equipamento biológico relativamente normal e a ausência de traumas genéticos ou ambientais, o desenvolvimento do cérebro pode ser normal.

Biologia: crescimento + poda = habilidades executivas

No nascimento da criança, seu cérebro pesa em torno de 368 gramas. No fim da adolescência o peso aumenta para quase 1,5 quilo. Numerosas mudanças explicam esse aumento. Primeiro, há o crescimento rápido na quantidade de células nervosas cerebrais. Essas células nervosas devem se comunicar para que a criança pense, sinta ou aja. Elas desenvolvem ramificações que permitem que se comuniquem, trocando informações. O crescimento dessas ramificações, chamados *axônios* e *dendritos*, é especialmente rápido entre os bebês e crianças.

Nesses estágios iniciais de desenvolvimento, existe uma substância conhecida como *mielina*, que forma uma bainha gordurosa em volta dos axônios. Esse processo de mielinização isola as ramificações que transportam os sinais nervosos, tornando a "conversa" entre as células nervosas mais rápida e eficiente. A mielinização continua até os estágios finais da adolescência e no início da idade adulta, sendo responsável pelo desenvolvimento do que se costuma chamar de *massa branca* do cérebro. A massa branca consiste em feixes de axônios que conectam diferentes regiões do cérebro e permite a comunicação.

E há também a massa cinzenta. Esse termo costuma ser usado como metáfora do aprendizado e do poder de pensar do cérebro. A massa cinzenta é composta por células nervosas, ou neurônios, e as conexões entre elas são chamadas de *sinapses*. O desenvolvimento desse tipo de matéria cerebral é um pouco mais complicado.

Calcula-se que no quinto mês de gestação, o cérebro do feto possui cerca de 100 bilhões de neurônios. É comparável com a quantidade de neurônios de um cérebro adulto médio. No início da infância, o número de sinapses no cérebro (por volta de um quatrilhão) excede em muito as do cérebro adulto. Se o desenvolvimento da matéria cinzenta continuasse nesse ritmo, o cérebro de um adulto seria enorme. Em vez disso, ocorre um fenômeno diferente.

O aumento de matéria cinzenta — neurônios e, em particular, sinapses — atinge o pico aos 5 anos de idade e é seguido de uma redução gradual ou *poda* das conexões de neurônios. O aumento inicial acontece em um período de rápido aprendizado e experiência, no início da infância. Pesquisas recentes sobre o cérebro sugerem que quando esse aprendizado e o desenvolvimento de habilidades se tornam mais eficientes, um aumento adicional de massa cinzenta pode, na verdade, prejudicar novos aprendizados.

Através da *poda*, a criança consolida habilidades mentais, descartando conexões de massa cinzenta que não são mais necessárias. Esse período de consolidação prossegue até um segundo período de aumento significativo de massa cinzenta, que começa por volta dos 11 ou 12 anos de idade, na deflagração do que reconhecemos como rápido aprendizado e desenvolvimento. Esse aumento, por sua vez, é seguido de um período de redução por meio da poda, no decorrer da adolescência.

Importantes para a nossa compreensão acerca do desenvolvimento de habilidades executivas, as pesquisas mostram que esse salto no crescimento antes da adolescência ocorre principalmente nos lobos frontais. Considerando que os cientistas geralmente concordam que os sistemas cerebrais frontais desempenham um papel fundamental no desenvolvimento das habilidades executivas, podemos dizer com segurança que essas áreas, que incluem o córtex frontal e pré-frontal, incluindo as conexões das áreas adjacentes, constituem a base cerebral das habilidades executivas. É como se, durante a pré-adolescência, o cérebro estivesse se preparando para o desenvolvimento de habilidades executivas e para as demandas significativas que serão exigidas destas habilidades executivas durante a adolescência.

O diagrama a seguir mostra o cérebro humano com a localização aproximada das principais funções, incluindo as habilidades executivas, no córtex pré-frontal.

Pesquisadores do National Institute of Mental Health sugerem que, nessa fase, os lobos frontais desenvolvem um processo de descarte. As conexões neurais que são usadas permanecem, enquanto as que não são exercidas são descartadas. Se isso realmente ocorre, então a prática de habilidades executivas é crucial. Significa que as crianças que as praticam não aprendem apenas o autogerenciamento, isto é, a independência, mas, nesse processo, desenvolvem estruturas cerebrais que sustentarão suas habilidades executivas na adolescência e idade adulta.

A importância da prática para a aquisição de habilidades executivas também se dá por outro motivo. Pesquisadores que utilizam a ressonância magnética funcional para estudar o cérebro descobriram que quando as crianças e adolescentes realizam tarefas que exigem essas habilidades, o córtex pré-frontal faz todo o trabalho, em vez da carga ser distribuída para outras regiões especializadas do cérebro, como a amígdala e ínsulas, partes do cérebro ativadas no momento de decisões que afetam a segurança e a sobrevivência (a reação *fight-or-flight*, isto é, *lutar ou fugir*). Os adultos, por outro lado, conseguem espalhar a carga de trabalho, em parte porque já tiveram anos de prática desenvolvendo as trilhas neurais que possibilitam isso. A ativação das habilidades executivas exige um esforço mais consciente nas crianças e adolescentes que nos adultos, o que ajudaria a explicar por que eles são menos inclinados a aplicar a memória de trabalho para realizar tarefas rotineiras.

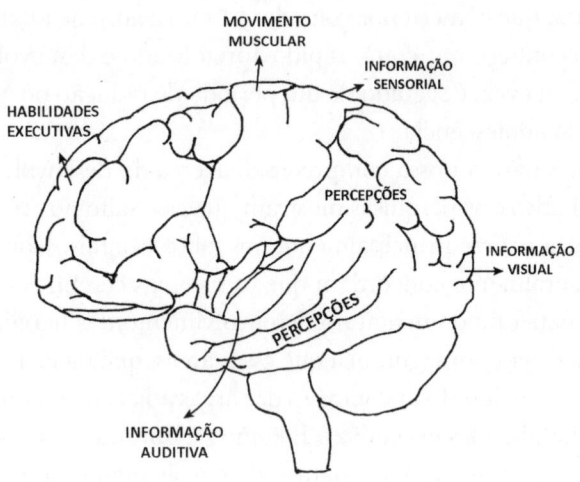

É nesse momento que pais e professores devem agir. Sem dúvida, a infância oferece aos tutores uma oportunidade vital de aperfeiçoar o aprendizado e o desenvolvimento das habilidades executivas da criança.

Não pretendemos simplificar. O cérebro é um órgão complexo e as evidências nos estudos com imagens continuam indicando que outras áreas, além do córtex pré-frontal, participam do desenvolvimento das habilidades executivas. Mas os sistemas pré-frontais estão entre as últimas áreas do cérebro a se desenvolverem totalmente, no fim da adolescência ou início da vida adulta, e têm a finalidade de administrar informações e decidir o tipo de comportamento que teremos. Se considerarmos as funções principais dos lobos frontais, perceberemos logo como essas estruturas cerebrais devem ser importantes para o desenvolvimento das habilidades executivas.

1. Os lobos frontais direcionam nosso comportamento, ajudando-nos a decidir onde fixar a atenção e que ações devemos tomar. *Exemplo:* Uma criança

de 7 anos de idade vê o irmão assistindo televisão. Ela quer se sentar e assistir com ele, mas resolve terminar suas tarefas antes, pois seu pai ficará chateado se não fizer isso;
2. Os lobos frontais associam nossos comportamentos, de modo que possamos usar experiências passadas para orientar nossas ações e tomar decisões futuras. *Exemplo:* Uma criança de 10 anos de idade se lembra de que quando terminou de arrumar o quarto na semana anterior, a mãe deixou que convidasse uma amiguinha para as duas pedirem pizza. Ela resolve arrumar o quarto de novo, prevendo que poderá fazer a mesma coisa depois;
3. Os lobos frontais nos ajudam a controlar nossas emoções e comportamentos, levando em conta restrições externas e internas, enquanto tentamos satisfazer nossos desejos e necessidades. Ao regular nossas emoções e interações sociais, os lobos frontais nos auxiliam a suprir nossas necessidades sem causar problemas para nós mesmos ou para os outros. *Exemplo:* Uma mãe diz ao filho de 6 anos de idade que ele pode comprar um videogame na loja de brinquedos, mas quando vão até lá, a loja não tem o que ele quer. Apesar de zangado, o menino não tem uma reação desproporcional na loja, mas concorda em procurar o jogo com a mãe em outras lojas;
4. Os lobos frontais observam, avaliam e afinam tudo, permitindo-nos corrigir nosso comportamento ou escolher outra estratégia baseada em *feedback*. *Exemplo*: Uma criança de 12 anos de idade não pode ir a uma excursão da escola porque foi o único da classe que se esqueceu de levar a autorização dos pais. Ele se lembra de levar a permissão assinada da próxima vez, e verifica se está na mochila antes de sair de casa.

Enfim, para onde a biologia leva seu filho? Primeiro, sabemos que as habilidades executivas são vitais para uma vida independente, uma meta básica que todos os pais devem ter para os filhos. Segundo, no nascimento, as habilidades executivas só existem potencialmente; o recém-nascido não possui nenhuma habilidade executiva real. Em terceiro lugar, os lobos frontais – e, portanto, as habilidades executivas – exigem entre 18 a 20 anos de idade, ou até mais, para se desenvolver plenamente. Levando em conta tais fatores, sabemos que as crianças não podem contar somente com os lobos frontais para regular o comportamento. Qual é a solução? "Emprestamos" a elas nossos lobos frontais. Embora não pensemos na situação nesses termos, ser pai ou mãe é, entre outras coisas, um processo de proporcionar apoio e orientação aos nossos filhos por meio de nossas habilidades executivas.

Experiência: "emprestar" nossos lobos frontais aos filhos

Nos estágios iniciais da vida de seu filho, os pais fazem o papel de lobos frontais, e a criança pouco contribui. Os pais são responsáveis pelo planejamento e organização do ambiente da criança para que ele seja seguro e confortável, monitoram sua condição, sono, alimentação, iniciam interações e resolvem problemas se ela estiver incomodada. Uma criança recém-nascida tem pouquíssimos comportamentos – basicamente, só chora e dorme – para se virar no mundo, e vive completamente no presente. Já com 5 ou 6 meses, porém, o bebê começa a desenvolver algumas habilidades que, no fim, conduzirão à independência. Você poderá notar a percepção maior de seu bebê, embora essas mudanças iniciais nem sempre sejam perceptíveis visivelmente. Para o bebê, no entanto, elas são marcantes.

Uma das novas habilidades desenvolvidas por volta de 5 ou 6 meses é a memória de trabalho. Antes dela, o bebê só reage àquilo que vê, ouve ou põe na boca, naquele momento e local. Mas quando consegue se lembrar de pessoas, eventos ou objetos, mesmo que por pouco tempo, então o mundo dele aumenta, e ele consegue senti-lo logo que acorda. Começa a fazer escolhas e "tomar decisões". Por exemplo, se a mãe sai e demora a voltar, o bebê pode olhar para o último local em que a viu e chorar. Talvez a mãe volte. Se isso acontecer, ele "entende" que, de certa forma, "se a mamãe sair e eu quiser que ela volte, é só chorar que dá certo".

Com um aumento de informações e experiências, a memória de trabalho permite à criança se lembrar de um evento passado, associá-lo a uma situação atual e prever as possíveis consequências. Por exemplo, você tem uma filha de 11 anos de idade que diz a si mesma: "No sábado passado, depois que ajudei a lavar roupa, mamãe e eu fomos à piscina. Vou perguntar se podemos fazer isso hoje depois que eu ajudar nas outras tarefas". Ou seu filho de 17 anos de idade, jovem aprendiz, pode pensar: "Se meu chefe me pedir para trabalhar amanhã, direi que não posso. Na última vez que trabalhei antes de uma prova não tive tempo suficiente para estudar e tirei uma nota péssima".

Claro que o chamado do bebê pela mãe é muito diferente de suas habilidades aos 11 ou aos 17 anos de idade. O começo desse controle é visto como uma habilidade de manter uma imagem mental da mãe. Para ajudar seu filho a desenvolver uma habilidade como a memória de trabalho, você pode proporcionar a ele determinados tipos de experiência. O ideal para um bebê são brinquedos manipulativos de "causa e efeito": quando ele realiza determinada ação como tocar nele, por exemplo, o brinquedo se mexe ou faz algum barulho. Podemos esconder um brinquedo e pedir para que o bebê o procure. Se a criança já anda, experimente pedir que procure e apanhe objetos. Quando começa a se comunicar, a criança está apta a aprender a controlar o próprio comportamento, lembrando-se de instruções e regras repetidas e demonstradas pelos pais. E, mais tarde, você pode perguntar: "O que você precisa para essa atividade?" ou "O que você fez quando isso aconteceu antes?".

Certamente, nos estágios iniciais de ajuda com essa habilidade, você é quem faz a maior parte do trabalho: oferecer brinquedos para o bebê brincar, desenvolver jogos e atividades. Quando a criança adquirir mais habilidades e conseguir se comunicar, será menos dependente dos pais e sua presença não será tão necessária. Na verdade, ao incorporar algumas ações e palavras dos pais na memória de trabalho, a criança começa a internalizar algumas habilidades executivas próprias!

Isso remonta a uma segunda habilidade-chave que o bebê desenvolve quase que simultaneamente à da memória de trabalho: a inibição de resposta. A habilidade para reagir ou não a uma pessoa, ou evento é o ponto central do controle comportamental. Estamos todos cientes dos problemas que nossos filhos podem ter quando agem antes de pensar. E ficamos impressionados com o autocontrole da criança que se sente tentada por um objeto e não o pega imediatamente.

Assim como na memória de trabalho, quando o bebê começa a desenvolver essa habilidade, por volta dos 6 meses, não notamos mudanças óbvias. Mas entre os 6 e 12 meses, a inibição de resposta da criança cresce de nível enormemente. Talvez o seu bebê de 9 meses engatinhe na sua direção, embora você esteja no quarto ao lado. Se, um ou dois meses antes, ele perdia o foco ao encontrar um brinquedo favorito no caminho, agora nem liga para isso e vai direto atrás da mãe. Nessa mesma fase, dependendo da situação, ele não demonstra certas expressões emocionais aos outros. Provavelmente todos já tivemos a experiência de estimular um bebê dessa idade, que, por sua vez, não reage e até vira o rosto. Parece rejeição, não é? Mesmo nessa tenra idade, um bebê começa a aprender o efeito poderoso de reagir ou não reagir a determinadas pessoas ou situações. A criança de 3 ou 4 anos de idade mostra essa habilidade "usando palavras" em vez de bater no coleguinha que tenta tomar seu brinquedo. A criança de 9 anos de idade, mencionada anteriormente, usa a mesma habilidade de inibição de resposta quando olha para os dois lados antes de atravessar a rua atrás de uma bola. E o jovem de 18 anos de idade mostra sua inibição de resposta ao permanecer no limite de velocidade em vez de atender à sugestão de seu amigo: "Vamos ver o quanto esse carro consegue correr?".

Como pais, todos nós reconhecemos como é vital a habilidade de inibição de resposta: sua ausência pode ser perigosa e gerar conflitos com figuras de autoridade. Quando seu filho era bebê, principalmente quando já engatinhava, você ajudou-o a desenvolver essa habilidade do lobo frontal, determinando fronteiras e limites para ele, usando portões, portas e travas, além de remover objetos perigosos do caminho. Também mantinha-o sob supervisão constante. Sem dúvida, palavras como um estrondoso "NÃO!" ou "QUENTE!" foram usadas — e, em alguns casos, as consequências naturais aconteceram — ou não puderam ser impedidas, como, por exemplo, se a criança tocou, subitamente, algo quente ou escorregou do sofá ou de uma almofada. À medida que se desenvolve, alguns riscos diminuem, como as escadas, quando a criança aprende a usá-las de maneira segura.

Além das fronteiras e limites, os pais também começam a ensinar comportamentos alternativos (acariciar o gato em vez de puxá-lo pela cauda, conversar em vez de bater). Assim como na memória de trabalho — e com a ajuda dela —, as crianças começam a modelar o comportamento e a linguagem dos pais, incorporando-os para si. Dependendo do que observar, você começa a supervisionar a partir de certa distância, alargar as fronteiras, usar mais palavras e contar com outras instituições, como a escola, para ajudar no ensinamento dessa habilidade. Como você compreende que uma independência maior e autogerenciamento são as metas, tenta constantemente equilibrar liberdade com supervisão. Seu trabalho de emprestar aos filhos os lobos frontais, porém, sempre terá dois componentes: estruturar o ambiente e supervisionar seu filho de maneira direta. Ao observar o comportamento dos pais, tentar imitá-lo e repeti-lo várias vezes, a criança começará a aprender e absorver essas habilidades. A constância razoável nas rotinas e expectativas por você estabelecidas também ajuda. Como pai ou mãe, você dará instruções usando sua linguagem. Com o tempo, a criança usará essas palavras, chegando a dizê-las a si mesma em voz alta, para regular o próprio comportamento. No decorrer dos anos, com a experiência, isso se tornará a voz interior de seu filho, ouvida somente por ele. Não queremos ser os "lobos frontais" de nossos filhos por tempo indeterminado. À medida que desenvolvem uma voz interior e internalizam essas habilidades, nosso papel diminui naturalmente.

Por que, então, seu filho não possui certas habilidades executivas?

Uma possibilidade distinta é um diagnóstico de transtorno de déficit de atenção/com hiperatividade (TDAH). O protótipo da "criança dispersa" é aquela com esse transtorno, e se o seu filho recebeu esse diagnóstico, provavelmente você já sabe quais habilidades executivas dele são mais deficitárias. Há um consenso crescente entre os pesquisadores de que o TDAH é basicamente um transtorno de habilidades executivas. Para Russell Barkley[3], esse é

---

3. Médico e professor pesquisador no Departamento de Psiquiatria da State University of New York Upstate Medical University, nos Estados Unidos [N.T.].

um problema de capacidade reduzida de se autorregular. Embora várias habilidades executivas possam ser afetadas, a inibição de resposta é uma das principais e causa impacto no desenvolvimento das outras. Outros pesquisadores enfatizam aspectos diferentes, mas todos concordam que, se uma criança tem TDAH, algumas habilidades executivas são prejudicadas. As que mais sofrem são inibição de resposta, atenção sustentada, memória de trabalho, administração de tempo, inicialização de tarefas e persistência orientada por metas. As outras podem ser afetadas, mas quando a criança entra na adolescência, se ela tem TDAH, é provável que seus pais e professores tenham notado fraquezas significativas nesse grupo de funções executivas. E se essas fraquezas existem, provavelmente a criança tem TDAH. Condizentes com essas descobertas, novos estudos sobre o cérebro sugerem que os sistemas frontais das crianças com esse transtorno podem ter diferenças na composição física e química que as distinguem de outras crianças. Em algumas delas, essas diferenças representam um "atraso no desenvolvimento" e, por um período prolongado de tempo, a criança e seu cérebro amadurecem, porém, 2 ou 3 anos depois de seus colegas. Para outras crianças com TDAH, no entanto, essa maturação não ocorre e as fraquezas persistem até a idade adulta.

É importante saber que as crianças variam no desenvolvimento dessas e de outras habilidades executivas, sem necessariamente serem diagnosticadas com TDAH ou qualquer outro transtorno "clínico". Como acontece com quase todos os conjuntos de habilidades, crianças e adultos possuem forças e fraquezas que seguem uma escala. Claro que, para algumas crianças, o tempo parece irrelevante. E quem nunca teve um professor um pouco "distraído", que nem sempre encontra seus pertences? Esses padrões de forças e fraquezas podem ser variações perfeitamente normais de desenvolvimento. No entanto, isso não significa que você não deve tomar providências caso eles afetem o desempenho de seu filho na escola, em casa, na vida social e atlética, ou qualquer outro domínio em que você almeje ver a criança prosperar. As habilidades executivas são cada vez mais vitais para o sucesso em nosso mundo complexo; portanto, se seu filho for como a Katie, do começo deste capítulo, ou se é disperso em outros sentidos, vale a pena investir – poupar tempo e evitar o agravamento da situação – em tudo que for possível para aprimorar as habilidades executivas dele.

As crianças são dispersas de várias maneiras. As que têm TDAH, bem como as que sofrem de má organização, memória de trabalho e administração de tempo, sem dúvida são "dispersas". Parecem perdidas no tempo e no espaço, ou perdem as coisas no tempo e no espaço, e a produtividade delas é ineficiente como resultado disso. Algumas, porém, são dispersas emocionalmente. Seus sentimentos se abalam e as forçam a sair por uma tangente emocional, bloqueando nelas a capacidade de superar obstáculos ou resolver problemas de forma eficaz. Às vezes, elas reagem de maneira tão instantânea e impulsiva ao que acontece à sua volta que não conseguem concluir a tarefa. Essas crianças também são dispersas. Precisam de auxílio para refrear, domar as emoções, voltar aos eixos e concluir o que estão fazendo.

No capítulo seguinte, você poderá avaliar as forças e fraquezas das habilidades executivas de seus filhos. Esse é o primeiro passo para tratar dessas fraquezas e aperfeiçoar suas forças.

2
Como identificar as forças e fraquezas de seu filho

Se as habilidades executivas não são usadas como parâmetro para pensar o desenvolvimento do seu filho, é necessário que fique atento aos processos usados por outros adultos para ajudar as crianças no aprendizado da tomada de decisões e exercício das suas habilidades executivas no processo gradual de desenvolvimento. Observar o que escolas e professores fazem para fornecer limites e espaço para o desenvolvimento pode oferecer a você uma melhor visão geral de como as habilidades executivas se desenvolvem no decorrer do tempo. Pense na Pré-Escola. Um bom programa impõe um ritmo familiar na rotina da escola, que oferece às crianças atividades grupais estruturadas, além de oportunidades de brincadeiras livres. As atividades em grupo são curtas porque as crianças nessa idade têm capacidade de atenção restrita e as instruções são passadas uma ou duas por vez, pois a capacidade dos pequenos de reter direções complexas e passos múltiplos é limitada. Os materiais são colocados diante delas; ninguém espera que consigam, sozinhas, organizar as tarefas. Embora os bons professores na Pré-Escola as incentivem a pegar e guardar as coisas, sabem que devem estar presentes e dar constantes lembretes.

O tempo de brincadeiras livres dá às crianças a oportunidade de praticar algumas habilidades executivas com um pouco de independência. Elas planejam e organizam jogos e decidem as regras. Praticam flexibilidade revezando, compartilhando brinquedos e permitindo que outra criança seja líder. E as interações sociais próprias da brincadeira livre possibilitam às crianças aprender a controlar impulsos e lidar com as emoções. Essas habilidades são reforçadas quando os professores ensinam às crianças regras simples sobre comportamento *(não correr em ambiente fechado; falar baixo na sala de aula)* e as relembram periodicamente.

No 1º ano, os professores podem diferenciar entre regras para o comportamento em sala de aula e em outros ambientes, como o pátio na hora do recreio, o ginásio e o refeitório. Nessa idade, as crianças têm mais facilidade para modificar o comportamento de acordo com contextos diversos. No recreio, por exemplo, não há problema em rir histericamente com os coleguinhas, mas, na sala de aula, isso não pode acontecer. Os educadores também recorrem à estrutura e a rotinas que ajudem as crianças a aprender a inicialização de tarefas e a atenção sustentada, de modo que trabalhem com ambas. Para isso, elas começam o trabalho em momentos específicos, recebendo tarefas que podem ser concluídas em um período próprio do nível de atenção infantil, e a professora deixa claro o que deve ser feito e quanto tempo pode levar. Com o passar dos anos, essas habilidades podem ser estendidas, por meio de um aumento gradual de tarefas a serem concluídas com mais tempo.

As demandas com base na da memória de trabalho também são maiores nessa idade que na Pré-Escola. Os professores dão lições de casa das quais as crianças devem se lembrar, entregam-lhes bilhetes de autorização para os pais assinarem, e pressupõem que, se as crianças querem pratos quentes na cantina, lembrarão que precisam trazer dinheiro para o almoço. Claro que você pode ajudar com tudo isso, verificando detalhes com seu filho depois da escola e vendo se a mochila tem o que é necessário para o dia seguinte.

No fim da primeira fase escolar, os professores começam a trabalhar de uma maneira mais dirigida, ajudando as crianças a desenvolverem habilidades de organização e de planejamento. Precisam cuidar de seu material, manter os cadernos em ordem e deixar a carteira relativamente organizada. O professor também passa trabalhos mais longos, que exigem uma sequência de passos e o cumprimento de prazos. As lições são mais vagas, o que obriga os alunos a usarem metacognição e flexibilidade para resolver problemas e considerar soluções de múltipla escolha.

Por volta do Ensino Fundamental II, as exigências sobre as habilidades executivas da criança aumentam drasticamente – e podemos admitir que essas exigências são irrealistas. Como vimos no Capítulo 1, um rápido período de desenvolvimento cerebral começa por volta dos 11 ou 12 anos de idade, que marca o início do Ensino Fundamental II na maioria dos sistemas escolares. Nos primeiros estágios, o desenvolvimento é irregular e imprevisível, o que demanda um maior apoio. Veja como as crianças aprendem a andar de bicicleta. Quando as rodinhas de sustentação são retiradas, elas precisam de mais orientação, incentivo e apoio dos pais do que necessitavam antes, quando tinham as rodinhas. A entrada na adolescência e o crescimento do cérebro nessa fase exigem a mesma coisa.

Para a maioria das crianças, o período do Ensino Fundamental II é a primeira vez em que se deparam com mais de um professor, cada qual com expectativas diferentes de como os trabalhos devem ser feitos, os cadernos organizados e as lições de casa entregues. As demandas impostas à memória de trabalho, planejamento, organização e administração de tempo aumentam proporcionalmente. Observe o que se espera de estudantes do Fundamental II:

- Lembrar sempre de anotar quais serão as tarefas;
- Manter em ordem as tarefas e os materiais (cadernos, pastas, etc.);
- Saber que materiais devem ser levados para casa ou para a escola todos os dias;
- Planejar e monitorar tarefas de longo prazo, incluindo a divisão delas em partes e a criação de linhas do tempo;
- Planejar como o trabalho será organizado e quanto tempo levará, inclusive quanto tempo é necessário para executar tarefas diárias e trabalhos com prazo;
- Manter em ordem outras responsabilidades e pertences – roupas de Educação Física, dinheiro para o almoço, bilhetes de autorização etc;
- Administrar a complexidade das mudanças de aulas, levando em conta os problemas de se locomover e carregar materiais diferentes para cada aula e lidar com estilos e expectativas diferentes dos vários professores.

O que os pais podem fazer para ajudar? É tentador ignorar a supervisão e o acompanhamento das lições de casa nessa idade – em parte porque as crianças começam a querer mais independência e liberdade do escrutínio dos pais. Embora o desenvolvimento das habilidades executivas de algumas crianças permita um alto nível de autogerenciamento, muitas delas ainda não estão nesse ponto. Você perceberá a que categoria seus filhos pertencem. Recomenda-se checar com eles todos os dias se têm lição de casa, ajudá-los a se lembrar dos trabalhos com prazo (coloque, por exemplo, um adesivo com um lembrete no calendário, em lugar de destaque), e perguntar como pretendem estudar para as provas etc.

A maioria dos professores não planeja suas aulas pensando especificamente no desenvolvimento das habilidades executivas. Tanto eles quanto os pais têm um entendimento inerente – ao menos superficial – do que podem esperar das crianças em cada idade, e preparam suas lições de acordo. Os professores aprenderam algo acerca do desenvolvimento infantil. Sentimos, porém, que, se eles compreendessem a importância das habilidades executivas para o aprendizado independente e autorregulado, e quanto eles já fazem para incentivar o desenvolvimento dessas habilidades, poderiam contribuir muito mais. Poderiam ensinar habilidades executivas de maneira explícita e infundir seus ensinamentos de perguntas e respostas que a visassem aprimorar o desenvolvimento de tais habilidades. Escrevemos um livro, *Executive Skills in Children and Adolescents*, para educadores e outros profissionais, como psicólogos escolares, que descreve como fazer o que sugerimos (ver bibliografia). E acabamos de exemplificar como as abordagens padronizadas de educação fomentam o desenvolvimento das habilidades executivas para que você possa fazer o mesmo em casa. E sendo pai ou mãe, poderá encorajar de modo mais explícito o desenvolvimento das habilidades de seus filhos.

Pense nas rotinas diárias usadas pelos professores nas atividades, nas instruções explícitas que oferecem às crianças, no modo como monitoram o desempenho delas, verificando se entendem e cumprem as tarefas. Pense em como eles organizam a sala de aula com o intuito de facilitar para as crianças o andamento dessas rotinas. Sua vida é agitada e seria irreal achar que pode dedicar o dia todo à supervisão do desenvolvimento das habilidades executivas de seu filho. Mas se ele parece fraco em uma ou outra habilidade, faz-se necessário adaptar algumas estratégias aplicadas pelos professores para ajudá-lo em casa.

Talvez seu papel como pai ou mãe seja até mais importante que dos professores, pois a necessidade das habilidades executivas é tão grande em casa quanto na escola. Pense em coisas como arrumar o quarto, controlar o temperamento, lidar com mudanças de planos, guardar os pertences ou qualquer outro exemplo neste livro. Enquanto o professor lida com 20 a 30 alunos e não tem condições de oferecer apoio personalizado a cada um, a relação pais e filhos é mais favorável. Veja-se como tutor de seu filho na questão das habilidades executivas. Para ser tutor, não é preciso fazer curso de desenvolvimento infantil, mas é necessário entender o que é um desenvolvimento normal de habilidades executivas e onde a criança se encontra nesse espectro. É disso que trata este capítulo.

Como você identifica o nível das habilidades executivas de seu filho?

Há várias maneiras de avaliar se o desenvolvimento de seu filho é normal em relação às habilidades executivas.

Ele corresponde às expectativas gerais na escola?

Em primeiro lugar, se seu filho vai bem na escola, obtendo notas razoavelmente boas, respeitando suas responsabilidades, como, por exemplo, fazer a lição de casa, então provavelmente as habilidades executivas dele andam bem. É possível que seus filhos estejam bem na escola, mas não tão bem em casa e por essa razão você está lendo este livro. Tal fato pode ter numerosas razões: o ambiente em casa é mais desestruturado que na escola, pode haver elementos estressantes (por exemplo, irmãos que brigam muito), ou as expectativas podem estar dessincronizadas com o desenvolvimento da criança (muito altas ou muito baixas). Até a fraqueza das habilidades executivas dos pais podem dificultar a vida da criança em casa. Veja o Capítulo 3 para a importância do bom relacionamento entre pais e filhos.

Para descobrir em que nível está seu filho, você precisa conhecer os tipos de tarefa e responsabilidade esperados das crianças em diferentes idades. A tabela a seguir traz uma lista de tarefas que requerem habilidades de crianças em idades diversas, capazes de praticá-las sozinhas ou sob a supervisão de um adulto.

Como é seu filho em comparação com outras crianças?

É importante comparar seu filho com amigos e colegas para você calcular, apenas de um modo geral, se as habilidades executivas dele estão progredindo normalmente. Assim como não esperamos que todas as crianças comecem a andar aos 12 meses ou formem frases aos 18, é normal que sigam caminhos variados, em média. Algumas de 5 anos de idade podem se lembrar de escovar os dentes depois do café da manhã, mas muitas não, e não é raro ter de lembrar crianças de até 8 anos de idade dessa tarefa de higiene pessoal.

Tarefas de desenvolvimento que exigem habilidades executivas

Faixa etária	
Pré-Escola	Cumprir ordens simples (por exemplo: "Pegue os sapatos no seu guarda-roupa"), arrumar o quarto ou a sala de brinquedos com assistência; realizar tarefas simples e de autoajuda com lembretes (por exemplo, tirar a louça da mesa, escovar os dentes, vestir-se); inibir comportamentos: não pode tocar no fogão quente, correr para a rua, tomar o brinquedo de outra criança. Não bater, morder, empurrar etc.
Até o 2º ano	Cumprir ordens (instruções com dois ou três passos); arrumar o quarto ou a sala de brinquedos; realizar tarefas simples. Talvez necessite de lembretes (por exemplo: arrumar a cama); trazer papéis da escola ou levar de casa para a escola; terminar a lição de casa (máximo de 20 minutos); decidir como usar o dinheiro da mesada; inibir comportamentos: seguir regras de segurança, não xingar, erguer a mão antes de falar na classe, não mexer no que não deve.
3º – 5º ano	Cumprir ordens (pode envolver atrasos ou distâncias maiores como: ir a uma loja ou se lembrar de fazer algo depois da escola); arrumar o quarto ou a sala de brinquedos (inclusive varrer o chão, tirar o pó etc.); realizar tarefas de 15-30 minutos (por exemplo, arrumar a mesa depois de comer e varrer as folhas do quintal); trazer livros, papéis, lições de casa ou levar para a escola; manter em ordem os objetos pessoais quando não está em casa; terminar lições de casa (máximo 1 hora); planejar trabalhos escolares, como resumo de livro (escolher e ler o livro, escrever o resumo); seguir as diversas rotinas diárias (por exemplo, diversas atividades na escola); guardar dinheiro para objetos, planejar como gastá-lo; inibir/autorregular: comportar-se quando o professor sai da sala; não fazer comentários rudes; não ter crises emocionais nem maus hábitos.
6º – 8º ano	Ajudar nas tarefas domésticas, incluindo responsabilidades diárias e tarefas ocasionais (por exemplo, esvaziar a máquina de lavar roupas, remover as folhas caídas no quintal); tarefas que podem levar entre 60-90 minutos; tomar conta de irmãos mais novos; usar sistema para organizar trabalho escolar, incluindo livros, cadernos etc; seguir agenda escolar complexa, incluindo mudança de professores e horários. Planejar e realizar projetos de longo prazo, incluindo um cronograma razoável a seguir. Organizar o tempo, incluindo atividades após as aulas, dever de casa, responsabilidades familiares; estimar quanto tempo leva para completar tarefas individuais e ajustar o cronograma para cumpri-las. Inibir a violação da regra na ausência de autoridade visível.

Se você acha que a criança está atrasada em termos de desenvolvimento de habilidades executivas, converse com o professor, pois ouvirá o ponto de vista de alguém que conhece seu filho e pode lhe dar um *feedback* objetivo. Os professores podem comparar uma criança com o restante do grupo, principalmente se tiverem anos de experiência lecionando o mesmo nível. Também pode ser útil falar com o pediatra de seu filho, especialmente se achar que as fraquezas dele têm alguma relação com um transtorno de atenção.

Há um padrão para identificar as forças e fraquezas das habilidades executivas de seu filho?

Enquanto algumas crianças estão atrasadas em todas as habilidades, é comum que outras (e adultos também, como você verá no capítulo seguinte) sejam mais fortes em algumas habilidades e mais fracas em outras. Vemos certas fraquezas (e forças) surgirem juntas, como mencionamos no Capítulo 1. Frequentemente, por exemplo, crianças com problemas de inibição de resposta também apresentam fraqueza no controle emocional. Essas são crianças que agem e se emocionam sem pensar; são tão propensas a dizer algo tolo quanto a explodir de raiva ante a menor provocação. Aquelas que são inflexíveis também tendem a ter um controle emocional ruim – uma mudança de planos inesperada as deixa arrasadas. Às vezes, há crianças fracas nas três habilidades: inibição de resposta, controle emocional, flexibilidade. Se seu filho se encaixa nessa categoria, você sabe como é difícil manter a calma e lidar com as tribulações e adversidades diárias que parecem definir a vida dele.

Algumas outras combinações frequentes são: jovens com problemas para iniciar tarefas também têm um déficit na atenção sustentada. Não só demoram para começar a lição de casa, mas costumam desistir antes de terminar. Essas crianças também têm uma fraca persistência orientada por metas. Entretanto, se percebermos que a persistência é relativamente forte, podemos incentivá-las a usar essa habilidade para superar as fraquezas na inicialização de tarefas e na atenção sustentada. São esses os garotos e garotas que podemos convencer a entregar a lição de casa em dia se lhes dissermos que ganharão pontos por isso e, quando tiverem pontos suficientes, poderão comprar aquele videogame que não param de pedir. Outra combinação comum é a administração de tempo e planejamento/priorização. Jovens com essas habilidades fortes raramente têm dificuldade em lidar com trabalhos em longo prazo. Se forem fracas, porém, eles não só não sabem como começar um trabalho desse tipo, como também pecam na hora de terminá-lo. E, por fim, é comum vermos uma relação entre a memória de trabalho e a organização. Às vezes, as crianças usam uma força em uma habilidade para compensar uma fraqueza em outra (não importa o quanto seu quarto está bagunçado, desde que você se lembre de onde guardou as caneleiras). Infelizmente, uma memória de trabalho fraca costuma ser acompanhada de habilidades organizacionais fracas também. Com essas crianças, os pais precisam incluir tempo extra para elas se prepararem antes da partida de futebol – terão que procurar no meio da bagunça os equipamentos esportivos!

Jeremy tem 13 anos de idade. Sempre foi um aluno consciencioso. Seus cadernos são organizados, ele anota quais serão os deveres de casa, começa a fazê-los assim que chega da escola e não para enquanto não os termina. Quando tem trabalhos com prazo longo, fica nervoso se ao menos não começar no dia em que o trabalho foi passado. Tudo isso é muito bom, mas Jeremy tem dificuldade para controlar os nervos. Se não encontra um guia de estudos ou se esquece de trazer para casa um livro que precisa estudar para uma prova no dia seguinte, fica arrasado. E detesta as redações criativas, pois nunca acha um tema sobre o qual escrever e, quando finalmente tem uma ideia, não sabe o que escrever além do óbvio. Pede ajuda para a mãe e fica furioso com ela se não gosta das ideias sugeridas ou se ela tenta ajudá-lo a pensar um pouco mais por conta própria.

O irmão de Jeremy, Jason, de 11 anos de idade, tem um modo totalmente diferente de operar. Para ele, lição de casa é um incômodo, que adia o quanto puder, e termina rápido, de qualquer jeito. A mochila de Jason é uma bagunça porque ele joga ali papéis e livros no fim do dia, achando que arrumará mais tarde (o que nunca acontece). A mãe dos meninos vive o pressionando de manhã para não se atrasar à escola, e à noite por causa da lição de casa. Embora a chatice dos exercícios diários de Matemática e Ortografia o deixe doido, adora tarefas mais abertas, criativas. Tem uma imaginação fértil e é capaz de passar horas falando da diferença entre fantasia e ficção científica. Trabalhos de Ciências que exigem explicações de como as coisas funcionam ou como podem melhorar são tão divertidos para Jason, que ele nem os vê como dever de casa. Jeremy, por sua vez, detesta o modo como Jason faz o pai esperar todas as manhãs enquanto ele se perde na rotina antes da escola, nem ligando que os dois correm o risco de se atrasar para aula.

As habilidades executivas mais bem desenvolvidas de Jeremy – inicialização de tarefas, atenção sustentada e administração de tempo – parecem ser as mais fracas de seu irmão. Por outro lado, as forças de Jason – flexibilidade, metacognição e controle emocional – faltam em Jeremy. Quando planejamos modos de ajudar nossos filhos, precisamos compreender como as habilidades executivas geralmente formam uma constelação de forças e fraquezas. Estratégias para lidar com uma fraqueza costumam fortalecer outra. Se pudermos ajudar Jeremy a lidar de uma maneira mais flexível com situações difíceis, acabaremos ajudando-o também a controlar as emoções com mais facilidade. Se aperfeiçoarmos a habilidade de Jason para iniciar tarefas chatas sem procrastinação exagerada, veremos que talvez ele tenha mais tempo – ou mais energia – para concluí-las.

Categorização das forças e fraquezas de seu filho

Neste ponto, você já deve estar bastante familiarizado com as habilidades executivas individuais para descrever corretamente as forças e fraquezas de seus filhos. Confirme sua avaliação, completando uma das escalas de categorização. Como as habilidades desenvolvidas parecem diferentes nas diversas idades, criamos quatro questionários, representando quatro faixas etárias (Pré-Escola, primeiro período do Ensino Fundamental I, segundo período do Ensino Fundamental I e Ensino Fundamental II). Escolha a escala de seu filho.

Enquanto alguns itens destas escalas são muito explícitos (por exemplo: "Capaz de completar uma tarefa que leva entre 15-20 minutos"), outros requerem certa ponderação (por exemplo: "Ajusta-se facilmente a situações não planejadas"). Se não tiver certeza de como categorizar um item, pense em outras crianças da mesma idade, ou em como era um irmão mais velho na mesma idade.

Questionário de habilidades executivas para crianças (versão Pré-Escola/Ensino Infantil)

Leia cada item a seguir e avalie com base em quão bem ele descreve seu filho. Em seguida, adicione as três pontuações em cada seção. Encontre as três pontuações mais altas e as três mais baixas.

Concordo totalmente 5
Concordo 4
Neutro 3
Discordo 2
Discordo totalmente 1

Como identificar as forças e fraquezas de seu filho | 43

	Pontuação
1. Age de forma apropriada em situações em que o perigo é óbvio (ex.: evitar o fogão).	
2. Compartilha os brinquedos sem tomar dos outros.	
3. É capaz de esperar algum tempo enquanto recebe instruções de um adulto.	
TOTAL DE PONTOS:	
4. Cumpre ordens simples (ex.: pegue os sapatos no guarda-roupa).	
5. Lembra-se de instruções passadas.	
6. Segue dois passos de uma rotina, com um incentivo por passo.	
TOTAL DE PONTOS:	
7. É capaz de se recuperar logo de uma decepção ou mudança de planos.	
8. Consegue usar soluções não físicas quando outra criança toma um brinquedo.	
9. Brinca em grupo sem ficar agitado demais.	
TOTAL DE PONTOS:	
10. Completa tarefas de 5 minutos (talvez sob supervisão).	
11. Consegue sentar em círculo na Pré-Escola (15-20 minutos).	
12. Consegue escutar uma ou duas histórias sentado.	
TOTAL DE PONTOS:	
13. Segue a orientação de um adulto logo que é dada.	
14. Para de brincar e segue instrução de adultos quando dadas.	
15. Consegue se arrumar para dormir na hora certa, se for lembrado.	
TOTAL DE PONTOS:	
16. Termina uma tarefa ou atividade antes de começar outra.	
17. Consegue seguir a rotina ou o planejamento curto desenvolvido por outra pessoa (com modelo ou demonstração).	
18. Consegue completar um trabalho de arte com mais de um passo.	
TOTAL DE PONTOS:	
19. Pendura o casaco no lugar certo (talvez com lembretes).	
20. Guarda os brinquedos nos lugares certos (com lembrete).	
21. Tira a louça depois de comer (talvez com lembretes).	
TOTAL DE PONTOS:	
22. Completa rotinas diárias sem enrolar (com lembretes/incentivos).	
23. Faz e termina mais rápido as tarefas se ela tiver um bom motivo para isso.	

24. Consegue terminar uma tarefa pequena dentro do limite de tempo (ex.: arrumar a cama antes de ligar a TV).

TOTAL DE PONTOS:

25. Instrui as outras crianças em brincadeiras ou atividades.

26. Procura assistência em situações de conflito quanto a um objeto desejado.

27. Tenta mais de uma solução para alcançar uma meta simples.

TOTAL DE PONTOS:

28. Consegue se ajustar a mudanças de planos ou rotinas (talvez com avisos).

29. Recupera-se rapidamente de pequenas decepções.

30. É disposto a compartilhar brinquedos.

TOTAL DE PONTOS:

31. Faz pequenos ajustes em trabalhos de construção ou quebra-cabeças se a primeira tentativa falha.

32. Encontra um uso diferente (simplificado) para uma ferramenta para resolver um problema.

33. Dá sugestões a outra criança para arrumar alguma coisa.

TOTAL DE PONTOS:

Fonte: *Inteligente mas Disperso* de Peg Dawson e Richard Guare. nVersos Editora, 2022.

Gabarito

Itens	Habilidade executiva	Itens	Habilidade executiva
1–3	Inibição de resposta	4–6	Memória de trabalho
7–9	Controle emocional	10–12	Atenção sustentada
13–15	Inicialização de tarefas	16–18	Planejamento/priorização
19–21	Organização	22–24	Administração de tempo
25–27	Persistência por metas	28–30	Flexibilidade
31–33	Metacognição		

As forças das habilidades executivas de seu filho (pontos mais altos)

As fraquezas das habilidades executivas de seu filho (pontos mais baixos)

Questionário de habilidades executivas para crianças (versão primeiro período do Fundamental I [1º ao 5º ano])

Leia cada item a seguir e avalie com base em quão bem ele descreve seu filho. Em seguida, acrescente três pontos em cada seção. Verifique os três pontos mais altos e os três mais baixos.

Concordo totalmente 5
Concordo 4
Neutro 3
Discordo 2
Discordo totalmente 1

	Pontuação
1. Consegue seguir regras simples na sala de aula.	
2. Consegue se aproximar de outra criança sem necessidade de contato físico.	
3. Espera até o pai/a mãe desligar o telefone para dizer uma coisa (talvez precise ser lembrado disso).	
TOTAL DE PONTOS:	
4. Consegue cumprir ordens com dois ou três passos.	
5. Lembra-se de instruções dadas alguns minutos antes.	
6. Segue dois passos de uma rotina, com um incentivo.	
TOTAL DE PONTOS:	
7. Tolera críticas de um adulto.	
8. Consegue lidar com "injustiças" sem grande aborrecimento.	
9. Consegue ajustar o comportamento rapidamente em uma nova situação (ex.: ficar quieto depois do recreio).	
TOTAL DE PONTOS:	
10. Consegue passar 20-30 minutos fazendo lição de casa.	
11. Completa uma tarefa que leva 15-20 minutos.	
12. Consegue ficar sentado durante uma refeição de duração normal.	
TOTAL DE PONTOS:	
13. Lembra-se e segue rotinas simples de um ou dois passos (como escovar os dentes e pentear o cabelo depois do café da manhã).	
14. Começa os trabalhos em classe logo depois da instrução do professor.	
15. Começa a lição de casa na hora determinada (com um lembrete).	
TOTAL DE PONTOS:	

16. Consegue fazer um trabalho de dois ou três passos de sua autoria (ex.: artes, construção).

17. Sabe ganhar/guardar dinheiro para um brinquedo barato.

18. Consegue fazer lição de casa de dois ou três passos, com apoio (ex.: resumo de livro).

TOTAL DE PONTOS:

19. Guarda os casacos, as roupas de inverno e os equipamento esportivos nos lugares certos.

20. Tem lugares específicos no quarto para seus objetos pessoais.

21. Não perde os bilhetes de autorização, nem outros bilhetes da escola.

TOTAL DE PONTOS:

22. Completa uma tarefa curta nos limites de tempo dados por um adulto.

23. Consegue usar o tempo para completar a tarefa antes do prazo (talvez com assistência).

24. Completa sua rotina matinal nos limites de tempo (talvez depois de adquirir prática).

TOTAL DE PONTOS:

25. Persiste nas tarefas desafiadoras para alcançar objetivos (ex.: construção difícil com Lego).

26. Retoma uma tarefa interrompida.

27. Empenha-se nos trabalhos de sua escolha por várias horas ou até vários dias.

TOTAL DE PONTOS:

28. Brinca bem com outros (não precisa estar no comando, compartilha etc.).

29. Tolera redirecionamento do professor quando não segue instruções.

30. Ajusta-se facilmente a situações não planejadas (ex.: professor substituto).

TOTAL DE PONTOS:

31. Consegue ajustar o comportamento em resposta ao *feedback* dos pais ou professores.

32. Observa o que acontece com os outros e muda de comportamento, se necessário.

33. Consegue verbalizar mais de uma solução para um problema e fazer a melhor escolha.

TOTAL DE PONTOS:

Fonte: *Inteligente mas Disperso* de Peg Dawson e Richard Guare. nVersos Editora, 2022.

Gabarito

Itens	Habilidade executiva	Itens	Habilidade executiva
1–3	Inibição de resposta	4–6	Memória de trabalho
7–9	Controle emocional	10–12	Atenção sustentada
13–15	Inicialização de tarefas	16–18	Planejamento/priorização
19–21	Organização	22–24	Administração de tempo
25–27	Persistência por metas	28–30	Flexibilidade
31–33	Metacognição		

As forças das habilidades executivas de seu filho (pontos mais altos)	As fraquezas das habilidades executivas de seu filho (pontos mais baixos)

Questionário de habilidades executivas para crianças
(versão Ensino Fundamental II [6º ao 9º ano])

Leia cada item a seguir e avalie com base em quão bem ele descreve seu filho. Em seguida, acrescente três pontos em cada seção. Verifique os três pontos mais altos e os três mais baixos.

Concordo totalmente 5
Concordo 4
Neutro 3
Discordo 2
Discordo totalmente 1

	Pontuação
1. Lida com os conflitos com colegas sem luta física (talvez perca a calma).	
2. Segue regras em casa e na escola, mesmo na ausência imediata de um adulto.	
3. Acalma-se e se controla rapidamente, depois de uma carga emocional, quando orientado por um adulto.	
TOTAL DE PONTOS:	
4. Segue uma tarefa rotineira após a escola, sem precisar de lembrete.	
5. Traz livros, papéis, lições para casa e os leva para a escola.	
6. Adapta-se a mudanças de horários no dia a dia (ex.: diferentes atividades depois da escola).	
TOTAL DE PONTOS:	
7. Não explode quando perde um jogo ou não é escalado para uma premiação. Trabalha ou brinca em grupo.	
8. Pode aceitar não conseguir o que quer quando Trabalha ou brinca em grupo.	
9. Reage moderadamente a provocações e gozações.	
TOTAL DE PONTOS:	
10. Consegue passar entre 30-60 minutos na lição de casa.	
11. Consegue completar uma tarefa que leva entre 30-60 minutos (talvez com um intervalo).	
12. Consegue permanecer na prática esportiva, igreja etc. por 60-90 minutos.	
TOTAL DE PONTOS:	

13. É capaz de seguir uma rotina de três ou quatro passos que já praticou.

14. Completa três ou quatro tarefas seguidas em sala de aula.

15. Consegue seguir o horário estabelecido para lições de casa (talvez com lembrete para começar).

TOTAL DE PONTOS:

16. Faz planos para alguma atividade especial com um amigo (ex.: ir ao cinema).

17. Sabe como ganhar/guardar dinheiro para uma compra mais cara.

18. Consegue realizar trabalhos de longo prazo para a escola, com a maioria dos passos definidos por outra pessoa.

TOTAL DE PONTOS:

19. Guarda os objetos pessoais nos lugares certos no quarto ou outros locais da casa.

20. Recolhe para dentro de casa os brinquedos que usou fora, logo que termina de usar ou no fim do dia (talvez com lembrete).

21. Mantém em ordem materiais escolares e lições de casa.

TOTAL DE PONTOS:

22. Consegue completar rotinas diárias dentro de limites de tempo razoáveis, sem assistência.

23. Ajusta o horário das lições de casa para encaixar outras atividades (ex.: começar mais cedo se houver reunião dos escoteiros).

24. Consegue iniciar cedo os trabalhos de longo prazo, para não ter de correr depois ou precisar da ajuda e alguém para concluir o trabalho.

TOTAL DE PONTOS:

25. Economiza dinheiro da mesada por 3-4 meses para fazer uma compra desejada.

26. Consegue seguir o horário de uma prática para aperfeiçoar uma habilidade (esporte, instrumento), talvez com lembretes.

27. Mantém um *hobby* por vários meses.

TOTAL DE PONTOS:

28. Não fica "obcecado" com certas coisas (ex.: decepções, erros).

29. Consegue "mudar de marcha" quando os planos mudam por causa de circunstâncias imprevistas.

30. É capaz de fazer lições de casa "abertas", criativas (talvez com assistência).

TOTAL DE PONTOS:

31. Consegue prever o resultado de uma ação e fazer ajustes necessários (ex.: evitar meter-se em encrenca).

32. Consegue articular várias soluções para problemas e explicar qual é a melhor.

33. Gosta do componente de solução de problemas das tarefas escolares e dos videogames.

TOTAL DE PONTOS:

Fonte: *Inteligente mas Disperso* de Peg Dawson e Richard Guare. nVersos Editora, 2022.

Gabarito

Itens	Habilidade executiva	Itens	Habilidade executiva
1–3	Inibição de resposta	4–6	Memória de trabalho
7–9	Controle emocional	10–12	Atenção sustentada
13–15	Inicialização de tarefas	16–18	Planejamento/priorização
19–21	Organização	22–24	Administração de tempo
25–27	Persistência por metas	28–30	Flexibilidade
31–33	Metacognição		

As forças das habilidades executivas de seu filho (pontos mais altos)

As fraquezas das habilidades executivas de seu filho (pontos mais baixos)

Questionário de habilidades executivas para crianças (versão Ensino Médio)

Leia cada item a seguir e avalie com base em quão bem ele descreve seu filho. Em seguida, acrescente três pontos em cada seção. Verifique os três pontos mais altos e os três mais baixos.

Concordo totalmente 5
Concordo 4
Neutro 3
Discordo 2
Discordo totalmente 1

	Pontuação
1. Consegue evitar confrontos ou provocações de um colega.	
2. Diz "não" a uma atividade de lazer se já tem outros planos.	
3. Resiste à vontade de dizer coisas agressivas em meio aos amigos.	
TOTAL DE PONTOS:	
4. Consegue acompanhar as lições e as regras nas aulas de múltiplos professores.	
5. Lembra-se de eventos e responsabilidades que desviam da norma (ex.: instruções especiais para excursões e atividades extracurriculares).	
6. Lembra-se de instruções de múltiplos passos com o tempo e a prática.	
TOTAL DE PONTOS:	

7. Consegue "ler" as reações dos amigos e ajusta seu comportamento de acordo.

8. Aceita outros modos, que não o seu, em trabalho ou brincadeira em grupo.

9. Consegue ser assertivo de maneira apropriada (ex.: solicitar ajuda de um professor).

TOTAL DE PONTOS:

10. Consegue passar 60-90 minutos fazendo a lição de casa (talvez precise de um ou dois intervalos).

11. Tolera reuniões familiares sem reclamar que é chato e sem criar confusões.

12. Consegue completar tarefas que levam até 2 horas (talvez com intervalos).

TOTAL DE PONTOS:

13. Monta e segue uma agenda para lições de casa sem procrastinação.

14. Inicia tarefas no horário combinado (ex.: depois da escola; talvez com lembrete).

15. Pode deixar de lado atividades de lazer quando se lembra da promessa de cumprir uma obrigação.

TOTAL DE PONTOS:

16. Pesquisa na internet para a escola ou sobre temas de seu interesse.

17. Planeja atividades extracurriculares ou de verão.

18. Consegue realizar trabalhos de longo prazo para a escola com pouco ou sem apoio de adultos.

TOTAL DE PONTOS:

19. Deixa os cadernos em ordem, de acordo com as exigências da escola.

20. Não perde equipamentos esportivos nem eletrônicos de uso pessoal.

21. Mantém a área de estudos em casa razoavelmente organizada.

TOTAL DE PONTOS:

22. Geralmente termina a lição de casa antes da hora de dormir.

23. Toma decisões corretas quanto a prioridades, se o tempo for limitado (ex.: ir para casa depois de terminar um trabalho escolar, em vez de brincar com os amigos).

24. Pode estender um projeto de longo prazo em vários dias.

TOTAL DE PONTOS:

25. É capaz de se esforçar mais para melhorar o desempenho (ex.: mudar estratégias de estudo para ter notas mais altas nas provas ou nos trabalhos).

26. Tem disposição para executar tarefas para ganhar dinheiro.

27. Tem disposição para praticar até aperfeiçoar uma habilidade, sem precisar de lembrete.

TOTAL DE PONTOS:

28. Consegue se adaptar a diferentes professores, regras de sala de aula e rotinas.

29. Consegue se ajustar em uma situação de grupo quando um colega tem comportamento inflexível.

30. Dispõe-se a ajustar ou aceitar os interesses de um irmão mais novo (ex.: deixar que escolha um filme para todos na família assistirem juntos).

TOTAL DE PONTOS:

31. Consegue avaliar corretamente o próprio desempenho (ex.: em evento esportivo ou na escola).

32. É capaz de ver o impacto de seu comportamento nos colegas e fazer ajustes (ex.: para se encaixar em um grupo e evitar gozações).

33. Consegue realizar tarefas que exijam raciocínio mais abstrato.

TOTAL DE PONTOS:

Fonte: *Inteligente mas Disperso* de Peg Dawson e Richard Guare. nVersos Editora, 2022.

Gabarito

Itens	Habilidade executiva	Itens	Habilidade executiva
1–3	Inibição de resposta	4–6	Memória de trabalho
7–9	Controle emocional	10–12	Atenção sustentada
13–15	Inicialização de tarefas	16–18	Planejamento/priorização
19–21	Organização	22–24	Administração de tempo
25–27	Persistência por metas	28–30	Flexibilidade
31–33	Metacognição		

As forças das habilidades executivas de seu filho (pontos mais altos)	As fraquezas das habilidades executivas de seu filho (pontos mais baixos)

Tirando proveito das forças

Como você pode usar essas informações para ajudar seu filho? Observe as forças das habilidades executivas dele. Devem ser habilidades das quais você tirará proveito para ajudá-lo a funcionar eficientemente nas atividades diárias. Demos um exemplo do uso da persistência orientada por metas para vencer problemas com inicialização de tarefas e atenção sustentada. Outro exemplo seria o uso das forças cognitivas de seu filho para ajudá-lo a resolver problemas oriundos das fraquezas em outras habilidades. ("Daniel, eu sei que você é bom para resolver problemas – o que a gente pode fazer para você se lembrar de onde guardou os equipamentos esportivos para, depois, não correr como doido atrás deles, antes de cada jogo?") Você pode também aperfeiçoar as habilidades executivas de uma criança, dizendo-lhe que é muito boa em determinada habilidade e reforçando esse fato sempre que a usa de forma eficaz. Por exemplo, se sua filha é ótima na inicialização de uma tarefa, pode melhorar se for elogiada pelo uso dessa habilidade. "Gostei de como você começou sua lição de casa antes do jantar", ou pode comentar: "Que bom que não preciso mais lhe dizer mais de uma vez que deve alimentar seus coelhinhos."

Talvez as habilidades mais fortes de seu filho não sejam particularmente eficazes (uma média de 9 ou menos sugere isso). Entretanto, você pode aperfeiçoá-las observando quando ele as utiliza com eficiência e tecendo elogios. Se a inibição de resposta deixa a desejar, um elogio por ele "se segurar e não explodir" porque o irmãozinho bagunçou a construção de Lego que estava fazendo pode ajudar no aprimoramento dessa habilidade.

O elogio às crianças pelo uso das habilidades executivas não precisa se restringir às áreas de força comparativa. Qualquer momento em que seu filho fizer um bom uso de qualquer habilidade, o emprego efetivo do elogio pode ajudar no aperfeiçoamento. Talvez essa seja a estratégia menos usada por pais e professores para ajudar as crianças a construírem habilidades e desenvolverem um comportamento apropriado. Entraremos em detalhes no Capítulo 8.

Lidando com as fraquezas

Vejamos agora as fraquezas nas habilidades executivas de seu filho. Provavelmente, ao considerar as coisas que lhe causam problemas ou que irritam os pais, você verá que elas se encaixam em um destes três campos. Talvez você quase enlouqueça quando seu filho esquece de trazer para casa os livros necessários para a lição de casa, ou deixa equipamentos esportivos caros na quadra, ou na casa de um amigo.

É provável que uma das áreas de fraqueza dele seja a memória de trabalho. A Terceira Parte deste livro examinará cada habilidade executiva por vez, apresentando estratégias de intervenção que podem minimizar o impacto negativo ou ajudar as crianças a aperfeiçoarem o uso das habilidades. Talvez você queira pular e ler os capítulos que tratam das fraquezas de seus filhos – principalmente se também tiver problemas com a inibição de resposta, o que descobrirá no próximo capítulo. Entretanto, recomendamos a leitura de todos os capítulos deste livro na ordem, antes de pôr a mão na massa, pois montamos uma base que deverá ajudar na identificação das intervenções mais eficazes para o nível de desenvolvimento da criança e a natureza de suas dificuldades. Antes de pular para a Terceira Parte, temos mais algumas informações para lhe oferecer sobre o que enfrentamos e, na Segunda Parte, alguns conselhos gerais importantes.

3
A importância das forças e fraquezas nas habilidades executivas dos pais

São oito e meia da manhã. Faz uma hora que Jim, de 14 anos de idade, filho de Donna, saiu para a escola. Agora Donna precisa ir ao trabalho, mas quando procura o celular na bolsa, não o encontra. Lembra-se de que John o pediu emprestado no dia anterior quando foi jogar beisebol com o amigo, para depois telefonar e pedir que a mãe fosse buscá-lo. Será que ele guardou na mochila, no casaco ou no bolso das calças depois que ligou? Donna entra no quarto do filho e procura o celular em meio à bagunça. Geralmente, apenas fecha a porta do quarto de John para não vê-la. É uma estratégia que usa para lidar com o problema que há tantos anos vem causando estresse na relação entre mãe e filho. Na definição de Jim, sua mãe tem "mania de arrumação", é uma pessoa que não deixa uma única louça suja na pia, empilha as revistas na mesinha da sala, e toma o cuidado de reciclar qualquer coisa com mais de um mês de idade. Jim, nas palavras de sua mãe, é um "desleixado completo" – nunca lhe passa pela cabeça jogar fora o papel dos doces que come, muito menos guardar coisas importantes, como um telefone celular no lugar apropriado. Provavelmente, ele sabe onde está o dela agora, mas Donna não tem como perguntar. Com um último olhar de desalento por todo o quarto, Donna desiste. Espera que não haja nenhuma emergência no caminho para o trabalho, pois terá de sair sem o telefone.

A aula de dança de Mindy, de 10 anos de idade, terminou há 25 minutos. Os pais de todos os outros alunos já vieram buscá-los, mas nem sinal do pai dela. Mindy anda de um lado para outro no saguão, olha pela janela cada vez que ouve o ruído de um carro entrar na escola, esperando que seja o pai. Está com os punhos fechados e seu rosto parece uma nuvem de tempestade. Quando é a vez da mãe vir pegá-la, sabe que pode contar com ela. As duas têm consciência do horário. Mindy se apronta para a escola pelo menos 15 minutos antes, com tempo suficiente para ir ao ponto do ônibus escolar. Sabe perfeitamente quanto tempo leva para fazer as lições de casa e sempre termina antes do jantar. Já seu pai parece não ter a menor noção de tempo. Seus atrasos são crônicos, sempre tenta fazer "só mais uma coisinha" antes de sair para o trabalho de manhã ou trancar o escritório à noite. E se algum colega de trabalho o para no caminho até o estacionamento com alguma pergunta... Esqueça, a conversa dura no mínimo uns 10 minutos, mesmo que saiba que prometeu à esposa chegar em casa em determinado horário. Sempre que o pai se atrasa, Mindy começa a imaginar que alguma coisa ruim aconteceu. Talvez tenha sofrido um acidente de carro – mas é possível que tenha se esquecido dela e marcado uma reunião no fim da tarde! Quando vê o carro do pai parando em frente à escola de dança, corre até ele, antes mesmo que abra a porta. "Onde você estava?" pergunta, com pânico na voz. "Calma", responde o pai, saindo do carro e abraçando-a. "Você sabe que eu não me esqueço de você". A voz dele tem um tom tranquilizador. "É que recebi um telefonema e demorei mais do que gostaria".

Reconhece essas situações? Se as habilidades executivas fracas de seu filho ou sua filha são de enlouquecer, é bem provável que em você elas sejam fortes. Você sabe como Donna se sente, pois seu filho precisa sempre ser lembrado de se arrumar para a escola, enquanto você, por outro lado, há 5 anos não se atrasa para o trabalho. Sua filha fica histérica ante a menor mudança de planos, enquanto você acha que nada é melhor que uma surpresa. Seu filho nunca termina a lição de casa sem a ameaça de perder todos os privilégios de que desfruta ou a menos que você fique em cima o tempo todo. Donna não entende como o filho pode ser tão desorganizado. Mas isso é porque ela não tem a mesma memória de trabalho forte do filho, nem compreende como isso poderia substituir as habilidades organizacionais que ele não possui. Do mesmo modo, se você acredita em começar tarefas desagradáveis imediatamente e, sabe, por instinto, fracionar uma tarefa grande em subtarefas menores, talvez seja irritante ver sua filha adiar trabalhos escolares de longo prazo até a última hora e, de repente, não ter a mínima ideia de como fazê-los.

Em nosso trabalho com crianças com dificuldades nas habilidades executivas, percebemos que esses problemas parecem mais sérios quando os pais dessas crianças possuem padrões muito diferentes de forças e fraquezas. Se Donna também não tivesse habilidades organizacionais, poderia se solidarizar com as deficiências do filho e explicar como aprendeu a compensar essas falhas. Em vez disso, ela sente que o filho deve ter vindo de outro planeta, e acha difícil ajudá-lo a suprir essa falha.

Mindy não entende por que seu pai ignora a importância de cumprir os horários, e não consegue se acalmar quando ele se atrasa. Como o pai de Mindy acha que um pequeno atraso não é o fim do mundo e raramente perde a calma, sempre demora a ir buscá-la e se espanta com as reações exageradas da filha. Os dois não se entendem, e o controle emocional fraco de Mindy não é levado em conta – pelo menos não por seu pai.

Quando pais e filhos possuem forças e fraquezas diferentes em suas habilidades executivas, são desprovidos do que chamamos de um "bom encaixe". Não só o potencial para conflitos entre pais e filhos em situações rotineiras aumenta, mas também a criança não tem ambiente adequado para corrigir as habilidades fracas. Como veremos nos Capítulos 5, 6, 7 e 8, e nas intervenções descritas na Terceira Parte, há várias maneiras de ajudar seu filho a compensar fraquezas e até eliminá-las. Todas essas formas de intervenção envolvem, até certo ponto, uma interação diferente com a criança. Enquanto você não compreender como suas próprias forças e fraquezas se misturam – ou não – com as de seu filho, será difícil saber como mudar a maneira de agir. Munidos de um conhecimento claro da natureza das habilidades executivas em geral e de seu estilo específico de processá-las, pais e mães percebem que é mais fácil entender os filhos e identificar quais estratégias de intervenção combinam com as forças deles.

Ironicamente, ter as mesmas forças que seu filho não é a única coisa que o ajuda a viver a rotina com eficiência e aprimorar o desenvolvimento das habilidades executivas. A outra ajuda vem também das mesmas fraquezas. Mas é preciso ter consciência disso. Se você não souber que ambos são fracos na mesma habilidade – por exemplo, atenção sustentada –, a frustração pode ser terrível quando os dois juntos não conseguirem completar uma tarefa grande, tal como limpar a garagem. Ficam jogando a culpa de um para o outro, diante de uma tarefa desagradável que se arrasta cada vez mais. É mais fácil ver que seu filho não presta atenção do que enxergar a mesma fraqueza em você. Por isso, é muito importante que você, pai ou mãe, identifique as próprias forças e fraquezas nas habilidades executivas neste capítulo. Quando iniciar trabalhos e rotinas sabendo que você e seu filho enfrentam o mesmo desafio, poderá encontrar meios de transpor os obstáculos com humor e cooperação.

Ao descobrir os padrões de suas habilidades executivas, é possível detectar um bom ponto de encaixe com seu filho que jamais esperava existir. Talvez você possua uma força que seja um complemento natural para a fraqueza do seu filho. O pai de Mindy, por exemplo, é extremamente flexível. Quando perceber que isso é uma força, poderá elaborar uma estratégia para mostrar à filha que a flexibilidade pode ajudá-la a lidar com situações nas quais as expectativas nem sempre se satisfazem. Talvez ela aprenda opções que a desviem das irritações e da perda de controle. Por exemplo, o pai pode explicar que simplesmente não é bom como ela no controle do tempo, e que a menina pode acrescentar uns 20 ou 30 minutos antes de começar a se preocupar com o que aconteceu. Ou sugerir que façam uma aposta de quanto tempo se atrasará: Mindy escreve em um pedaço de papel o quanto acha que o pai demorará e se estiver correto, quando ele chegar, ela ganha uma estrela de ouro. Ambas as ideias têm o benefício extra de ajudar Mindy a entender que os dois são diferentes.

Para compreender quais são suas habilidades executivas fortes e fracas, responda a este breve questionário.

Questionário de habilidades executivas para pais

Leia cada item e categorize-o de acordo com a descrição que mais se aproxima de você. Em seguida, some os pontos em cada seção.

Discordo totalmente............... 1
Discordo........................... 2
Costumo discordar................. 3
Neutro............................. 4
Costumo concordar................. 5
Concordo.......................... 6
Concordo totalmente............... 7

	Pontuação
1. Não tiro conclusões apressadas.	
2. Penso antes de falar.	
3. Não parto para a ação antes de conhecer todos os fatos.	
TOTAL DE PONTOS:	
4. Tenho boa memória para fatos, datas e detalhes.	
5. Lembro-me bem dos compromissos assumidos.	
6. Raramente preciso de lembretes para completar tarefas.	
TOTAL DE PONTOS:	
7. Minhas emoções raramente atrapalham meu desempenho no trabalho.	
8. Coisas pequenas não me afetam emocionalmente nem me distraem da tarefa em andamento.	
9. Consigo conter meus sentimentos até completar uma tarefa.	
TOTAL DE PONTOS:	

10. Seja qual for a tarefa, quero começar o quanto antes.

11. Geralmente não tenho problemas com procrastinação.

12. Raramente deixo uma tarefa para a última hora.

TOTAL DE PONTOS:

13. Acho fácil me concentrar no trabalho.

14. Quando começo uma tarefa, trabalho com afinco até terminar.

15. Mesmo quando me interrompem, acho fácil retomar e completar o trabalho em andamento.

TOTAL DE PONTOS:

16. Quando planejo o dia, identifico prioridades e as sigo.

17. Quando tenho algo a fazer, acho fácil focar detalhes mais importantes.

18. Costumo dividir tarefas grandes em subtarefas e em linhas de tempo.

TOTAL DE PONTOS:

19. Sou uma pessoa organizada.

20. Para mim, é natural deixar minha área de trabalho em ordem e organizada.

21. Tenho facilidade em seguir um sistema para organizar meu trabalho.

TOTAL DE PONTOS:

22. No fim do dia, geralmente terminei o que pretendia fazer.

23. Acho fácil calcular o tempo de uma atividade.

24. Geralmente chego na hora para qualquer compromisso e atividade.

TOTAL DE PONTOS:

25. Considero-me uma pessoa motivada por metas.

26. Acho fácil abrir mão de prazeres imediatos em prol de metas de longo prazo.

27. Acredito em definir e alcançar altos níveis de desempenho.

TOTAL DE PONTOS:

28. Costumo avaliar meu desempenho e elaborar métodos para aperfeiçoamento pessoal.

29. Consigo me distanciar de uma situação para tomar decisões objetivas.

30. Leio bem as situações e ajusto meu comportamento com base nas reações dos outros.

TOTAL DE PONTOS:

31. Lido com eventos inesperados seguindo em frente.

32. Me ajusto facilmente às mudanças de planos e prioridades.

33. Considero-me flexível e adaptável a mudanças.

TOTAL DE PONTOS:

Gabarito

Itens	Habilidade executiva	Itens	Habilidade executiva
1–3	Inibição de resposta	4–6	Memória de trabalho
7–9	Controle emocional	10–12	Inicialização de tarefa
13–15	Atenção sustentada	16–18	Planejamento/priorização
19–21	Organização	22–24	Administração de tempo
25–27	Persistência por metas	28–30	Metacognição
31–33	Flexibilidade		

Suas forças em habilidades executivas (pontos mais altos)	Suas fraquezas nas habilidades executivas (pontos mais baixos)

Como esse é um questionário pequeno e inclui um número limitado de itens para cada habilidade executiva, os resultados podem não refletir sua personalidade perfeitamente, mas você terá uma ideia das habilidades executivas que lhe são mais fáceis, bem como as mais desafiadoras. Após usar o questionário com grupos de adultos há vários anos, apuramos que a pontuação média para cada item dos 12 domínios de habilidades executivas é entre 13-15 (de um máximo de 21 pontos), e a diferença média entre os pontos mais altos e os mais baixos é cerca de 14 (com a pontuação máxima sendo, possivelmente, 18). Isso indica que, embora as pessoas vejam a si próprias com habilidades bem desenvolvidas de um modo geral, ao mesmo tempo, conseguem identificar forças e fraquezas distintas.

Se você ainda não tem certeza do seu perfil, estude mais uma vez as forças e fraquezas, uma por uma, e tente se lembrar se tinha as mesmas quando era criança. Em caso positivo, é possível que sejam habilidades executivas inerentemente fortes ou fracas.

Peg falando: *Quando criança, por exemplo, lembro-me de minha mãe insistir para que eu arrumasse o quarto. Não que não gostasse de ter um quarto limpinho – mas precisava de muito esforço para mantê-lo arrumado. Mesmo hoje, adulta, ainda tenho dificuldade com isso. Em contraste, lembro-me de sempre ter uma ótima noção de tempo – quanto tempo levava para fazer qualquer coisa, ou para chegar a um local – e hoje possuo uma administração de tempo excelente. Vejo as mesmas forças e fraquezas em meus filhos – meus dois filhos adultos têm dificuldade com arrumação, mas nunca se atrasam para os compromissos. Entretanto, parecem ter herdado a habilidade de controle emocional do pai,* e até hoje zombam de mim quando entro em pânico porque não encontro as chaves do carro ou por qualquer outra inconveniência temporária.

Claro que com esse exercício talvez você tenha se lembrado – como às vezes acontece com um participante de nossas oficinas – de que no passado tinha uma fraqueza que hoje se converteu em força, porque seus pais ajudaram com reforços. A lembrança das habilidades executivas fortes e fracas na infância e a comparação dessas habilidades com as de seus pais e de seus filhos permitirão que compreenda melhor como pais e filhos podem possuir habilidades semelhantes ou diferentes. Esse exercício pode ajudar o leitor a aprender mais sobre si mesmo, mas também sobre o encaixe entre você e seu filho.

> **Flexibilidade: o antídoto para a incompatibilidade entre pais e filhos**
>
> Os pontos em seu questionário mostram uma força em flexibilidade? Nesse caso, você teria sorte se você e seu filho possuírem padrões opostos de habilidades executivas. Flexibilidade significa que você provavelmente é adaptável e, portanto, tende menos a se irritar ou se aborrecer com as habilidades executivas fracas de seu filho, sejam quais forem.
> - Aproveite sua percepção dessa habilidade para fazer uma promessa especial de não se estressar naquelas situações em que as fraquezas de seu filho enlouqueceriam qualquer pai.
> - Por outro lado, talvez seja difícil utilizar uma intervenção que aborde determinada área de fraqueza em seu filho, e se apegar a ela o tempo suficiente até que funcione.

No caso do segundo padrão – quando suas fraquezas coincidem com as de seu filho –, surgem tensões, porque a criança não tem a capacidade de "cortar o atraso" ou de contrabalançar o efeito negativo das fraquezas dos pais. Por exemplo, se você e sua filha têm memória de trabalho fraca e más habilidades organizacionais, será difícil se lembrarem de coisas como: bilhetes de autorização para excursões, boletins que precisam de assinaturas, ou caneleiras para o futebol. É bom acrescentarmos que maridos e esposas com perfis diferentes de habilidades executivas também entram em conflito pelos mesmos motivos.

Compensando um encaixe que não é bom

Enfim, o que fazer quando esses padrões vêm à tona? Eis algumas sugestões para suavizar a situação:

Quando suas forças coincidem com as fraquezas de seu filho:

- Veja se você e a criança chegam a um acordo em que ela aceite sua ajuda naquilo que é fraca e você, forte, de modo que a fraqueza não lhe cause problemas. Por exemplo, se sua administração de tempo é boa, mas a de seu filho não, talvez ele aceite sua ajuda para calcular quanto tempo levará até o término da primeira redação do resumo de um livro, e se planeje de acordo. É bom acrescentarmos, porém, que algumas crianças – na verdade, muitas – resistem a esse tipo de conselho ou assistência dos pais, principalmente quando entram na adolescência e não têm mais interesse em ouvir os conselhos paternais sobre qualquer assunto, muito menos em algo que as habilidades dos pais parecem exceder as dos filhos;
- Use de criatividade ao aplicar suas forças para ajudar a criança a aprimorar as dela. Se você tem boas habilidades organizacionais, por exemplo, terá maior facilidade para auxiliar seu filho a desenvolver sistemas organizacionais eficazes (descritos com mais detalhes no Capítulo 16) do que se isso fosse uma fraqueza para você. Mas, como já dissemos, seu filho pode não ser aberto a esse tipo de auxílio; portanto, apele para a inovação e sutilezas. Digamos que sua filha seja extremamente artística e visual. Você sabe que o uso de potes para organizar materiais é uma maneira fácil de não se perder nas tarefas. Talvez a menina aceite se você levá-la a uma loja de potes e bandejas coloridos e organizadores de plástico, com etiquetas decorativas. Como lemos no caso de Mindy, o pai da garota usou sua própria força em flexibilidade para desenvolver um jeito bem-humorado de ajudar a filha a lidar com as emoções. Pais e mães que são bons planejadores podem ajudar seus filhos a executar uma tarefa complexa escrevendo cada passo em um cartão individual, embaralhar os cartões e pedir que a criança os coloque em uma sequência lógica;
- Identifique áreas nas quais você é fraco e seu filho é forte. Se compreender que a fonte de parte da frustração é o fato de seu perfil de habilidades ser muito diferente do de seu filho, talvez você se irrite menos ao notar a fraqueza nele manifestada. Mas não pare nisso: reforce para si mesmo – e para a criança – os pontos em que ela tem a força que você não possui. Essa atitude eleva os ânimos, quando necessário. Se a inibição de resposta for uma força para você, mas não para seu filho, coloque isso na perspectiva certa, reconhecendo que a flexibilidade, uma habilidade executiva igualmente importante, é forte nele, mas não em você, dizendo, por exemplo: "Lembra-se da última vez que fomos ao cinema e não encontramos ingressos para o filme que você queria? Eu quis voltar para casa, emburrado, mas você disse: 'Vamos ver outra coisa'. E quando não achamos nada interessante, foi você que sugeriu

irmos jogar *minigolfe* e voltar ao cinema mais cedo para a sessão seguinte. Você se adapta muito melhor que eu!"

Quando você e seu filho têm as mesmas fraquezas:

- Riam juntos dessas fraquezas, em vez de chorar por causa delas. "Meu filho, você e eu somos péssimos organizadores", você pode dizer. "Vamos ajudar um ao outro. Vai parecer um cego guiando outro, mas vale a pena tentar!";
- Como nem você, nem a criança têm superioridade em determinado caso, elaborem várias soluções para superar o problema juntos. Talvez você note que não consegue conversar com sua filha de 13 anos de idade por muito tempo sem as duas logo perderem o controle emocional. Duas cabeças pensando juntas podem elaborar meios de se ajudarem mutuamente para falar de assuntos acalorados sem perder a calma;
- Antes de se exasperar com algo que seu filho faz, lembre-se de que você teve os mesmos desafios e, no entanto, se deu bem na idade adulta. Diga à criança que tudo ficará bem, apesar de uma falha técnica no sistema. Conte a ela uma história de seu passado.

Peg falando: *Lembro-me de minha mãe me contando que os irmãos dela a arrastavam de volta para ouvir a mãe deles ler o final da história de Joãozinho e Maria, em que tudo dava certo. Sendo eu uma criança com dificuldades em manter o controle emocional, achava reconfortante saber que minha mãe tivera o mesmo problema quando criança.*

- Pense em uma abordagem mais sistemática para lidar com sua habilidade executiva fraca enquanto trabalha na mesma habilidade com seu filho. Experimente seguir os passos a seguir:

1. Identifique as habilidades fracas de seu filho preenchendo o questionário apropriado no Capítulo 2;
2. Identifique suas próprias habilidades fracas completando o questionário neste capítulo. Seja sincero! A ajuda de seu cônjuge ou alguém que te conheça muito bem pode ser útil;
3. Identifique dois ou três comportamentos recorrentes, ou repetitivos de seu filho que indiquem fraqueza em alguma habilidade que deseja trabalhar e que corresponda também à sua área fraca;
4. Faça o mesmo com você. Identifique situações em que sua fraqueza na mesma habilidade executiva interfere na eficiência das atividades diárias;
5. Encontre o ponto em que seu comportamento irrita as pessoas e identifique uma estratégia para lidar com o problema nessa situação;

6. Converse com seu filho a respeito dos comportamentos específicos dele e das situações em que ocorrem. Explique que você tem um problema semelhante e diga como pretende tratar disso;
7. Juntos, encontrem uma solução para o problema da criança e uma estratégia prática que sirva de lembrete para aplicar a solução;
8. Observe o comportamento e aplique a estratégia.

Recomendamos esse processo por várias razões. A primeira é que o preenchimento dos questionários confirma que você e seu filho compartilham das mesmas habilidades executivas fracas. A segunda razão é que, ao identificar situações que causam problemas para ambos, você compreende melhor a habilidade e o modo como afeta ambos. Isso pode facilitar um pouco a empatia com seu filho, em vez de você sempre se irritar, como acontecia antes. Em terceiro lugar, a escolha de uma estratégia de intervenção para você mesmo facilita a identificação de métodos potenciais que podem ser usados pelo seu filho.

Examinemos esse processo com um exemplo de uma mãe e uma filha com habilidades organizacionais fracas. Ellen Scott vê que esse problema em sua filha de 13 anos de idade, Amanda, costuma causar tensão na família. Amanda perde o caderno de lição de casa e não tem onde anotar as orientações para os deveres. Esquece a lição de casa em cima da escrivaninha lotada porque, quando termina, à noite, não guarda na mochila para levar à escola no dia seguinte. E a menina não consegue encontrar suas roupas ou pertences favoritos por causa da bagunça do quarto. Quanto a Ellen, uma ou duas vezes por semana coloca o celular em qualquer local e tem dificuldade para encontrá-lo, não se lembrando de que precisa tê-lo à mão quando sai para trabalhar. Às vezes, se esquece de recarregar o telefone e, por isso, mesmo quando o leva consigo, a bateria está muito fraca.

Primeiro, Ellen escolhe uma estratégia que a ajude a encontrar sempre o celular. O próprio aparelho a ajuda com lembretes diários, e ela o programa para alertá-la pouco depois de chegar do trabalho. Com isso, lembra-se também de carregá-lo. Também programa um alarme para não se esquecer de pegar o telefone antes de sair, pela manhã.

Agora Ellen se senta com Amanda para conversar sobre os problemas organizacionais. Descreve como lidará com os próprios problemas e pede à filha que identifique uma situação que gostaria de abordar de maneira semelhante. Amanda escolhe, em primeiro lugar, o problema de perder o caderno de casa. Decide que toda manhã, assim que acordar, deixará um aviso na cama dizendo: "Seu caderno de casa está dentro da mochila?". À noite, ela vê o aviso quando puxa as cobertas para dormir. Leva, então, o aviso até onde está a mochila, verifica se a lição de casa foi guardada ali, e põe o aviso em cima da mochila para não se esquecer de deixá-lo na cama antes de sair para a escola na manhã seguinte.

Quando a sobrecarga piora as coisas

Todos sabemos que nossa capacidade de lidar com as coisas deteriora-se sob estresse. O exemplo mais óbvio: se você tem o "pavio curto" (controle emocional fraco) mesmo nas melhores circunstâncias, sabe que provavelmente explodirá logo e de modo mais intenso em um dia assim: precisou levantar no meio da noite para cuidar de seu filho em idade pré-escolar, que estava doente; depois, sua filha, que estuda na 2ª série, teve uma crise emocional bem na hora em que a perua escolar chegou porque perdeu o brinquedo que queria levar à escola na semana de conversas sobre brinquedos. Você mal conseguiu lidar com essa crise quando seu cônjuge anunciou que o carro estava na revisão e queria que você lhe desse uma carona até o trabalho. Você chega ao trabalho e seu chefe informa que um cliente fará uma visita não programada para saber o *status* da conta dele e você sabe que o trabalho está atrasado. Mesmo que consiga controlar as emoções com o chefe, você acaba descontando toda essa frustração em sua secretária.

Após anos trabalhando com forças e fraquezas em habilidades executivas, descobrimos que, em situações de estresse e sobrecarga, a capacidade de usar as habilidades executivas declina, de um modo geral; mas aquelas mais suscetíveis à deterioração são, claro, as mais fracas. Às vezes, denominamos esse fenômeno de "teoria do órgão fraco" (em qualquer doença, os órgãos normalmente mais fracos são aqueles mais suscetíveis a um comprometimento ainda maior).

Peg falando: *Dick, por exemplo, aprendeu que, quando estou muito estressada e ele me faz uma pergunta simples, respondo entredentes. Controle emocional não é o meu ponto mais forte. E sei que quando entro no escritório dele e a mesa de reunião está abarrotada de papéis, pastas e livros, Dick provavelmente assumiu tarefas em demasia e suas habilidades executivas organizacionais ficaram ainda mais prejudicadas.*

Quando suas habilidades executivas parecem sofrer um baque, esse é um sinal de que o nível de estresse está subindo. Ser capaz de reconhecer isso em si próprio ajudará no ajuste dos sistemas e na redução do estresse, ou lidar melhor com o declínio no funcionamento executivo. Talvez o cônjuge, um amigo ou até seu filho possam ajudar nesse sentido, fazendo algo que não fariam normalmente; ou certas metas e projetos podem ser adiados enquanto lida com a situação estressante. Um dos projetos adiados pode, inclusive, ser o trabalho que está fazendo com seu filho para ajudá-lo a melhorar as habilidades executivas. Períodos que envolvam uma doença na família, dificuldades financeiras ou conflitos conjugais não são momentos apropriados para ensinar uma criança a arrumar o quarto. Mudança de comportamento – seu ou de seu filho – é um trabalho árduo e mais passível de funcionar se aplicado em períodos de calmaria.

Mesmo que você não tenha de enfrentar grande estresse, é preciso atentar para situações cotidianas que impactam sua capacidade de pôr em prática um plano para ajudar seus filhos a aprimorar o funcionamento executivo. Um dia estressante no escritório, uma noite mal dormida, ou um período de jejum antes de um procedimento médico no dia seguinte podem encurtar ainda mais seu pavio, ou aumentar sua impaciência com a criança. Na ocorrência desses eventos, talvez você consiga se preparar ao reconhecer que terá um trabalho extra para manter a calma, não perder a compostura, ou lidar com as consequências. Isso será particularmente importante em situações para as quais a coerência é essencial. Se você está se empenhando em ensinar seu filho a aceitar "não" como resposta, é melhor aplicar um esforço maior no momento do que desistir e tentar de novo no dia seguinte.

Às vezes, porém, é necessário adiar um plano por algum tempo. Se você e sua filha fizerem um pacto de que hoje é o dia em que as duas planejarão o trabalho de Ciências, talvez circunstâncias imprevistas tornem o dia inapropriado para isso. Portanto, aborde o problema oferecendo duas soluções possíveis: "Susie, não estou muito legal. Sei que prometi ajudar você com o trabalho de Ciência, mas acho que hoje não dá. Quer começar sozinha e, se ficar atrapalhada, interromper, ou prefere fazer amanhã, quando poderei ajudar?". Às vezes, essas circunstâncias inesperadas levam as crianças à ação, de uma maneira que os pais não esperavam.

Não é só o nível de estresse dos pais que pode afetar uma intervenção, mas também o estresse da criança. Que eventos podem deixar seu filho estressado? De um modo geral, são as mesmas coisas que afetam você: sobrecarga de atividades e pouco tempo para fazer tudo; a obrigação de fazer algo de que ele não se sente capaz; críticas que ele considera injustas (principalmente sobre algo que lhe escapa do controle); ou problemas de relacionamento em geral. Na vida de uma criança, isso se traduz como uma pilha de lições de casa passadas por vários professores, ou um trabalho de longo prazo que exige pensamento criativo. Talvez seu filho chegue em casa e lhe diga que o professor de Ciências o acusou de colar da prova de um colega, ou de não prestar atenção às explicações. Talvez sua filha lhe conte que ouviu as colegas rindo dela no banheiro, ridicularizando seu corpo.

Qualquer um desses eventos pode interferir no desempenho da criança. Até onde chegará essa interferência depende, em parte, do perfil das habilidades executivas fortes e fracas dela. A maneira de ajudá-la varia de acordo com esse perfil, embora recomendemos, de um modo geral, que os pais reconheçam os sentimentos da criança afetada (o que os psicólogos chamam de *escutar refletidamente*) – "Você deve estar sobrecarregado de deveres de casa", ou "É possível que se sinta acuado quando o professor não ouve o seu lado da história".

A boa notícia é que, se você reconhecer os problemas, a sobrecarga do sistema que afeta as habilidades já fracas, poderá intervir antes, durante ou depois do surgimento dos problemas e minimizar o baque.

A conscientização dos elementos estressantes que sobrecarregam o sistema e deterioram a habilidade executiva é um modo importante de começar a discernir o encaixe entre seu filho e o ambiente, enquanto você tenta construir ou aperfeiçoar habilidades executivas. Pais e professores alteram o ambiente para garantir um bom encaixe o tempo todo, de modo que as crianças tenham as melhores chances possíveis de desenvolver competência. Modificar o ambiente quando a tarefa diante da criança toca diretamente seus pontos fracos é muito importante. Às vezes, seu filho pode se livrar de uma tarefa que lhe seria terrível para as habilidades executivas. Em outras ocasiões, você precisa encontrar um meio de manipular o ambiente, inclusive com aspectos da própria tarefa, para que esta se encaixe com o perfil de seus filhos. O capítulo seguinte lhe mostrará como fazer isso.

4
A tarefa que combina com a criança

Carmen tem 10 anos de idade, é tímida, tem dificuldade para tomar decisões e se sente mal em situações sociais. Seu grupo de escoteiras está organizando uma festa em um asilo de idosos e a líder atribuiu funções e responsabilidades diversas às meninas para o evento. Estão planejando uma rifa e a líder pede a Carmen que receba os bilhetes de todos os moradores do asilo e depois anuncie os números à medida que forem sorteados. Carmen aceita a tarefa sem reclamar, mas quando a mãe vai buscá-la após a reunião, nota que a garota fica estranhamente silenciosa no caminho para casa. Pergunta se está tudo bem, Carmen diz que sim, mas permanece séria até a noite. Por fim, antes de dormir, Carmen conta à mãe sobre a tarefa que lhe foi designada e confessa que não quer cumpri-la. A mãe sabe, por experiência, que esse tipo de situação pode causar à menina dor de estômago e dificuldade para dormir. Sugere que ambas pensem em outra coisa que ela poderia fazer. Carmen é ótima pianista e tem praticado recentemente cantigas de Natal; assim, a mãe recomenda que ela toque piano, como música de fundo, durante a festa. Carmen gosta da ideia, sabendo que a prática dará a ela confiança para sua performance no piano. No dia seguinte, a mãe telefona para a líder do grupo e explica que Carmen fica nervosa quando tem que falar em público. E sugere que a filha toque piano no evento. A líder, que não sabia desse talento da menina, aceita, entusiasmada.

No último capítulo, demos ao leitor a oportunidade de avaliar como o encaixe entre suas habilidades executivas e as de seu filho podem afetar as interações entre os dois. Provavelmente, você agora tem uma ideia se as tarefas rotineiras de seu filho são mais difíceis (para vocês dois), porque você é forte onde ele é fraco ou porque exigem habilidades que são um desafio para ambos. Esse conhecimento tem um grande poder de remodelar o palco para uma cooperação melhor entres vocês. Pode lhe abrir os olhos para abordagens que não considerara antes e, sem dúvida, reduz conflito. Você aprende a valorizar suas forças respectivas e impulsiona as chances de seu filho de desenvolver e praticar habilidades executivas que são necessárias para ele.

Você vê os benefícios nessa história de Carmen e sua mãe. A mãe é extrovertida por natureza e nem sempre teve muita paciência com as reservas da filha. Mas agora que compreende a falta de flexibilidade e controle emocional da menina, logo propõe uma alternativa que se encaixa com os pontos fortes da garota, em vez de perder tempo tentando convencer Carmen a fazer algo que acha tão difícil, pois nada positivo brotaria da experiência.

A mãe de Carmen reconheceu a falta de um bom encaixe entre a filha e a tarefa exigida dela. Quando há uma boa combinação entre as habilidades executivas de uma criança e as tarefas que deve realizar, estas são abordadas com confiança e executadas com facilidade. Se esse bom encaixe não existe, a reação da criança é imprevisível. Situações sociais abertas provocam ansiedade em Carmen, e só de pensar nelas a garota tem sintomas físicos desagradáveis. Felizmente, para ela, o escotismo é uma atividade de lazer e, portanto, mais flexível que alguns outros ambientes nos quais as crianças devem trabalhar, como, por exemplo, a sala de aula. A mãe de Carmen pode alterar ou substituir a tarefa esperada de sua filha com o intuito de aprimorar o encaixe entre a criança e a tarefa.

Claro que outra opção seria Carmen simplesmente não participar do evento. Com atividades flexíveis, sempre há uma alternativa. O desafio é sempre pesar os prós e contras: você não quer que seu filho sinta que fracassa em tudo; por outro lado, não deseja lhe negar oportunidades de crescimento que quase todas as atividades oferecem a uma criança em desenvolvimento. Assim, se você encontrar uma maneira de ele participar e se sentir competente, o jovem sairá da experiência com algum tipo de habilidade nova ou aperfeiçoada.

Os pais costumam seguir o conceito errôneo de que as crianças desenvolvem a autoestima quando são elogiadas por atributos como esperteza, talento ou atletismo. É verdade que o elogio pode ser útil (embora existam regras para o elogio eficaz, discutidas no Capítulo 8). Entretanto, uma maneira básica pela qual as crianças desenvolvem a autoestima é lidando com obstáculos e superando-os. Quanto mais desafios testarem suas habilidades, mais confiantes elas estarão para enfrentar obstáculos novos. A arte de ser pai ou mãe envolve a capacidade de identificar, com certo grau de precisão, quais desafios se encontram no nível adequado para uma criança ser bem-sucedida com um pouco de esforço.

Às vezes, parece óbvio que a melhor escolha é afastar seu filho de determinada situação, se o cenário inteiro exigir uma quantidade de habilidades executivas que ele não possui. Pais sábios planejam reuniões em família sabendo o que seus filhos aguentam, contratando babás para eventos como cerimônias de casamento, se houver grande probabilidade de as crianças atrapalharem a festa. Quando não existe um bom encaixe entre as exigências de uma tarefa e o comportamento normativo para determinada idade, os adultos tomam medidas para uma experiência alternativa. Isso pode ser um pouco mais difícil, caso o seu filho esteja "atrasado" em comparação com a faixa etária dele. Na posição de pai ou mãe, você deve agir e tomar uma decisão que proteja a criança. Eis um exemplo:

> Sherry, 8 anos de idade, foi convidada pela primeira vez para dormir na casa da amiguinha Laura, que está fazendo aniversário. A mãe sabe que a filha tem dificuldade para dormir, precisa ter uma luz acesa e se preocupa com sons que ouve à noite. É comum acordar de madrugada e entrar no quarto dos pais só para ter certeza de que estão lá. Ela e o pai de Sherry têm trabalhado nisso com a garota, e notam certa melhora, mas acham que ela não está preparada para dormir na casa de estranhos ainda. A mãe de Sherry telefona para a mãe de Laura e explica a situação. Depois, diz à filha que pode ir à festa, mas precisa voltar para casa na hora de dormir, pois haverá um evento familiar no dia seguinte e querem que ela participe. Sherry queria muito ir à festa, mas a mãe nota o alívio no rosto da menina quando descobre que não precisa passar a noite fora.

Infelizmente, nem todas as tarefas ou situações enfrentadas por seu filho serão passíveis de modificações que sirvam às habilidades executivas existentes. A escola é um exemplo.

> Roger, 10 anos de idade, detesta escrever. Tem letra feia, o ato mecânico de escrever é lento e laborioso para ele. Além disso, nunca consegue pensar no que escrever. O último problema é o pior! Roger se senta, olha para a folha em branco e não sabe o que fazer. A frustração aumenta até ele explodir: "Não sei fazer essa droga de lição de casa!", ele grita para a mãe. "Não sei por que a professora manda a gente escrever. Não vou fazer, e você não pode me obrigar!", amassa a folha de papel, joga o lápis contra a parede e sai furioso do quarto para ir jogar videogame. A mãe de Roger balança a cabeça, frustrada também. "Por que Roger age assim?", ela pensa. Quando descreveu o comportamento do filho à professora, causou surpresa. Na escola, Roger nunca reclamava (embora a professora admitisse a demora do

menino com tarefas de redação, a ponto de ter de levar lições extras para casa).

Além disso, Roger tem problemas com flexibilidade e controle emocional (além de habilidades metacognitivas fracas, ou seja, dificuldade em encontrar uma solução razoável para o problema à sua frente), e a tarefa que é exigida dele requer o uso de todas as suas habilidades executivas mais fracas. Como se trata, nesse caso, de trabalho escolar e as fraquezas dificultam para o menino dominar uma habilidade acadêmica importante, a mãe de Roger não pode simplesmente achar outra coisa para ele fazer na mesma situação, como fez a mãe de Carmen. No caso de Roger, será necessário encontrar meios de alterar a tarefa de redação para que fique mais manejável. A boa notícia é que existem vários jeitos, embora não tão evidentes:

- A mãe de Roger pode dialogar sobre o assunto antes de ele começar a redação, ajudando-o a gerar ideias e organizar os pensamentos;
- Ele pode ditar o trabalho para ela, livrando-se assim do esforço manual que torna a tarefa de escrever muito mais difícil;
- Talvez a professora concorde em reduzir a tarefa, por exemplo, pedindo que Roger escreva duas frases em vez de um parágrafo inteiro, ou um parágrafo em vez de três.

São apenas algumas das possibilidades. A mãe e a professora de Roger podem ter muitas outras ideias se quiserem mesmo resolver o problema. Mas para as soluções serem de fato eficazes, mãe e professora precisam saber exatamente com o que estão lidando, o que implica esmiuçar a tarefa, o ambiente em que ela será feita, e as habilidades da criança:

1. *Se você sabe que seu filho tem habilidades executivas fracas, preste atenção às reações emocionais e comportamentais dele às tarefas exigidas.* Carmen não conseguia conversar com a líder das escoteiras e explicar que não queria fazer a tarefa que lhe fora atribuída. A princípio, nem com a mãe falou; porém, na hora que foi dormir, no silêncio do momento em que costumava se abrir com a mãe, pôde confessar. E Roger também agia de modo muito diferente em casa e na escola. Na aula, cercado de colegas, teria vergonha de uma crise emocional, como aconteceu em casa. Se a mãe de Carmen não tivesse prestado atenção à sutil porém perceptível mudança de comportamento a caminho de casa depois da reunião das escoteiras, poderia não ter percebido que havia algo errado, e Carmen talvez tivesse fracassado, exposta a danos potenciais, já discutidos aqui. Se a mãe de Roger simplesmente julgasse o filho rebelde, avesso à lição de casa, talvez nunca soubesse como aquele tipo de tarefa era

difícil para ele, pois a professora não notara o problema na escola. Quanto mais tempo o problema passasse despercebido, mais difícil seria o exercício de redação para Roger e mais se esforçaria para evitar o ato de escrever;

2. *Quando seu filho parece evitar uma tarefa, considere a possibilidade de que ele não consegue fazê-la.* As crianças reagem a tarefas desafiadoras com os mais variados comportamentos e emoções, que nem sempre sinalizam o fato de *não conseguirem* fazer o que foi exigido. Carmen se retraía e tinha dores de estômago. Roger estourava. Outras crianças são mestres em evitar tarefas. Levantam-se para apontar o lápis, perdem tempo diante do apontador e acham qualquer desculpa para não escrever, se for muito difícil para elas. Ou tentam envolver um colega, irmão, professor ou pai ou mãe em uma conversa, ou ainda se distraem com qualquer coisa em seu ambiente imediato. Podem fazer coisas tolas, desafiar os adultos ou reclamar de cansaço (na verdade, tarefas que requerem esforço excessivo podem mesmo induzir cansaço em algumas crianças). Os pequenos fazem de tudo, que poderia se traduzir como: "Não sei fazer isso";

Claro que algumas crianças fazem exatamente isto e dizem que não sabem fazer a tarefa. Entretanto, a resposta frequente dos pais e professores a essa declaração direta da verdade é; "*Claro* que você sabe. É *fácil*". Infelizmente, essa atitude tem o efeito de fazer a criança se sentir incapaz, porque lhe disseram que aquilo que não sabe fazer é fácil. Se você já disse isso a seu filho a respeito de certas tarefas, pergunte a si mesmo se envolvem habilidades executivas nas quais você é forte, mas ele é fraco. Nesse caso, a tentação de dizer tal coisa é uma dica para você prestar mais atenção à tarefa e ao porquê de a criança não conseguir realizá-la. A função dos adultos (principalmente pais e professores) é identificar o elemento da tarefa que causa a reação emocional ou comportamental, para que, assim, compreendam o comportamento exibido e a natureza dos obstáculos que o provocaram.

3. *Descubra quais habilidades executivas são exigidas pela tarefa e pergunte a si mesmo se seu filho as possui.* Claro que você não precisa fazer isso para cada tarefa ou lição de casa, mas se a criança resiste a determinadas atividades, é bom considerar se parte dessa resistência vem de um mau encaixe entre a tarefa e as habilidades da criança. Como você já determinou quais são as fraquezas de seu filho ao completar a escala de categorias no Capítulo 2, reflita se a tarefa que ele hesita em fazer exige o uso dessas habilidades fracas. Uma alternativa é iniciar a tarefa e seguir a lista de habilidades executivas a fim de determinar quais têm papel proeminente nela;

Usemos como exemplo a arrumação do quarto. É uma tarefa que quase todos os pais esperam que os filhos realizem, mas se examinarmos as habilidades executivas necessárias, veremos como uma criança com certas habilidades fracas ficariam perdidas. Para as crianças serem totalmente independentes na hora de arrumar o quarto, no mínimo as seguintes habilidades executivas são necessárias:

- **Inicialização de tarefas** – a criança deve ser capaz de começar uma tarefa sem lembretes;
- **Atenção sustentada** – a criança deve ser capaz de se empenhar na tarefa até terminá-la;
- **Planejamento/priorização** – a criança deve ter um plano de ataque e um modo de tomar decisões quanto ao que é ou não importante (por exemplo, o que deve ser guardado e o que precisa ser jogado fora);
- **Organização** – a criança precisa administrar seus pertences, colocando cada coisa no lugar certo.

Quando uma tarefa requer habilidades executivas múltiplas, você pode detectar a ocorrência da falha no momento em que a criança precisa utilizar uma habilidade fraca. Pode oferecer seu apoio, que tenha relação com essa fraqueza. Se o problema for inicialização de tarefas, então você e a criança entram em um acordo quanto ao momento em que o quarto será arrumado e que lembrete ela gostaria de ter, para começar. Se a fraqueza estiver na atenção sustentada, ambos podem fragmentar a tarefa de arrumação do quarto em partes e planejar quando cuidar de cada parte. Já se o problema for planejamento, pai/mãe e filhos podem, juntos, fazer uma lista das fases da arrumação e transformá-la em uma planilha. Quanto ao problema da organização, pense em como poderá ajudar a criança a dispor os objetos pessoais no quarto dela, deixando tudo mais fácil para organizar. Todos esses exemplos ilustram exatamente o que você aprenderá a fazer na Terceira Parte deste livro.

4. *Descubra se alguma coisa no ambiente está dificultando a tarefa para o seu filho.* Para jovens com habilidades executivas fracas ou que mal começaram a surgir, pequenos detalhes no ambiente podem comprometer a capacidade de usar essas habilidades. Distrações como o som da televisão ao fundo ou uma conversa interessante que a criança ouve podem ser interferências. Como algumas crianças, ser observada no decorrer de uma tarefa difícil basta para criar um desvio do curso – principalmente se a criança se sentir julgada. Se você tem dificuldade para fazer seu filho tocar piano, seria bom evitar "conselhos construtivos" durante a prática;

Por outro lado, em alguns casos, deixar a criança completamente sozinha na execução de uma tarefa pode atrapalhar o seu progresso. Crianças com atenção sustentada fraca, por exemplo, são suscetíveis a distrações (internas e externas) que as desviam do rumo. Aquelas com dificuldades de planejamento ou que são inflexíveis podem não saber como iniciar uma tarefa ou prosseguir com ela se ficarem muito tempo sem companhia adulta. Isso pode se tornar um problema quando a tarefa é do tipo aberta (ou seja, com múltiplas possibilidades de ação ou diversas soluções). Para muitos pequenos, completar sozinho uma tarefa dá uma sensação de sufocamento, e sem uma pessoa para animar ou incentivar e dar um retorno positivo, esses jovens logo desanimam e desistem.

Talvez você fique perplexo ante a capacidade de seu filho usar com eficácia uma habilidade executiva específica em determinada situação, mas fracassar em outras. Às vezes, o que faz a diferença é a quantidade de estrutura imposta pela ajuda. Por exemplo, uma criança pode fazer uma redação na escola (cercada por outras crianças escrevendo e sabendo que o professor está de olho e, de vez em quando, observa ou dá algumas sugestões), mas não consegue escrever bem em casa (sem muita supervisão e sem a certeza de que os pais poderão ajudar, se necessário). Se você conseguir identificar quais fatores contribuem para o sucesso em uma situação ou fracasso em outra, poderá "ajustar" o ambiente para aumentar a probabilidade de sucesso.

Um fator importante que afeta a capacidade da criança de usar com eficiência as habilidades executivas é o grau de interesse pela tarefa, ou a motivação para obter êxito. Crianças que sempre se esquecem de levar a lição de casa feita para a escola lembram-se, por outro lado, de colocar na mochila um CD para ouvir com um amigo. Outras que não se lembram de solicitar ajuda do professor de Matemática após a aula, por causa da proximidade de uma prova, não se esquecem do dia em que os pais prometeram levá-las ao shopping para trocar um vale-presente. Se seu filho é assim, isso não significa necessariamente que ele tenha uma memória de trabalho fraca, mas indica que a motivação extra para participar de uma atividade específica vence essa fraqueza existente. Sabendo que a criança pode usar habilidades executivas com eficácia se tiver motivação suficiente, é possível encontrar meios de unir o desempenho aos fatores motivadores que a induzam a esforçar-se mais na realização das tarefas que exigem habilidades executivas geralmente difíceis.

O Capítulo 6 descreverá detalhadamente os fatores ambientais que podem impedir as crianças de usar habilidades executivas, além de outras sugestões de como modificar o ambiente para ajudá-las a ter sucesso. O Capítulo 8 discorrerá mais a respeito de como motivá-las no uso e desenvolvimento de habilidades executivas fracas.

5. *Se seu filho é capaz de realizar a tarefa, mas não é sempre que consegue, talvez isso signifique simplesmente que você identificou uma habilidade executiva fraca.* Há uma grande diferença entre ser capaz de cumprir uma tarefa e cumprir essa

tarefa *constantemente*. As pessoas que têm dificuldades organizacionais entenderão isso muito bem, se dermos o exemplo de como manter sua mesa de trabalho organizada e bem-arrumada. Claro que você é perfeitamente capaz de arrumar a mesa. Você *sabe* fazer isso. Talvez decida, por exemplo, quais objetos deixar na mesa e quais retirar, um por vez, escolhendo outro destino para eles (jogar no lixo, guardar em uma pasta, colocar em uma caixa, entregar a outra pessoa etc.). Arrumada a mesa, pense agora como é difícil *mantê-la* arrumada. Essa é a dificuldade das crianças quando se deparam com tarefas que exigem o uso de suas habilidades executivas fracas, pois podem saber o que ou como fazer, mas repetir as mesmas coisas todo dia, enquanto seus pais ou professores exigirem, é outra história!

Se seu filho vive situações assim, você tem algumas opções. Tente acompanhar a situação de perto para não sair de controle. Para uma criança com problemas organizacionais, por exemplo, talvez seja necessário passar uns 10 minutos no fim de cada dia arrumando o quarto de brinquedos, em vez de esperar até o fim de semana e cuidar de uma bagunça maior. A criança com problemas de administração de tempo pode precisar de uma agenda, imposta pelos pais, para o trabalho que ela acha que termina em 30 minutos, quando você sabe que levará várias horas.

Em alguns casos, porém, talvez seja melhor você "contar suas batalhas". Isto é, releve algumas coisas – por exemplo, deixe a arrumação do quarto de lado uma noite se seu filho estiver estressado após a lição de casa, ou se teve uma atividade esportiva longa. Crianças com problemas de controle emocional são particularmente suscetíveis a estresse das mais variadas fontes; estresse este que afeta não só a capacidade de controlar as emoções, mas também de usar outras habilidades executivas. Fadiga, fome, excesso de estimulação, um dia ruim na escola, uma mudança inesperada de planos são fatores que podem impactar a capacidade de mobilizar recursos e habilidades executivas, exigindo ajustes imediatos por parte dos pais a fim de ajudar os filhos a administrar o próprio comportamento. Todavia, se os pais relevarem com frequência, deixando tudo passar, é bom examinar se conseguem também reduzir os "desencadeadores" do desestímulo da criança. Sempre que possível, reduzir as exigências é melhor que livrar as crianças de tudo. Em vez de mandar que passem 10 minutos arrumando o quarto de brinquedos, por exemplo, é melhor pedir que guardem o Lego e deixem os outros brinquedos para o dia seguinte.

6. *Se seu filho conseguiu cumprir a tarefa algumas vezes, descubra o que possibilitou esse sucesso.* Talvez você já tenha dito algo do tipo: "Você reclamou da última vez que teve de fazer isso e conseguiu. Então, pare de resmungar e faça

de novo". Se disse isso, talvez tenha ignorado alguns fatores importantes. Antes de qualquer coisa, qual foi o seu apoio na última vez que seu filho completou a tarefa com êxito? É possível que tenha facilitado a tarefa para ele, mesmo sem perceber:

- Conversou com seu filho sobre o que ele precisava fazer antes de começar?
- Dividiu a tarefa em partes?
- Deu a ele sua permissão para trabalhar só por 5 minutos até um intervalo?

Essas são apenas algumas possibilidades. Se você não compreende a habilidade inconstante de seu filho para realizar determinada tarefa, experimente rever as vivências que deram certo, bem como as falhas. Tente anotar os diversos fatores ambientais envolvidos em cada experiência, em duas colunas, comparando-os para ver onde estão as chaves do sucesso.

7. *Se seu filho possui as habilidades executivas para realizar a tarefa, o problema seria o fato de ele não acreditar no próprio sucesso?* Essa é outra variável importante que ajuda a determinar o bom encaixe entre a criança e a tarefa. Trata-se da estimativa da própria criança de sua capacidade de sucesso. Se você examinou atentamente a tarefa, comparou as habilidades exigidas com as da criança, observou o ambiente em que a tarefa é realizada, e ainda não descobriu por que ela não consegue fazer o trabalho, pode ser um indício de falta de autoconfiança de seu filho. As crianças podem ter esse problema por várias razões:

- A tarefa parece grande demais e elas não são capazes de enxergar além do tamanho para saber que cada parte individual está dentro de suas habilidades;
- Já tentaram e fracassaram em tantas outras coisas que presumem que o mesmo acontecerá agora, isto é, fracasso nessa tarefa também;
- Seus esforços foram criticados no passado e não querem arriscar a repetição disso, principalmente se a criança tiver tendências perfeccionistas (cujos pais também as possuem), pois, por melhor que seja o resultado, nunca corresponderá às expectativas dela ou de outros que ela queira impressionar ou agradar;
- Alguém sempre veio ao socorro logo que elas se deparavam com um obstáculo; por isso, nunca aprenderam que podiam vencê-los sozinhas (ou com assistência mínima).

Às vezes, uma tarefa cabe no escopo de competência da criança, e você nota isso claramente. Mas se seu filho não acredita que é capaz de realizar a tarefa, tenderá a se perder nos mesmos desvios que o perturbariam ao confrontar uma tarefa a qual realmente é incapaz de executar. Felizmente, pode-se lidar com essas duas situações da mesma maneira: alterar um pouco a tarefa para que a criança consiga realizá-la. Quando uma tarefa faz parte, de fato, do repertório da criança, o sucesso é rápido e o problema se resolve logo, desde que ela veja o sucesso e receba um parecer positivo das pessoas.

Em muitos casos, a melhor maneira de lidar com essas situações é ajudar o seu filho a iniciar a tarefa, seja ela qual for, garantindo-lhe que *você não o deixará na mão* (ou seja, ele terá apoio necessário enquanto prossegue com o restante do trabalho). Podemos utilizar a analogia de aprender a andar de bicicleta, depois da remoção das rodinhas de apoio. Explique à criança que você a ajudará, assim como a ajudou a se segurar na bicicleta, até se sentir segura. Essa abordagem é útil, principalmente quando as crianças têm lição de casa que lhes parece impossível de fazer. Ajude, no começo, e dê pequenas dicas e diga palavras amigas de incentivo; elogie a criança pela persistência e pelo esforço. E, caso comece a desanimar ou se depare com um obstáculo, forneça um apoio mais substancial.

Oferecer-se para praticar ou ensaiar é outra forma de ajuda para a criança que precisa confiar em si mesma. Talvez seu filho queira convidar um amigo para vir à sua casa, mas não sabe como fazer isso. Dê a ele um roteiro e dramatize a situação, até se sentir à vontade para fazer o convite. Pratique com vários resultados possíveis (por exemplo, como agir se o amigo recusar o convite por diversos motivos), assim irá prepará-lo para diferentes finalizações.

Sejam quais forem os detalhes, quando há um mau encaixe entre a tarefa ou o ambiente ou o perfil de habilidades executivas da criança, ela tentará assumir o controle da situação, fugindo dela ou evitando-a.

Nos cenários descritos antes, Carmen e Roger reagiram tentando evitar a situação. Uma criança com Síndrome de Asperger[4] que é inflexível e tem dificuldade com conversas, reformule a situação para que se adapte às suas habilidades, dominando a conversa com assuntos de seu interesse. Mesmo crianças sem Síndrome de Asperger, mas que são inflexíveis, às vezes têm esse problema e lidam com ele da mesma forma. Crianças com um fraco controle emocional ou dos impulsos acham difícil lidar com situações em que muitas coisas acontecem simultaneamente, ou quando os eventos se desenvolvem depressa. Preferem sair da situação ou se refugiar em algum canto.

---

4. Em 2013, o diagnóstico de Asperger foi retirado da 5ª edição do Manual de Diagnóstico e Estatística das Perturbações Mentais (DSM-V). Atualmente, estes sintomas estão incluídos nas perturbações do espectro autista, a par do autismo e perturbação global do desenvolvimento sem outra especificação (PGD-SOE).[2][9] No entanto, à data de 2015, a síndrome de Asperger continuava a fazer parte da 10ª edição da Classificação Internacional de Doenças (CID-10).[5] [N.T.]

Peg falando: *Quando meu filho mais novo estava na Pré-Escola, começou a se portar mal quando seus amigos o visitavam e demoravam muito. Não queria mandá-los embora, mas sabia que eu compreenderia os sinais de seu comportamento e diria que estava na hora de irem para casa.*

Na Segunda Parte deste livro, definiremos uma série de condições que você precisa compreender para ajustar e aperfeiçoar a relação entre seu filho e as tarefas que ele deve cumprir.

Segunda Parte

FUNDAMENTOS QUE PODEM AJUDAR

5
Dez princípios para aperfeiçoar as habilidades executivas de seu filho

Neste ponto, já é possível ter uma ótima noção de como as habilidades executivas de seu filho são importantes para suprir as demandas impostas a uma criança da idade dele. Provavelmente, já é possível formar um quadro mais claro de onde se encontram as forças e fraquezas de seu filho e o porquê de ele possuir dificuldades com algumas tarefas, mas realizar outras com total maestria. Talvez já tenha algumas ideias de como aprimorar essas forças para que a criança aja com toda a inteligência que possui – e seja menos dispersa. E podemos apostar que o nível de conflito se encontra um pouco mais baixo, agora que sabe maximizar o encaixe entre você e seu filho e como lidar com as diferenças inevitáveis.

Neste capítulo, dividimos todo esse pano de fundo em dez princípios que orientarão o leitor a ajudar seus filhos a crescerem e se desenvolverem. Você pode usá-los para aplicar as estratégias contidas na Terceira Parte, de acordo com as circunstâncias e características de seu filho, ou elaborar estratégias próprias. De qualquer forma, os princípios são as "regras" para ajudar uma criança no manejo de tarefas desafiadoras e no desenvolvimento de habilidades executivas que lhe faltam, incentivando-o a praticar as habilidades a fim de maximizar seu potencial nessas áreas. No restante da Segunda Parte, você encontrará mais informações sobre os princípios mais importantes.

1. *Ensine* **habilidades eficientes em vez de esperar que a criança as adquira por observação ou osmose.**

Parece que algumas crianças têm a capacidade natural de usar habilidades executivas de forma eficaz, enquanto outras enfrentam grande dificuldade se tiverem de agir sozinhas. Isso pode não ser tão diferente de outras habilidades, como aprender a ler. Uma pequena porcentagem de crianças aprende a ler por conta própria, enquanto a esmagadora maioria necessita de instrução formal. Outra porcentagem pequena de crianças não adquire a habilidade de ler rapidamente, mesmo com assistência na sala de aula. Muitos pais e professores incentivam o desenvolvimento da habilidade executiva por meio do que os psicólogos chamam de *aprendizado incidental* – isto é, proporcionar estruturas maleáveis, modelos, dicas e estímulos ocasionais, que são suficientes. Ou talvez fossem suficientes em épocas mais simples, quando as demandas impostas às crianças eram menores e havia mais tempo para a supervisão e o apoio dos professores e pais.

Nos tempos atuais, contudo, a maioria das crianças chega a um ponto em que uma ou outra tarefa exige certo nível de funcionamento executivo que está além delas. Em resposta a este mundo mais complexo, não podemos deixar o desenvolvimento das habilidades executivas para o acaso. Precisamos oferecer aos nossos filhos instrução direta, definindo comportamentos problemáticos, identificando o comportamento orientado por metas e, por fim, desenvolvendo e implementando uma sequência instrucional que inclua supervisão apurada no começo, seguida pela gradual diminuição de estímulos e apoio. Descreveremos esse processo de lidar com tarefas específicas no Capítulo 7. Existem, porém, outros meios mais neutros de ensinar habilidades executivas, por etapas e até jogos que encorajam o desenvolvimento generalizado dessas habilidades, em vez de ter como alvo uma tarefa específica que exige uma habilidade determinada. Essa abordagem também será descrita detalhadamente no Capítulo 7. Observe como esse princípio se relaciona com o princípio número 3. Quando você ensina habilidades, fazendo com que a tarefa se torne mais manejável, começa com o externo, mas a meta é terminar com o interno, ou a internalização da habilidade ensinada na tarefa, para que a criança a inclua em seu repertório e possa utilizá-la à vontade em outras tarefas que a exijam no futuro.

2. Considere o nível de desenvolvimento da criança.

Ninguém espera que uma criança de 5 anos de idade prepare o lanche que vai levar para a escola, ou que uma criança de 10 anos arrume sozinha a mochila para o acampamento de verão. Também não se exige que um jovem de 14 anos de idade more sozinho. Entretanto, em nossa prática clínica, vemos muitos pais com expectativas irreais para o nível de independência de seus filhos. Certa vez, por exemplo, trabalhamos com uma mãe que esperava que sua menina de 8 anos de idade se lembrasse, sozinha, de tomar a medicação para asma todas as manhãs. A maioria das crianças precisa ser lembrada disso, pelo menos até metade do Ensino Fundamental, quando não mais tarde. É comum trabalharmos com pais cujos filhos adolescentes acabaram de entrar no Ensino Médio e se irritam porque os jovens não têm um plano definido sobre o que estudar na faculdade e nem como entrar. Não é raro, segundo nossa experiência, que os próprios jovens terminando o Ensino Médio ainda precisem de assistência dos pais ou orientadores vocacionais, ou ambos, nesse processo de decisão.

Compreender o que é normal em cada idade, para que você não espere demais da criança, é o primeiro passo para lidar com as habilidades executivas fracas. Incluímos uma tabela no Capítulo 2 com uma lista de idades típicas para as crianças realizarem tarefas que envolvam habilidades executivas. Também apresentamos listas mais detalhadas de itens na Terceira Parte que ajudarão o leitor a identificar onde se classifica seu filho em termos de desenvolvimento de habilidades específicas.

Entretanto, saber o que é típico para cada idade é apenas parte do processo. Quando as habilidades de seu filho estão atrasadas ou deficientes em relação à idade, você precisará intervir, qualquer que seja o nível de funcionamento da criança. Enquanto uma criança normal de 12 anos é capaz de arrumar o quarto sozinha, seguindo uma agenda semanal e sendo lembrada disso umas duas (ou três!) vezes, se seu filho de 12 nunca fez isso sem ajuda, então, as estruturas e estratégias que funcionam com a maioria dos jovens dessa idade não servem para ele. É fundamental encaixar as exigências da tarefa com o nível real de desenvolvimento da criança, caso seja diferente dos colegas da mesma idade ou do esperado. A mesma tabela do Capítulo 2 dará uma ideia do nível de desenvolvimento etário de seu filho, pelo menos no que concerne às habilidades executivas específicas, que são o foco da preocupação.

3. Passe do externo para o interno.

Como já mencionamos, quando a criança é muito pequena, os responsáveis cumpriam o papel dos lobos frontais dela. Toda a prática das habilidades executivas começa com algo exterior à criança. Antes de ensinar que não se deve correr na rua, você a segurava pela mão quando chegavam a uma esquina, para ter certeza de que aquilo não aconteceria. Por fim, de tanto você repetir: *Olhe para os dois lados antes de atravessar*, seu filho internalizou a regra. Você o observou respeitando essa regra e ele consegue atravessar a rua sozinho. Você organiza e estrutura de todas as maneiras o ambiente da criança para compensar as habilidades executivas ainda não desenvolvidas. Portanto, quando decidir ajudá-la a desenvolver mais habilidades, deve sempre começar pela mudança de coisas externas à criança, antes de aplicar estratégias que exijam mudanças por parte dela. Alguns exemplos:

- Lembrar seu filho de escovar os dentes antes de dormir, em vez de esperar que ele se lembre sozinho;
- Estipular tarefas muito curtas, em vez de esperar que uma criança muito pequena trabalhe durante um tempo prolongado na mesma coisa;

- Fazer festas de aniversário íntimas para evitar excesso de estímulo em uma criança que tem dificuldades com o controle emocional;
- Pedir a uma criança muito pequena que segure sua mão ao caminhar por um estacionamento muito cheio.

4. Lembre-se de que o externo inclui mudanças que podem ser feitas no ambiente, na tarefa ou na maneira de interagir com seu filho.

Leve em conta as três possibilidades sempre que tentar modificar algo externo à criança, pois o objetivo é deixar uma tarefa manejável e encorajar o desenvolvimento de habilidades executivas. Você pode fazer modificações mínimas no ambiente físico ou social. Pode ser algo simples como pedir que uma criança com TDAH faça a lição de casa na cozinha, onde poderá ser monitorada, recebendo lembretes e incentivos para não se perder.

Já uma criança com controle emocional fraco pode brincar com crianças mais novas que ela, ou ter um número limitado de coleguinhas para brincar, talvez um por vez; ou ainda um dos pais ou uma babá supervisiona o andamento da brincadeira, mesmo em uma idade além desse costume. Também é possível alterar a tarefa, de modo que o resultado final seja alcançado, porém, por meio de um caminho diferente daquele que até hoje não deu certo.

A Terceira Parte deste livro abordará isso com mais detalhes. Por fim, o modo de você ou de outros adultos (por exemplo, professores) agirem com a criança também pode ser modificado. Talvez você já esteja fazendo isso, agora que sabe como suas habilidades executivas se comparam com as de seu filho, mas há ideias mais específicas para uma interação diferente, bem como mudanças no ambiente ou na tarefa, no Capítulo 6.

5. Utilize, em vez de combater, o desejo inato da criança por domínio e controle.

Como todo pai e mãe de uma criança de 2 anos sabe, desde a mais tenra idade, as crianças se esforçam para controlar a própria vida. Fazem isso adquirindo domínio de uma situação e se empenhando em obter o que desejam. Esse papel de domínio é gostoso de ver, para os pais, a persistência com que uma criança novinha tenta ficar em pé ou descer as escadas engatinhando é substituída, em poucos anos, por andar de bicicleta com duas rodas e, muito mais tarde, dirigir um carro. Os pais costumam ser um pouco mais ambivalentes quanto aos modos como seus filhos tentam obter o que querem e quando querem, porque, às vezes, os desejos de ambas as partes acabam em conflito.

Entretanto, há meios de apoiar os intentos de seus filhos e, ao mesmo tempo, se manter no comando. Eis alguns:

- Criar rotinas e agendas para que seu filho saiba o que acontecerá e aceite como parte do cotidiano. Isso é particularmente importante para atividades diárias como: refeições, hora de dormir, tarefas domésticas e lição de casa. Esse hábito define momentos do dia ou certas atividades nas quais a criança entende que as determinações dos pais devem ser cumpridas. Quando você isola esse "espaço", seu filho é menos propenso a requisitá-lo e, portanto, menos resistente aos planos dos pais;
- Abrir caminho para escolhas, dando ao seu filho certo controle. Ele pode escolher, por exemplo, qual tarefa doméstica vai desempenhar, quando e em qual ordem;
- Praticar tarefas difíceis passo a passo e aumentando a exigência aos poucos;
- Negociar. O objetivo aqui é evitar um "não" automático, garantindo que a criança passe pelo "precisa fazer" até chegar ao "quer fazer". Essa progressão do precisar até o querer também é conhecida como "a lei da vovó", porque as vovós são mestras em convencer os netos a completar uma tarefa antes de ganharem seus deliciosos biscoitos de chocolate feitos em casa.

6. Modifique as tarefas para que se encaixem na capacidade de seu filho de exercer esforço.

Algumas tarefas exigem mais esforço que outras. Isso se aplica tanto a adultos quanto a crianças. Pense naquela tarefa em seu escritório que você vive adiando – você sabe, aquela que fica atrás de um milhão de outras coisas que julga serem mais urgentes. Ou lembre-se daquele serviço doméstico que há tempos você insiste para que sua esposa, ou seu esposo, faça. Não significa que ela ou ele – ou você – *não conseguem* fazer.

Na verdade, há dois tipos de tarefas que requerem esforço; as que você não sabe e as que você é perfeitamente capaz de fazer, contudo não gosta. O mesmo acontece com as crianças, e diversas estratégias se aplicam, dependendo do tipo de tarefa em questão.

Se falarmos de tarefas nas quais a criança não é muito boa, é possível dividi-las em pequenas partes e iniciar de forma diferente, começando de trás para a frente, e não dando o passo seguinte enquanto a criança não dominar o anterior. Veja o exemplo de arrumar a cama. Começar do fim significa realizar a tarefa inteira exceto a última parte (colocar os travesseiros na cama depois de arrumar a colcha). Se começar do começo, você pode pedir à criança que simplesmente ajeite o lençol de cima. Elogie-a pelo bom trabalho e restrinja a responsabilidade dela até o momento em que se tornar craque em arrumar o lençol; a partir daí, dê o passo seguinte.

Contudo, é o segundo tipo de tarefa laboriosa que deixa os pais de cabelo em pé. São aquelas coisas que você às vezes acusa seus filhos nestes termos: "simplesmente não fazem porque não gostam". Em nossa percepção, se as tarefas se tornaram um campo de batalha entre você e seu filho, provavelmente não é mais uma mera decisão de não fazer algo por ser desagradável. Nosso conselho é: se você já entrou nessa batalha várias vezes e perdeu, é melhor mudar de tática. Tenha como meta ensinar seu filho a se esforçar, ajudando-o a vencer o desejo de desistir ou fazer algo que prefere. Você consegue alcançar esse objetivo ao deixar o primeiro passo *suficientemente fácil* a ponto de não parecer tão difícil para a criança e, logo em seguida, oferecer uma recompensa. A recompensa mostra que haverá uma compensação pelo esforço exercido em completar a tarefa. Gradualmente, você pode aumentar a intensidade do esforço por parte da criança se ela quiser uma recompensa. Faça isso aumentando as exigências da tarefa ou a duração do tempo em que ela terá de se dedicar antes de ganhar a recompensa.

Quando trabalhamos com pais de crianças que resistem a fazer esforço, notamos que vale a pena utilizar uma medida, por exemplo, de um a dez para calcular o grau de dificuldade que a criança experimenta. Dez, nessa escala, é uma tarefa que a criança consegue realizar, mas acha *muito, muito difícil*, enquanto o um é algo que requer *quase zero esforço*. O objetivo é remanejar ou modificar a tarefa para que a escala seja três.

Peg falando: *Para mim, por exemplo, arrumar minha sala de trabalho me dá a sensação de escalar uma montanha (e não sou alpinista), em parte porque parece que nunca terminará. Assim, a arrumação total da sala é dez, em minha escala de esforço. Eu poderia passar 1 minuto nessa tarefa? Claro, seria uma maravilha – portanto, um na escala. E o que seria uma escala de três? Bem, talvez 10 ou 15 minutos na arrumação. Claro, levaria mais tempo para arrumar minha sala de trabalho assim do que se fizesse a tarefa inteira de uma vez; mas, de qualquer forma, seria mais rápido do que não fazer nada!*

Da mesma forma, você pode ajudar seu filho no uso dessa escala, planejando como realizar uma tarefa. Digamos que o trabalho que você espera de seu filho de 13 anos no decorrer do verão é aparar o gramado. Você descobre que ele evita a tarefa porque a acha incrivelmente chata (e, portanto, exige muito esforço). Talvez facilite as coisas se você explicar a escala de um a dez, e pedir que fracione a tarefa em graus e perguntar como o ato de aparar o gramado pode descer de dez para três. A primeira resposta pode ser: "Me arrume um aparador com cadeira e recursos legais". Explique, então, que isso está fora de cogitação e peça que ele identifique quanto tempo da tarefa daria a sensação de três, ou se haveria alguma recompensa esperada que o fizesse cumprir a tarefa seguindo a escala.

Essa escala também pode ser usada para a aversão às lições de casa. Peça à sua filha, por exemplo, que comece a lição categorizando cada tarefa em termos de dificuldade. Em seguida, ela pode escolher a ordem para fazê-las, com base na escala; incentive-a a incluir pequenos intervalos para as partes com grau mais alto (ou até revezar entre fácil e difícil).

7. Use incentivos para ampliar a instrução.

Incentivos são recompensas, pura e simplesmente. Podem variar desde uma palavra elogiosa até algo mais elaborado como um sistema de pontos que possibilite à criança ganhar recompensas por dia, semana ou mês.

Para algumas tarefas – e algumas crianças – saber executá-las já é incentivo suficiente. A maioria quer naturalmente dominar coisas como aprender a ficar de pé ou subir escadas, andar de bicicleta, ou dirigir um carro. Muitas tarefas que esperamos que nossos filhos cumpram não têm incentivos implícitos, embora isso varie muito de uma criança para outra. Conhecemos crianças, por exemplo, que adoram ajudar a mãe a arrumar a casa ou o pai a limpar a garagem. A recompensa vem da oportunidade de passar algum tempo com o pai ou a mãe, ou da chance de fazer uma "coisa de adulto", ou – menos comum – a satisfação de ver o produto final (como, por exemplo, a casa ou a garagem limpa). Para muitos outros jovens, as mesmas tarefas são aversivas, e eles são capazes de qualquer coisa para evitá-las. De novo, o exemplo pode ser a lição de casa. São raras as crianças que mal podem chegar em casa para começar a lição, mas para muitas, a nota boa que conseguirão por uma tarefa bem-feita ou a humilhação de uma nota ruim já bastam para incentivá-las a fazer a lição de casa logo e com capricho. Para muitas crianças com as quais trabalhamos, entretanto, as recompensas e os castigos associados à lição de casa não são suficientes para incentivá-las a fazê-la, sem uma boa dose de briga antes. Se seu filho é assim, pode ser que você precise de incentivos adicionais para que ele complete as lições de casa sem passar por uma guerra.

Os incentivos têm o efeito de tornar menos aversivo o esforço de aprender uma habilidade, ou de realizar uma tarefa. Abordaremos melhor esse assunto no Capítulo 8, mas as recompensas exercem um efeito energético no comportamento. Elas nos dão uma meta que nos motiva a persistir nas tarefas difíceis e nos ajudam a combater quaisquer pensamentos ou sentimentos negativos em torno delas.

Peg falando: *Tenho lembranças de doces e sorvete feitos em casa, que meu pai me dava como um prêmio especial nos dias de verão de minha infância. Revezar com meus irmãos nas tarefas manuais (apesar de os músculos dos meus braços serem fracos!) valia a pena, sabendo a recompensa que me aguardava no fim do trabalho árduo.*

Por fim, oferecer um incentivo após a conclusão da tarefa ensina as crianças a postergar a gratificação – uma habilidade valiosa em si. O Capítulo 8 descreverá um processo para você criar sistemas de incentivos que acompanham a instrução de habilidades.

8. Ofereça apoio suficiente para a criança ter sucesso.

Parece simples e evidente, mas, na verdade, a implementação desse princípio pode ser mais complicada do que pensamos. O princípio inclui dois componentes de peso igual – (1) *apenas apoio suficiente* e (2) *para a criança ter sucesso*. Pais e outros adultos que trabalham com crianças tendem a cometer dois tipos de erro: ou dão apoio demais, permitindo que seus filhos tenham sucesso, sem, no entanto, desenvolver a capacidade de realizar a tarefa por conta própria; ou dão apoio insuficiente, de modo que a criança fracassa e, mais uma vez, nunca desenvolve a capacidade de realizar as tarefas.

Eis um exemplo simples. Quando as crianças estão prontas para aprender a abrir uma porta, os adultos param de abrir para elas, mas ficam perto para intervir no primeiro instante em que a criança errar algo. Talvez ela consiga colocar a mão na maçaneta, mas não saiba girá-la. Você, mãe ou pai, põe a mão delicadamente em cima do braço da criança e gira a mão dela e a maçaneta juntas, até a porta abrir. Da próxima vez que a criança se deparar com uma porta fechada, pode começar a girar a maçaneta, mas não o suficiente para abrir. Mais uma vez, você põe a mão suavemente em cima da mão dela, mas somente se de fato ela não conseguiu manusear a maçaneta. Por meio de repetições, a criança aprende a abrir a porta sem ajuda. Se, porém, você insistisse em continuar abrindo-a para ela, a criança nunca aprenderia. Se apenas observasse, deixando a frustração infantil aumentar ante a incapacidade de abrir a porta, também não aprenderia nada – exceto que aquilo exige um esforço desagradável, e deveria ser evitado a qualquer custo.

O mesmo princípio se aplica a qualquer tarefa que você queira que seus filhos dominem. Determine o nível em que podem chegar sozinhos e somente então intervenha – não faça a tarefa no lugar do seu filho, apenas ofereça apoio suficiente (físico ou verbal, dependendo da atividade) para ele vencer o obstáculo e alcançar o sucesso. Isso pode exigir certa prática e, com certeza, uma observação atenta, mas você chegará lá.

9. Mantenha o apoio e a supervisão até a criança desenvolver o domínio ou obter sucesso.

Vemos pais que sabem dividir as tarefas em partes, ensinar habilidades e reforçar o sucesso; mas, mesmo assim, seus filhos não desenvolvem as habilidades desejadas. Geralmente, isso ocorre por causa da não aplicação deste princípio e/ou do seguinte. Esses pais elaboram um processo ou um procedimento, veem que funciona e, logo em seguida, saem de cena esperando que a criança obtenha sucesso sempre e sozinha. Um dos exemplos mais comuns é o sistema que os pais adotam para ajudar seus filhos a se organizarem. Acompanham os pequenos no processo de arrumar a escrivaninha, por exemplo, ou compram cadernos e fichários necessários para a organização das tarefas escolares, e até os auxiliam a decidir como usar esses cadernos, mas esperam logo que as crianças mantenham sozinhas esse esquema.

Alguns amigos nos informaram que as pessoas que adotam o "Franklin Planner"[5] precisam de três semanas para aprender o hábito. Não temos certeza se há estudos que sustentam essa afirmação, ou sequer se é verdade no caso de adultos, mas, com as crianças – principalmente aquelas com déficit de habilidades executivas –, esse prazo é otimista demais, principalmente se esperam que a habilidade executiva esteja em plena operação nesse período. Sempre encorajamos os pais a ficarem alertas quanto a pequenos sinais de progresso. Quanto mais meticulosa for a definição do problema, maior será a probabilidade de ver progresso.

Antes de implementar qualquer uma das intervenções descritas neste livro, ou de inventar outras, passe alguns minutos escrevendo exatamente qual é o problema (mesmo no caso de crises emocionais de temperamento), depois descreva o comportamento em termos precisos (por exemplo, *se esquece de entregar lições de casa*; *chora quando há uma mudança inesperada de planos*), e calcule ou conte quantas vezes acontece ou quanto tempo dura. Se for um comportamento que envolve intensidade (como uma crise emocional), você pode usar uma escala de *leve* a *severa*. A cada duas semanas e meia, consulte o que escreveu e note se houve alguma melhora. Fornecemos no fim do livro uma planilha que ajuda a monitorar o progresso.

Ressaltamos, contudo, que nos estágios iniciais da tentativa de mudar um comportamento, às vezes ocorre um agravante da situação, em vez de melhorar. Se seu filho chora na hora de dormir a menos que você se deite com ele, até pegar no sono, e você resolve extinguir esse comportamento, provavelmente verá que o choro aumenta em duração ou intensidade antes de começar a diminuir. Toda intervenção comportamental com o intuito de abordar problemas de controle emocional ou inibição de resposta – principalmente se sua estratégia for ignorar um conjunto de comportamentos enquanto tenta ensinar outros – resulta em um aumento do problema antes de qualquer progresso visível.

---

5. O Franklin Planner é um sistema de gerenciamento de tempo criado por Hyrum W. Smith e que possui quatro versões com tamanhos diferentes. [N.T.]

Quanto mais atenciosa for a intervenção que você elaborar (e medir), mais cedo verá progresso. Em nossa experiência, alguns pais têm mais facilidade do que outros para implementar intervenções precisas e registrar o acompanhamento. Para aqueles que não são meticulosos, uma verificação periódica ajuda a perceber se há, de fato, uma evolução.

10. Suspenda o apoio, a supervisão e os incentivos de maneira gradual, não abrupta.

Mesmo que você mantenha o apoio por tempo suficiente até seu filho aprender a realizar a tarefa ou usar suas habilidades sem ajuda, talvez se sinta tentado a cortar esse apoio de uma vez. O correto, porém, é diminuí-lo aos poucos, até a criança alcançar uma independência gradual com suas habilidades. Vejamos novamente a analogia com a bicicleta, que citamos no Capítulo 2. Se você já ensinou uma criança a andar de bicicleta, sabe que começamos segurando a parte de trás do selim para mantê-la reta e, de vez em quando, à medida que a criança pratica, solta um ou dois segundos a fim de testar se ela consegue segurar a bicicleta sem balançar muito. Em caso positivo, soltamos a bicicleta aos poucos, cada vez mais. Não seguramos a parte de trás constantemente e, de uma hora para outra, soltamos, esperando que a criança e a bicicleta deslizem sem cair.

Lembre-se do princípio número oito: ofereça apenas apoio suficiente para a criança ter sucesso. Não dê as coisas de "mão beijada" quando seu filho não precisa disso. Mas, por outro lado, não salte do tudo para o nada!

Nos três capítulos seguintes, abordaremos melhor o processo de diminuição gradual. E na Terceira Parte mostraremos como funciona o processo em ação e com detalhes.

É preciso contar com esses princípios sempre que tiver de escolher a melhor forma de lidar com um problema de seu filho ou aprimorar uma habilidade. Aliás, pode ser útil rever esses princípios, caso se sinta em dúvida no momento de aplicar as estratégias na Terceira Parte. Às vezes, esquecemos como é importante nos atermos às regras básicas quando a vida e suas exigências – impostas a nós e a nossos filhos – ficam complicadas.

Três modos de instigar habilidades executivas

Esses princípios incorporam uma maneira de examinar todo comportamento que você deseja mudar, incluindo a aquisição e o uso de habilidades executivas. Os especialistas em comportamento chamam isso de modelo ABC. *A* significa *"antecedente"*; B, *"behavior"*, ou seja, comportamento; e C, *"consequências"*.

A ideia é que há três oportunidades de tomarmos atitudes que induzam ou mudem o comportamento para como o desejamos: mudar o que vem antes (fatores externos ou ambientais), visar diretamente o comportamento em si (ensinando), e impondo consequências (incentivos ou penalidades). No Capítulo 6, abordaremos a modificação do ambiente para reduzir problemas com habilidades executivas, focando nos antecedentes e no comportamento – e em condições externas que melhoram ou pioram os problemas com as habilidades executivas. No Capítulo 7, tratamos do comportamento em si, mostrando aos leitores como podemos ensinar diretamente as crianças a usar habilidades executivas. Por fim, no Capítulo 8, discutimos o uso de motivadores para incentivar as crianças a empregar essas habilidades. Após a leitura desses capítulos, você terá os subsídios necessários para elaborar intervenções próprias que aprimorem o funcionamento executivo de seu filho – ou uma compreensão sólida que o ajudará a aproveitar ao máximo as intervenções que criamos para você e apresentamos na Terceira Parte.

Quanto progresso fizemos?

Data	Habilidade executiva	Descrição precisa do comportamento (Como é/o que parece?)	Frequência (com que frequência o comportamento ocorre? – vezes por dia, por semana etc.)	Duração (quanto tempo leva)	Intensidade (em uma escala de 1 a 5, qual é a intensidade do comportamento?)
Data do acompanhamento		O comportamento parece o mesmo?	Com que frequência ocorre agora?	Quanto dura agora?	Qual é a intensidade agora?
Data do segundo acompanhamento					

6
Modificar o ambiente: A de Antecedente

Jonas, de 4 anos, foi uma criança desafiadora desde o nascimento. Tinha cólicas quando bebê, seu sono era irregular, era exigente para comer, e, tão logo aprendeu a comunicar suas preferências, reclamava das etiquetas nas roupas, de calças apertadas e das costuras das meias. Os pais percebiam que ele sofria um colapso emocional em festas familiares e previam quase o minuto exato em que esse colapso iria ocorrer. As crises emocionais aconteciam de uma hora para outra, mas eram mais comuns quando ele estava com fome, cansado ou quando era bombardeado por estímulos. Esses ataques pareciam ser a única forma de Jonas lidar com as emoções. Aos poucos, os pais descobriram maneiras de reduzir os problemas. Na medida do possível, davam-lhe horários regulares para acordar, dormir, fazer as refeições e tomar banho eram atividades realizadas sempre na mesma hora. Limitaram o tempo de assistir televisão, vetando desenhos animados com qualquer sinal de violência. Incluíram também rituais para a hora de ir para a cama. Amiguinhos para brincar eram restritos a uma criança por vez, e o período de brincadeira nunca passava de uma hora e meia. Quando eram convidados para festas em casa de parentes, chegavam um pouco atrasados e saíam relativamente cedo – e, se necessário, a mãe ou o pai levava Jonas para uma caminhada mais ou menos na metade da festa. O resultado dessas mudanças nas rotinas da família resultou na diminuição considerável dos acessos de raiva e crises emocionais de Jonas.

Você já deve estar familiarizado com as habilidades executivas que descrevemos para reconhecer que Jonas tem problemas com o controle emocional. Os métodos que os pais do garoto usaram para reduzir as explosões emocionais se enquadram perfeitamente na categoria de estratégias abordadas neste capítulo. Em vez de fazer um esforço direto ensinando Jonas a dominar suas emoções, os pais trabalharam no sentido de organizar todos os fatores externos (os antecedentes), para diminuir a probabilidade de o menino ficar sobrecarregado. Lembra-se do princípio número três do Capítulo 5? Para os pais de Jonas, esse princípio se tornou a "regra dourada". Sabiam que seria irreal esperar que Jonas, tão pequeno, aprendesse a dominar suas emoções; por isso, estruturam seu dia de modo que as emoções se tornem menos propensas a escapar do controle. Pensaram em como modificar os ambientes externos (a partir do princípio número quatro), mas deram bastante ênfase ao ambiente social e físico.

O princípio de começar com modificações externas é muito importante – e tão eficaz –, pois tira da criança o peso das tomadas de decisão. Você não pede que controle o próprio comportamento, nem ensina como fazer isso, exceto, talvez, com um exemplo. Provavelmente, essa abordagem lhe parecerá fácil também porque, na condição de pai ou mãe, você já se acostumou a fazer modificações ambientais por causa da grande variedade de comportamentos imaturos. Montou barreiras para impedir que a criança aprendendo a andar caia na escada, tirou objetos frágeis do caminho, hoje tem um cronograma para seus filhos dormirem o suficiente, compra alimentos saudáveis e restringe a ingestão de petiscos fora das refeições, controla o tipo e a quantidade de programas de TV a que as crianças assistem, e assim por diante. Agora, aprenda a lidar com as habilidades executivas fracas da mesma maneira.

Como já explicamos, até os lobos frontais da criança se desenvolverem a ponto de ela poder tomar decisões e fazer boas escolhas, você, responsável, deve atuar como lobo frontal, tomando essas decisões pela criança. À medida que amadurecem – e esse ritmo de maturidade pode não coincidir com o de outras crianças – você transferirá gradualmente ao seu filho o processo de tomar decisões. Conforme vimos no Capítulo 5, seus primeiros esforços para lidar com as deficiências no funcionamento executivo são *externos* à criança. Você começa alterando o *ambiente* e não a *criança*. Com o passar do tempo, transfere seus esforços de maneira que ela se torne o alvo de intervenção. Isso é feito por meio do ensinamento das habilidades executivas, mas mesmo após iniciar esse processo de ensinamento, a progressão ainda é do externo para o interno.

De volta a Jonas, seus pais lidaram com o controle emocional fraco do menino por meio de esforços completamente externos. Elaborar horários e rotinas, modificar o hábito de assistir à TV, reduzir a exposição a eventos excessivamente estimulantes – nenhum desses esforços visava ensinar Jonas a regular o próprio comportamento ou controlar as emoções. Entretanto, contribuíram para um convívio em família mais suave, pois reduziram a probabilidade de que os eventos desencadeassem distúrbios emocionais em Jonas. Conforme o garoto fica mais velho, seus pais podem conversar sobre coisas que o perturbam e lhe dar dicas de como superá-las ou lidar com elas, quando acontecerem. A compreensão mais apurada de seu comportamento – quando ele tiver o nível de desenvolvimento apropriado – permitirá a Jonas se adaptar ao ambiente e satisfazer suas necessidades (ele pode, por exemplo, sair de uma festa barulhenta e brincar sozinho em seu quarto por algum tempo). Aprenderá também a lidar com situações perturbadoras, usando técnicas para se tranquilizar ou buscando o auxílio de um adulto.

Existem os mais variados meios de modificar ou estruturar fatores externos para neutralizar o efeito de habilidades executivas fracas ou ainda não desenvolvidas, mas todos esses meios entram nas três categorias mencionadas no princípio número quatro do Capítulo 5. Talvez você conheça algumas das ideias a seguir, ou talvez já tenha aplicado algumas delas sem percebê-las, ou as tenha usado de vez em quando, mas não religiosamente. Se seu filho tem TDAH, é possível que você já tenha aprendido algumas técnicas de modificação de comportamento. Por favor, não conclua que não há nada de útil aqui, se for esse o seu caso. Mostraremos maneiras de usar essas estratégias sistematicamente, ajudando a escolher os métodos que ainda não tenha usado, e mostrando como é possível priorizar os métodos específicos que abordam as habilidades executivas deficitárias de seu filho, em vez de jogar todas de uma vez em cima dele. Para algumas crianças, é necessário um esforço mais concentrado para realizar adaptações ambientais básicas, dando-lhes um empurrãozinho no desenvolvimento das habilidades mais fracas. Portanto, não pressuponha que já experimentou de tudo e não foi suficiente. Na Terceira Parte, veremos com mais detalhes o planejamento de intervenções para a criança.

Mude o ambiente físico ou social para reduzir problemas

Essas mudanças ocorrem de várias formas, dependendo da fraqueza na habilidade executiva e da área problemática específica. Em termos de mudanças físicas, as crianças com dificuldade para fazer lições de casa por causa de problemas com inicialização de tarefas, atenção sustentada, ou administração de tempo se beneficiam quando fazem a tarefa na cozinha, onde há menos distrações, como brinquedos, e a supervisão do pai ou da mãe é mais presente. Para uma criança com problemas organizacionais e o subsequente quarto bagunçado, um agente facilitador é a limitação da quantidade de brinquedos que ela pode deixar no quarto e uma caixa ou cesto para cada categoria de brinquedo (com etiquetas visíveis). Já para crianças impulsivas, os pais devem restringir o acesso a ambientes, situações ou equipamentos que possam causar encrenca. Se, por exemplo, a criança tende a correr até a rua para buscar uma bola, não deve brincar no quintal da frente. Com uma criança que joga as coisas quando está furiosa, os pais devem manter objetos caros ou quebráveis fora de seu alcance. Pais cujos filhos acham difícil esperar podem escolher restaurantes em que a comida é servida logo, com espaço para a criança se mexer enquanto aguarda, ou com atividades que mantêm os pequenos ocupados até os pratos chegarem.

Algumas crianças se beneficiam quando há uma adaptação do ambiente social. Para crianças com controle emocional fraco, o número de amiguinhos que vêm brincar pode ser reduzido, bem como o tempo da brincadeira. Crianças com problemas de flexibilidade ou controle dos impulsos podem se dar muito melhor com atividades sociais estruturadas, como jogos organizados ou a ida ao cinema, em vez de horários de brincadeiras abertas, não planejadas.

Eis algumas sugestões de modificação do ambiente físico ou social:

- *Imponha barreiras físicas ou proíba certos locais.* Principalmente para crianças com problemas de inibição de resposta, alguns meios de controlar o ambiente físico são: colocar cerca em volta do quintal, portões ou da escada; deixar objetos quebráveis fora do alcance delas; trancar certas salas, como o quartinho de ferramentas do papai e esconder os controles de videogames. Conhecemos pais de adolescentes impulsivos que escondem as chaves do carro para que seus filhos não saiam em passeios no meio da noite, mas esse exemplo talvez seja extremo para a maioria dos pais;

  Pense também na possibilidade de impedir o acesso a certas tecnologias, pois, seria um meio de administrar certos problemas com habilidades executivas. Você pode controlar o uso da TV e dos videogames (o XBox, por exemplo, oferece aos pais a opção de especificar quanto tempo por dia ou semana os garotos podem jogar; o painel do aparelho desliga automaticamente quando chega o limite). Outras maneiras de controlar o uso do computador são: a criação de senhas de acesso ao computador e/ou à internet, a aplicação de filtros dos *sites* que seus filhos podem visitar. Se você deixa seu filho usar redes sociais como Twitter ou Facebook, solicite as senhas dele e verifique suas páginas. Diga que irá verificar – e faça isso regularmente, verificando inclusive o histórico dos *sites* visitados.

- *Reduza as distrações.* Fizemos oficinas com jovens no Ensino Médio sobre lição de casa, e nos disseram que um dos maiores obstáculos na hora de fazer a tarefa é o barulho em casa. Pode ser um irmãozinho assistindo a desenhos animados no fim da tarde, ou um irmão mais velho ouvindo música em volume altíssimo. Estabelecer um "momento de silêncio" para a lição de casa pode aumentar a habilidade de seu filho para se concentrar na tarefa e fazê-la bem. Outros momentos em que as distrações precisam ser reduzidas seriam a hora de dormir e de realizar tarefas domésticas. Muitos jovens ouvem música (com iPod, por exemplo) para bloquear as distrações; geradores de barulho branco (como os fones de ouvido Bose) também bloqueiam outros ruídos;

- *Proporcione estruturas organizacionais.* Lembra da antiga expressão: "Cada coisa no seu lugar"? Sem dúvida, é muito mais fácil para as crianças desenvolverem habilidades organizacionais se os sistemas para isso estiverem no lugar certo. Cabides para os casacos, caixas para equipamentos esportivos e brinquedos e um cesto grande no quarto para as roupas sujas são coisas que ajudam muito. Esse é, na verdade, um exemplo de que o incentivo para as crianças guardarem seus pertences no lugar certo fará com que um dia (quando seus filhos tiverem 21 ou 25 anos!) o conceito de organização seja finalmente internalizado;

> Você também pode ajudar a moldar habilidades organizacionais, deixando claro para seus filhos o nível de organização que se espera deles e como isso será observado. Por exemplo, tire uma foto de como deve ser o produto final (um dormitório ou quartinho de brinquedos arrumado etc.), para que a criança e você, juntos, comparem o trabalho feito e a foto depois. Para alunos no Ensino Médio, os Assistentes Pessoais Digitais (PDA) ajudam a organizar as tarefas e planejar os horários.

- *Reduza a complexidade social de uma atividade ou evento.* Crianças que têm problemas com o controle emocional, flexibilidade ou inibição de resposta acham muito difícil lidar com situações sociais complexas, como, por exemplo, quando muitas pessoas estão presentes ou as regras não são claras;

Simplificar significa manter um número reduzido de pessoas ou deixar a atividade mais estruturada. Uma festa de aniversário pequena, com atividades atentamente planejadas, pode ser a diferença entre "diversão para todos" e uma explosão emocional. As situações sociais muito abertas podem ser difíceis para uma criança inflexível encarar. Nesse caso, o peso sobre os ombros dela diminui se a atividade determinar a interação social (por exemplo, assistir um evento esportivo, filme ou vídeo, ou visitar um museu ou parque aquático). Ter regras claras para situações sociais e lembrar as crianças dessas regras antes do início do evento são passos que ajudam. Algumas regras para brincadeiras podem ser: *brinque com um brinquedo por vez, reveze* e *nada de brigas*. Ao lembrar seu filho e o amiguinho dessas regras no começo da brincadeira, você as coloca na memória de trabalho das crianças, possibilitando que se lembrem delas e as apliquem.

- *Mude o meio social.* Embora a convivência e o trabalho com todo tipo de pessoa seja uma lição de vida importante para as crianças, às vezes é importante que os pais tomem as rédeas e alterem a dinâmica social. Talvez você perceba que seu filho é capaz de brincar em grupo, mas se entenda melhor com um amigo específico. Não há nada de errado em estruturar os encontros para brincadeiras ou outras situações sociais com objetivo de evitar combinações voláteis. Quando não for possível (em festas familiares, por exemplo), já se prepare para uma supervisão maior que de costume para evitar encrenca. Recomendamos que você se abra com seus filhos, explicando de antemão as opções. Diga, por exemplo: "Se eu notar que você não está à vontade, faremos tal e tal coisa". E garanta para vocês dois um refúgio – um local aonde ambos possam ir, eventualmente, se ocorrer um problema, desde que não seja embaraçoso para nenhum dos dois.

Mude a natureza das tarefas de seu filho

Muitos jovens com problemas em habilidades executivas se saem bem, desde que eles mesmos decidam como administrar o tempo. Inclinam-se para tarefas que sejam estimulantes e se dedicam enquanto as tarefas forem divertidas. Isso explica por que as férias de verão são menos estressantes do que o ano escolar, pois a proporção de atividades divertidas é muito maior do que a de atividades não divertidas

Porém, os pais sabem o quão raro é o indivíduo que consegue viver só de diversão. Para ajudar as crianças a se prepararem para o mundo adulto de trabalho e responsabilidades familiares, esperamos que lidem com tarefas nada estimulantes, tais como trabalhos domésticos ou lições de casa, festas familiares chatas, horários e rotinas. Muitas crianças conseguem deixar de lado suas preferências e fazer algo que não apreciam muito. Crianças com fraquezas em suas habilidades executivas não.

Há diversas maneiras de facilitar o ajuste, modificando as tarefas que esperamos que os nossos filhos cumpram:

- *Encurte a tarefa.* Para jovens com problemas de inicialização de tarefas e atenção sustentada, em particular, podemos dizer que quando iniciam a tarefa, *o fim dela deve estar à vista.* Para essas crianças, é melhor pedir que façam várias tarefas breves, em vez de esperar que varram todas as folhas secas do quintal, se o quintal parecer uma floresta;

- *Se passar uma tarefa longa, inclua intervalos frequentes.* Se o quintal precisa ser varrido e não há meio de forçar seu filho a fazer isso, divida a tarefa em partes, pedindo que varra uma parte do gramado, ou que trabalhe por 15 minutos e pare, e assim por diante, em vez de varrer tudo do começo ao fim;
- *Ofereça uma compensação para quando a tarefa estiver pronta.* Falaremos mais disso no Capítulo 8 nos sistemas de incentivos, mas uma maneira poderosa de alterar a percepção que os pequenos têm das tarefas é prometer alguma coisa divertida quando terminarem a chatice;
- *Deixe o passo a passo mais explícito.* Em vez de mandar seus filhos "limparem todo o quarto", divida a tarefa em uma série de subtarefas. Geralmente, é possível fazer uma lista:

1. Colocar roupas sujas na lavanderia;
2. Guardar roupas limpas nas gavetas ou pendurar em cabides;
3. Guardar livros nas estantes;
4. Guardar os brinquedos.

Uma abordagem semelhante pode ser usada para itens como rotinas da manhã e da hora de dormir, e quaisquer outras tarefas que envolvam mais que um passo. O Capítulo 10 trata das rotinas diárias subdivididas.

- *Crie uma agenda para a criança.* Algo parecido com uma lista, mas que possa ser aplicada de modo mais amplo, facilitando o andamento das coisas no decorrer do dia. Uma agenda com horários fixos para refeições, hora de dormir, tarefas domésticas e lição de casa não só mostra à criança o que se espera dela, mas também a ajuda a internalizar um senso de ordem e rotina – pré-requisitos que as ajudam a desenvolver habilidades para planejamento, organização e administração de tempo, mais tarde;
- *Inclua a possibilidade de escolha ou variedade.* Em vez de mandar as crianças fazerem as mesmas tarefas todos os dias, se você oferecer um cardápio de tarefas e pedir que escolham quais preferem fazer, essas mesmas tarefas parecerão menos aversivas. Podem também decidir quando cumprir as tarefas, embora isso nem sempre dê certo, principalmente com crianças (e pais!) com memória de trabalho fraca, porque precisarão de lembretes com os horários escolhidos;
- *Torne a tarefa mais interessante.* A criança pode, por exemplo, completar a tarefa na companhia de alguém, em vez de sozinha, ou pode ouvir música enquanto trabalha. Alguns pais são muito hábeis em converter tarefas em jogos. "Veja se consegue arrumar seu quarto antes de o alarme

tocar". Essa é uma frase motivadora, ou: "Vamos apostar? Quantas peças de Lego estão no chão? Aposto que são 100 – qual é a sua aposta?" Veja outras formas de transformar tarefas em jogos:

- Desafie seu filho a pegar dez coisas em 1 minuto;
- Programe sessões de "arrumação rápida". Pode fazer sessões com duração de 15 minutos de "arrumação" para que as crianças ajudem na organização do quarto, sala etc. Cada sessão é seguida por 15 minutos de brincadeira;
- A arrumação dos brinquedos pode virar uma dança das cadeiras. Comece a música e faça as crianças andarem pelo cômodo. Quando a música parar, elas "congelam" e pegam os objetos que estiverem ao seu alcance;
- Anote as tarefas em pedaços de papel, dobre e os coloque em um pote. Cada criança pega um pedaço e faz a tarefa escrita nele.

Mude o seu modo (ou de outros adultos) de interagir com a criança

Quanto melhor compreender o quanto as habilidades executivas ajudam as crianças a se tornarem independentes, mais fácil será alterar a maneira como interage com o seu filho, a fim de lhe proporcionar o desenvolvimento dessas habilidades. Há formas específicas de interagir com a criança *antes*, *durante* e *depois* de situações que requerem funcionamento executivo, aumentando a possibilidade da situação dar certo agora ou no futuro.

O que fazer antes que a situação ocorra

- *Ensaie com a criança o que acontecerá e como ela poderá agir.* Sara passará a tarde na casa da avó. A mãe de Sara sabe que sua mãe é obsessiva com a ideia de brincar com um brinquedo por vez e guardá-lo antes de pegar o próximo. Por isso, ainda no carro, a caminho da casa dela, Sara e a mãe conversam sobre o assunto e chegam a um acordo: a menina se lembrará de brincar com um brinquedo por vez. A mãe de Sara lhe diz que ficará muito feliz se ela seguir essa regra, porque sabe que é importante para a avó;

    Rever ou ensaiar de antemão é um gesto que serve para qualquer habilidade executiva fraca, mas ajuda particularmente crianças com problemas de flexibilidade, controle emocional ou inibição de resposta.

- *Use lembretes ou estímulos verbais.* Essa é basicamente uma versão mais curta do ensaio. "Lembre-se do que conversamos" é uma frase que faz a criança lembrar-se de uma conversa na qual foram estabelecidas regras ou se uma situação foi abordada. Outros exemplos podem ser: "Qual é a regra para brincar no quintal da frente?", "O que é preciso fazer antes de ligar para seu amiguinho e convidá-lo para vir aqui?", "Qual é a primeira coisa que você tem que fazer quando chega da escola?". Todos esses exemplos, aliás, têm uma característica em comum: *exigem que a criança busque informação*. Você pode perguntar: "Qual é a diferença entre mandar meu filho arrumar o quarto antes de chamar seu amiguinho ou perguntar o que ele tem que fazer antes de chamá-lo?". A diferença é esta: ao fazer a pergunta, ele é impedido de buscar informação por meio do uso de uma habilidade executiva, ou seja, a *memória de trabalho*. Isso o aproxima um pouco mais da independência. Claro que, se ele não se lembrar do que precisa fazer, pode receber ajuda, mas não diga apenas: "Arrume o quarto". Dê a seu filho uma quantidade mínima de informações necessárias para responder à pergunta. Diga, por exemplo: "Se lembra de que falamos disso antes de você dormir, ontem à noite?", Ou: "Arrumar... o que mesmo?";

- *Providencie outros estímulos, como dicas visuais, lembretes escritos, gravações, alarmes.* Um aviso na mesa da cozinha com as palavras "Leve o cachorro para passear antes de brincar com o videogame", alerta a criança com memória de trabalho fraca quanto ao que precisa fazer ao chegar em casa, na ausência da mãe. Às vezes, até um lembrete mais tangível pode ajudar – pedir que seu filho ponha a mochila na frente da porta, assim ele vai deparar com ela ao sair para pegar o transporte, é um bom exemplo. Listas de compras, listas de coisas para fazer, listas de itens da bagagem de férias são artifícios que os adultos usam para se lembrar de quantidades grandes de informações. Sabemos que as crianças – principalmente aquelas com problemas em habilidades executivas – preferem não fazer listas e, aliás, nem gostam de falar delas. Para seu filho desenvolver esse hábito, você pode fazer a lista pela primeira vez e incentivá-lo a "olhar a lista". Cedo ou tarde, a criança perceberá como essa estratégia é útil e acabará desenvolvendo o costume. Para jovens com problemas em memória de trabalho, inicialização de tarefas, administração de tempo e planejamento, você pode usar esses sistemas de sinal remoto para ajudá-los a cumprir as tarefas desejadas, sejam trabalhos domésticos, lições de casa, compromissos marcados, ligações telefônicas ou qualquer outra coisa que envolva o domínio dos detalhes complexos do crescimento humano no mundo do século XXI. Com o passar dos anos, pais e professores com quem trabalhamos têm recomendado vários dispositivos ou serviços tecnológicos, tais como Time e WatchMinder[6].

---

6. Tipos de relógio.

Como interagir com seu filho durante uma atividade ou situação problemática

- *Treine a criança para rever o comportamento ensaiado.* A frase "lembre-se do que conversamos...", bem colocada, antes de surgir o problema, pode fazer uma grande diferença para uma criança com deficiência em memória de trabalho ou controle emocional. Você pode inclusive pedir um tempo e tirar a criança temporariamente da situação e rever com ela o ensaio, reforçando mais alguns detalhes. Às vezes, é útil dar às crianças "cartões-dicas" para levarem consigo e lembrarem-se da habilidade que estão trabalhando e como lidar com ela. Um exemplo de um cartão-dica para "Escutar" aparece na sequência (que inclui também um espaço para registrar quando a criança usa a habilidade);

- *Lembre a criança de checar a lista ou agenda.* Nas fases iniciais do aprendizado de uma rotina ou procedimento, as crianças não só se esquecem de que há um procedimento, mas também de que está escrito em algum lugar. Um lembrete sutil para que sempre chequem a lista pode colocá-las de volta no caminho. E, de novo, em vez de dizer a seu filho em qual fase ele está e exatamente e o que deve fazer, é preferível incentivá-lo a checar a lista, transferindo a responsabilidade do pai para o filho;

- *Monitore a situação, assim compreenderá melhor os desencadeadores e outros fatores que afetam a capacidade de seu filho de usar bem as habilidades executivas.* Mesmo que não possa intervir rapidamente ou que nada possa fazer no momento para evitar um problema, você pode usar suas habilidades observacionais para identificar os fatores que contribuem para os problemas. Estar presente durante uma situação problemática permite que você veja, por exemplo, como sua filha mais velha "provoca" a mais nova até perder a calma. Ou você perceberá como a importunação de crianças mais velhas na vizinhança levam seu filho a amolar a irmãzinha na hora do jantar. Claro que o pai ou a mãe não estarão por perto cada vez que surgirem problemas, mas, sempre que isso for possível, pare e pense objetivamente, e aprenderá como lidar com a mesma situação de uma maneira diferente no futuro.

O que você pode fazer posteriormente para melhorar o uso de habilidades executivas na próxima situação problemática que ocorrer

- *Elogie seu filho por usar bem as habilidades.* "Gostei do jeito que você começou a fazer a lição só com um lembrete meu", "Obrigado(a) por se controlar quando seu irmão o provocou", "Fiquei impressionado(a) como você conseguiu deixar de lado o videogame sem reclamar, quando era hora de fazer suas tarefas" são exemplos de incentivo ante o uso eficaz de uma habilidade executiva. Abordaremos melhor o assunto no Capítulo 8;

- *Discuta.* Referimo-nos aqui à prática de rever uma situação para analisar se aprendemos alguma lição. Converse com seu filho sobre o que aconteceu, o que funcionou ou não funcionou, e o que pode ser feito de outra forma no futuro. Essa tática precisa ser usada com perspicácia. A discussão deve ser feita a certa distância do incidente para evitarmos a volta de todos os sentimentos ruins associados ao evento problemático. Também não deve ser usada com frequência. Conhecemos pais que, preocupados com a dificuldade de seus filhos em fazer amigos, sentiam que precisavam discutir o assunto após qualquer encontro social. O efeito era aumentar a ansiedade da criança quanto ao contato social, em vez de ajudá-la a aprender maneiras melhores de se aproximar de outras crianças. Se usada com perspicácia, porém, a discussão pode ser o momento do aprendizado;

- *Consulte outras pessoas envolvidas na situação.* Peça um retorno, por exemplo, de seu cônjuge, que observou o evento e pode oferecer uma ideia útil do que realmente ocorreu. Ou dê uma sugestão à babá de como lidar com a situação de outra forma no futuro. Em outras palavras, se consultar outras pessoas, você terá a oportunidade de adaptar seu próprio comportamento ou dar sugestões aos outros para mudar algo e melhorar a situação, caso o mesmo evento aconteça de novo. Como dissemos no começo, a modificação do ambiente não exige que a criança mude. Entretanto, muitas das estratégias aqui descritas ajudarão a criança, com o tempo, a internalizar procedimentos que facilitem o desenvolvimento de suas habilidades executivas. Em alguns casos, só o que precisamos é de tempo e paciência. A pergunta é: quanto tempo você pode esperar? Se seu filho está atrasado na escola ou sofre por qualquer outra deficiência nas habilidades executivas, talvez seja necessário combinar as modificações ambientais com uma instrução direta, conforme descrito no próximo capítulo. Você pode modificar fatores externos, aplicar intervenções em tarefas problemáticas específicas, lidar com uma habilidade executiva inteira (ou duas ou três) em todos os domínios nos quais a criança interage, usar jogos que deem a seu filho um tipo mais orgânico de impulso, oferecer incentivos (ou, de preferência não, penalidades) pelo uso das habilidades executivas, ou escolher qualquer combinação dessas intervenções. Tudo depende da gravidade dos problemas da criança e de quanto tempo você pode investir. Leia mais a respeito de todas essas opções no capítulo seguinte e no decorrer da Terceira Parte deste livro.

Cartão de dicas para escutar

Semana de:	Segunda-feira	Terça-feira	Quarta-feira	Quinta-feira	Sexta-feira
Quem?					
Quando?					
Olhe para o interlocutor					
Preste atenção e mostre interesse					
Deixe o corpo imóvel					
Não interrompa					
Índice geral do desempenho total da habilidade					

+ = independente/bem-sucedido; a = com ajuda; – = não usou habilidade ou usou incorretamente.

Fonte: *Inteligente mas Disperso* de Peg Dawson e Richard Guare. nVersos, 2022.

7
Ensinar habilidades executivas diretamente: B de *Behavior* (comportamento)

Noriko, 8 anos, tinha uma dificuldade enorme na hora de se aprontar para a escola, de manhã levava uma eternidade para se vestir, demorava no café, e se perdia na TV em vez de escovar os dentes e pentear o cabelo. Sua mãe se sentia como um disco quebrado, repetindo as mesmas coisas todas as manhãs: "Noriko, pegue os sapatos; Noriko, lave o rosto; traga a mochila para guardar o lanche." Ela detestava ouvir a si mesma dizendo isso, mas sabia que, se não cutucasse a menina, Noriko perderia o ônibus escolar. Por fim, resolveu tomar uma providência para mudar aquilo. Certa noite, após o jantar, ela e Noriko se sentaram e fizeram uma lista das coisas que a garota precisava fazer de manhã antes de ir à escola. Noriko era uma artista talentosa; então, a mãe pediu que desenhasse uma figura pequena de cada passo da rotina. A mãe levou as imagens à escola onde trabalhava e plastificou cada desenho. Comprou velcro e ela e a filha trabalharam juntas, anexando uma tirinha no verso de cada desenho e em um painel para encaixar todos os desenhos. Ela dividiu o painel em duas colunas, com as etiquetas PARA FAZER e FEITO! Explicou a Noriko que, a partir daquele momento, não ia mais dizer o que a garota tinha que fazer de manhã, mas apenas lembrá-la de olhar a agenda de imagens. Toda vez que Noriko terminasse uma tarefa, deveria mudar o cartão laminado da coluna PARA FAZER para a coluna FEITO! Se conseguisse terminar a lista 15 minutos antes de o ônibus chegar, podia ligar a televisão e assistir aos desenhos animados até ele aparecer. Depois de várias semanas sendo lembrada de olhar a lista, Noriko começou a completar a rotina das manhãs sozinha. Sua mãe ficou maravilhada ao ver como tudo deu certo – ela até tinha tempo de saborear uma xícara de café enquanto Noriko assistia aos desenhos.

O capítulo anterior focou nas maneiras de modificar o ambiente (os antecedentes) para reduzir o impacto das habilidades executivas fracas. Geralmente, esse é o jeito mais fácil de lidar com problemas associados a tais fraquezas e ajuda, de um modo especial, as crianças mais novas. É por isso que o Capítulo 6 começou com um exemplo de uma criança de 4 anos. O problema é que as intervenções ambientais não são portáteis. Se o seu repertório se limita a isso, você precisará garantir as modificações em cada ambiente no qual a criança se encontra. Já é difícil com a criança, mas esperar que dê certo com os adultos responsáveis na escola, igreja, grupo de amigos, campo de atletismo, ou na casa de um colega é algo irreal.

A alternativa é trabalhar com as crianças no sentido de ajudá-las a desenvolver um funcionamento mais eficaz das habilidades executivas. Há duas maneiras de fazer isso: ou você ensina as habilidades que deseja desenvolver na criança ou a motiva a praticá-las, uma vez que já existem, mas não são muito usadas. Geralmente, incentivamos os pais a usar os dois procedimentos, mas é melhor você ler este capítulo junto com o Capítulo 8 antes de escolher a melhor abordagem para seus filhos. A mãe de Noriko usou instruções e motivação para ajudar a filha a superar um momento difícil do dia – ensinou uma série de passos a seguir e providenciou uma recompensa (televisão) se Noriko conseguisse completar a rotina de maneira eficaz. O capítulo seguinte aborda estratégias que podem ser usadas para motivar as crianças a usar ou praticar habilidades executivas. Por enquanto, iremos priorizar modos de ensinar essas habilidades.

Há duas maneiras de ensinar habilidades executivas a seu filho:

1. Você pode fazer isso de forma natural e informal, reagindo ao comportamento da criança e conversando com ela por toda a vida, desde a fase de engatinhar, e usando jogos que incentivem o desenvolvimento de várias habilidades executivas;
2. Pode usar uma abordagem mais focada e ensinar seu filho a administrar certas tarefas problemáticas, que envolvem habilidades nas quais possui alguma deficiência.

Explicaremos ambas neste capítulo. Muitos pais, aliás, escolhem os dois métodos. A prática de *scaffolding*[7] e os jogos são ótimos para "infiltrar" instruções valiosas, assim como você pode infiltrar todo tipo de nutriente saudável na alimentação da criança, fazendo vitaminas cheias de frutas e iogurte. A criança recebe lições valiosas no desenvolvimento e uso de habilidades executivas fora do terreno das tarefas, que é permeado de conflito, e de outras atividades

---

7. Técnica usada para mover os alunos progressivamente em direção a uma maior compreensão e independência no processo de aprendizagem. [N.T.]

indesejáveis. Ao mesmo tempo, podemos priorizar uma ou duas tarefas rotineiras que já causam problemas para todos e elaborar uma intervenção específica para ensinar seu filho a fazer determinado trabalho e adquirir as habilidades executivas necessárias. (Ou pode usar as intervenções que já criamos para uma lista longa de rotinas tipicamente problemáticas na vida em família; ver o Capítulo 10.)

Ensinar habilidades executivas de maneira informal

As pesquisas mostram que crianças cujas mães aplicam o "*scaffolding* verbal" já aos 3 anos de idade costumam ter melhores habilidades para resolver problemas e um comportamento mais direcionado a metas, isto é, habilidades executivas, aos 6 anos, do que aquelas crianças cujas mães não usam essa técnica. O que significa *scaffolding*? Literalmente *andaime*. Significa proporcionar explicações e orientações, além de fazer perguntas no nível apropriado de desenvolvimento da criança. É, na verdade, outra maneira de dizer: *dar apoio suficiente e necessário para a criança ser bem-sucedida*, com ênfase em ajudá-la a compreender os relacionamentos, associar conceitos e juntar aprendizado novo ao conhecimento anterior. Quanto mais hábeis as crianças forem em tudo isso – enxergar padrões, fazer associação e contar com o conhecimento já adquirido – mais fácil será para elas criar planos ou esquemas organizacionais. E um efeito ainda mais direto é que essas habilidades formam a base da *metacognição*, aquela habilidade executiva mais complexa que envolve o uso do pensamento a serviço da resolução de problemas. Quanto mais extenso for o conhecimento contextual das crianças e quanto maior sua prática em acumular esse conhecimento e associar informações novas às já existentes, mais fácil será o acesso a essa informação e o uso dela para propósitos diversos, incluindo a elaboração de planos, material organizacional e resolução de problemas.

Scaffolding verbal

O *scaffolding* verbal é uma estratégia poderosa que muitos pais aplicam instintivamente com crianças mais novas, talvez porque as recompensas sejam mais visíveis. Ver o orgulho no rosto de uma criança de 2 anos quando ela aponta para as imagens de animais que você menciona enquanto olham um livro juntos, ou mostra o número exato de dedinhos quando lhe perguntam a idade, é algo que naturalmente faz você prosseguir com esse tipo de *scaffolding*. Transformar o preparo de uma refeição e outras tarefas e atividades em um jogo para uma criança pequena faz o tempo passar depressa e de forma agradável, tanto para os pais quanto para os filhos. Infelizmente, muitos pais hoje em dia conversam menos com seus filhos e contam mais com a televisão e outros aparelhos para manter as crianças ocupadas enquanto papai e mamãe trabalham cada vez mais em cada vez menos tempo. Se você se encaixa nessa classe, lembre-se de que o *scaffolding* verbal pode ser usado em diversos contextos durante o dia a dia: ao se vestir de manhã, na hora do jantar, na observação de coisas a caminho da escola ou da creche, em programas de televisão e no contexto das brincadeiras e atividades que a criança aprecia. (Veja os exemplos nas conversas com crianças em idade pré-escolar na tabela a seguir.) Provavelmente você gostará de ver como já está desenvolvendo as habilidades executivas de seu filho com esse tipo de prática – e terá motivação para fazer ainda mais.

Scaffolding na idade pré-escolar

Categoria	Exemplo
Perguntas/frases que associam objetos a localização.	Que peça cabe aqui? (Apontando para um espaço vazio no quebra-cabeça).
	Onde está a camisa que combina com essa bermuda?
Relação entre uma atividade, objeto ou tema de conversa com uma experiência anterior.	É uma girafa. Você viu no zoológico.
	É como fazer biscoitos (ex.: brincar com massa de modelar).
Usar palavras para descrever experiências que se relacionam com descrições sensoriais.	Tem gosto apimentado.
	Esse apito soa como um pássaro.
Descrever características de um objeto que identificam seu caráter especial, ou uso, função e traços específicos.	Não é da mesma cor. (Para uma atividade em que a cor é necessária.)
	Bata no prego. Aquele redondo em cima.
Especificar a função ou atividade que pode ser feita com o objeto.	Verifique a temperatura do bebê. (Segurando o termômetro da criança.)
	Isso é o que se usa para assoar o nariz. (Criança segurando um lenço.)
Verbalizar e mostrar fisicamente como se faz uma coisa.	É assim que se faz o carrinho rolar.
	É assim que se abre uma jarra.
Associar sentimentos ou emoções com o motivo deles.	Seu irmão está chorando porque ele quer a bola.
	Ela ficará brava se você tirar isso dela.
Ensinar causa e feito ou o que é preciso fazer para uma coisa funcionar.	Você precisa usar sapatos se está indo lá fora, está muito frio para ir descalço.
	Se você apertar muito quebrará o lápis.

Associar objetos específicos com categorias gerais.	Olhe para todos os animais – o cachorro, o gato e o urso.
	Isso é mobília na sua casa de bonecas. Aqui está uma cadeira e uma mesa.
Ajudar as crianças a entenderem as atividades que ligam dois aspectos da ação.	Nós precisamos de um bolo se vamos ter uma festa.
	Vamos brincar. Me dê a sua mão.

Adaptado de LANDRY, S. H.; MILLER-LONCAR, C. L.; SMITH, K. E.; SWANK, P. R. The role of early parenting in children's development of executed processes. *Developmental Psychology*, v. 21, p. 15-41, 2002. *Copyright* de Taylor & Francis Group (com permissão).

Quanto mais ajudarmos as crianças a pensar no que fazem e por que o fazem – ou nos perigos inerentes a certas ações e comportamentos –, mais capazes elas serão de usar o raciocínio em qualquer situação de resoluções de problemas. A criança que compreende como certos eventos desencadeiam determinados sentimentos é mais apta a controlar as emoções e refrear seus impulsos. Quando as crianças entendem a sequência causa-efeito, conseguem planejar melhor o curso de suas ações. E quando você explica a importância de algo, seus filhos têm mais facilidade para se lembrar de informações vitais, sempre que necessário. Claro que só as explicações são insuficientes para ajudar as crianças a adquirir habilidades executivas com melhor funcionamento. No entanto, uma instrução sem explicação não é muito eficaz.

Algumas formas de *scaffolding* verbal que infundem de instrução as atividades cotidianas são:

- *Pergunte, não diga.* Exemplo: "Por que eu peço para você lavar as mãos antes do jantar?", "O que aconteceria se deixasse você ficar acordado até tão tarde como quer?", "O que fazer para você se lembrar de entregar à professora o bilhete de autorização?";

- *Explique em vez de mandar.* Às vezes, nós, pais, usamos ordens diretas e instruções explícitas que enfatizam o diferencial de poder entre nós e nossos filhos: "Faça o que estou mandando!" ou "Porque eu mandei e pronto!" É compreensível. Ficamos cansados. Nossa mente está ocupada com outras coisas, e sentimos que não temos tempo nem energia para parar e pensar em como dar uma explicação apropriada para a idade e a capacidade de nossos filhos. Ou às vezes desconfiamos (e a desconfiança está certa) que a criança pergunta o motivo de algo como tática para nos enrolar. Mesmo que seja isso, o ato de mandar incentiva menos o desenvolvimento de habilidades executivas que uma abordagem enfatizando o motivo das coisas. Lembre-se que, antes de qualquer coisa, as habilidades executivas são habilidades usadas para executar tarefas. Quanto mais soubermos sobre determinada situação – causa e efeito, a importância das coisas, o modo correto de fazer uma coisa, e assim por diante – melhor será o nosso uso dessa informação para elaborarmos nosso processo de execução de tarefas ou nos motivarmos a usar o processo que outra pessoa nos oferece. "Se você não tomar esse remédio, a dor de garganta voltará" ou "Se deixar a bicicleta lá fora, enferrujará, caso chova à noite", são exemplos dessa abordagem. Explicações ajudam a desenvolver a habilidade da metacognição, mas também aperfeiçoam a memória de trabalho. Nós nos lembramos melhor das coisas quando temos uma razão para isso. Se alguém lhe diz: "Não se esqueça de separar seus documentos; do contrário, não poderá viajar e pode dizer adeus às férias", não acha que será mais fácil se lembrar do passaporte do que se dissessem simplesmente: "Não esqueça o passaporte"? O mesmo acontece com seus filhos. Claro que devemos usar essa abordagem com perspicácia. Algumas crianças tentam evitar certas tarefas pedindo explicações intermináveis do motivo de uma coisa. Responda à primeira pergunta e não lhes dê corda;

- *Diga à criança que você sabe como ela se sente e por quê.* "Você está decepcionada porque queria muito ir à casa da Jane e agora sabe que não pode ser hoje" ou "Você está com medo de cometer um erro na apresentação e todo mundo rir";

- *Incentive a autoanálise.* Quando dá soluções, julga ou manda seu filho agir diferente na próxima vez, você o priva da capacidade de pensar por si. "O que você pode fazer para sair dessa situação chata?", "Como você acha que foi o seu trabalho para os escoteiros?", "O que você poderia fazer diferente na próxima vez para seu amiguinho não ir embora tão cedo?".

Uso de jogos para ajudar seu filho a desenvolver habilidades executivas

Os jogos são formas naturais e informais de ajudar as crianças a desenvolver habilidades executivas. Mesmo os clássicos como damas, xadrez e xadrez chinês exigem planejamento, atenção sustentada, inibição de resposta, memória de trabalho e metacognição, entre outras. Os jogos de tabuleiro mais simples como o *Candyland*[8] requerem, das crianças pequenas, atenção, inibição de resposta e uma persistência orientada para meta, enquanto jogos como *Banco Imobiliário* e *Detetive* envolvem planejamento e memória de trabalho. *Batalha Naval* exige atenção, planejamento e organização, inibição e metacognição. É sempre uma boa ideia reunir a família à noite para esses jogos e incentivar seu filho a jogar com os irmãos e amigos.

---

8. Jogo de tabuleiro infantil. Idade recomendada: 3 a 7 anos. [N.T.]

Para as crianças que preferem os videogames aos jogos de tabuleiro, que são mais conhecidos pelos pais e avós, podemos mencionar alguns exemplos que ajudam a desenvolver habilidades executivas. A maioria se enquadra na categoria de resolução de problemas. Para crianças mais novas, *Webkinz* envolve os cuidados com um bichinho de estimação. Para outras faixas etárias, jogos como *The Legend of Zelda, Simcity* e suas variantes e *Command and Conquer* exigem atenção sustentada, inibição de resposta, planejamento, organização, metacognição e persistência orientada para metas. Claro que o conteúdo varia de acordo com a idade, mas provavelmente você sabe quais jogos os colegas de seus filhos jogam. Na internet você pode ver demos e trailers de videogames em *Game Revolution, GameSpot* ou *GameSpy*. As classificações estão disponíveis em *Electronic Software Ratings Board, Common Sense Media* e *Family Media Guide*, em inglês. Nos Estados Unidos, a Associação de Pais e Mestres (PTA, sigla em inglês) possui um boletim sobre segurança dos videogames (*video game security*) com dicas para os pais sobre os jogos em si e seu monitoramento.

Em uma categoria própria, times de jogos de fantasia se tornaram muito populares e, para as crianças interessadas, esse tipo de jogo envolve a maioria das habilidades executivas citadas anteriormente, além de inicialização de tarefas e administração de tempo.

Inclusive, você pode desenvolver habilidades executivas com jogos já consagrados como Jogo da velha, Forca e Vinte Perguntas, enquanto aguarda na sala de espera do médico, faz um trajeto de carro, ou espera a comida no restaurante.

Devemos salientar que, embora todas essas atividades aprimorem as habilidades executivas, foram realizados poucos estudos sobre a probabilidade de elas serem transferidas para situações do mundo real. Esse é um ponto de discussão. A transferência é mais provável se você puder ajudar seu filho a ver como uma habilidade aprendida em uma situação serve para outra (por exemplo, o pai diz à criança: "Filho, antes de pegarmos um animalzinho, vamos pensar no que precisamos para cuidar dele").

Ensinar habilidades executivas no decorrer de atividades em família

Outra maneira divertida e motivadora de desenvolver habilidades executivas é ensiná-las, no contexto real das atividades em família, tais como planejar as refeições, cozinhar, comprar comida ou roupas, planejar as férias e lidar com dinheiro. Não nos referimos aqui a atribuir tarefas, mas incluir as crianças como participantes em atividades que são importantes para a família. Elas são ferramentas de ensino ideais porque possuem incentivos implícitos (você compra ou come o que escolheu, põe dinheiro no banco, ou se diverte nas férias). Além disso, oferecem uma gama de opções para participação (desde adicionar um ingrediente ao preparar uma refeição) e para o grau de independência. Embora possam ser feitas a qualquer idade, recomendamos começar com crianças ainda novas, pois são mais propensas a se animar com as escolhas em vez de ver a atividade como uma tarefa.

Há certas considerações importantes para que essas atividades sejam eficazes no desenvolvimento das habilidades executivas:

- *Você deve ser um participante ativo e disponível como modelo das habilidades, fazer perguntas-chave e incentivar a criança.* Em outras palavras, precisa ser um bom lobo frontal. Não pode simplesmente convidar seu filho para participar do planejamento e depois largá-lo sozinho;

- *A criança precisa ter o direito a escolhas legítimas e algum poder de decisão na atividade.* Se a família não prepara a refeição que a criança ajudou a planejar, se você não compra os itens da lista do supermercado, ou permite que a criança escolha o que quer fazer nas férias, mas rejeita todas as ideias dela, ela perderá o interesse. Isso significa que, antes de convidar seu filho para participar, você deve considerar quais escolhas são praticáveis. Se *junk food* – comida não saudável – não é uma opção de compra nem um prato feito em casa, a criança já saberá isso de antemão. Antes de programarem a atividade juntos, tenha uma lista de exclusões. Ou deixe claro que seu filho não vai escolher o lugar das férias, mas sim ajudar no planejamento de uma atividade;

- *Prepare-se para avaliar corretamente o interesse, o nível de atenção e tolerância da criança, e para lhe dar apoio suficiente de modo que tenha bom desempenho e seja reconhecida pelo que faz.* Para ajudar com atenção e interesse, diga a seu filho – com certa antecedência, se possível – que você gostaria que ele ajudasse a decidir alguns detalhes sobre a refeição, a lista de compras, as férias etc. ("Filho, depois de brincar, você me ajuda a...?"). Escolha uma hora em que ele não esteja envolvido em outra atividade de interesse e pergunte se aquele é um bom momento. Principalmente para crianças mais novas, escolha uma atividade curta, opções de escolha concretas e, ao primeiro sinal de desatenção ou falta de interesse, agradeça e encerre. Mais tarde, quando a escolha já foi posta em prática, informe a família, os amigos ou quem estiver por perto ("Foi ela que ajudou a escolher o cardápio de hoje"). Crianças mais velhas às vezes se dispõem a oferecer mais tempo e até a se envolver mais (como, por exemplo, procurar receitas, organizar a refeição, buscar opções de férias). Desde que as opções disponíveis sejam claras, incentive-as a se envolver no processo o quanto quiserem.

Intervenções diretas para ensinar habilidades executivas

Todas as abordagens informais discutidas até aqui podem ser muito úteis para os seus filhos, mas, provavelmente, se você chegou até este ponto do livro é porque tem um filho com um déficit em alguma habilidade executiva específica que necessita de uma intervenção mais direta. Apresentamos a seguir uma sequência instrucional que serve para ensinar todos os tipos de comportamentos (não apenas aqueles que focamos neste livro). Constitui uma base para as intervenções que elaboramos para tarefas rotineiras específicas no Capítulo de número 10 e também para que possa criar as suas, com foco em habilidades executivas particulares dos Capítulos 11 ao 21.

Passo 1: Identifique o comportamento problemático que você quer abordar

Dito isso, parece mais fácil do que é. Quanto mais você se sente frustrado com o seu filho, mais se perderá em termos globais com relação a comportamentos problemáticos que não descrevem ações específicas. Quando dizemos que uma criança é preguiçosa, irresponsável, folgada ou *não está nem aí*, as palavras comunicam algo a respeito da criança, mas não nos oferece um ponto de partida para ensinarmos habilidades executivas. Uma descrição útil é aquela que ilustra comportamentos que podem ser vistos ou ouvidos. Eis alguns exemplos:

- Choraminga e reclama na hora de fazer a lição de casa;
- Não completa as tarefas a menos que alguém chame sua atenção;
- Deixa os pertences espalhados pela casa;
- Faz a lição de casa de qualquer jeito, confusa e com erros.

Por que é importante definir o comportamento problemático? Pois deixa claro o que exatamente você ensinará. Ensinar uma pessoa a não ser preguiçosa parece uma tarefa ingrata, até impossível. Ensinar uma criança a tirar seus objetos pessoais do chão da sala é uma meta mais realizável. O que nos leva ao passo seguinte na sequência instrucional.

Passo 2: Defina uma meta

Geralmente, a meta é uma redefinição positiva do comportamento problemático. Ela diz o que a criança deve fazer, usando termos descritivos de comportamentos que podem ser vistos ou ouvidos. Com base nos comportamentos problemáticos descritos anteriormente, as metas podem ser:

- Começar a lição de casa sem reclamar;
- Completar tarefas sem precisar de lembretes;
- Recolher seus objetos pessoais do chão da sala antes de dormir e completar a lição de casa com capricho e o mínimo de erros.

Às vezes, basta estabelecer uma meta de maneira informal e tê-la sempre em mente. *Quando meu filho terminar o Ensino Médio, espero que ele já arrume o quarto sozinho*, por exemplo. Para deficiências intratáveis – e importantes – em habilidades executivas, porém, talvez você precise ser mais claro e explícito. Lembrar-se de trazer equipamentos esportivos para casa e levar para a escola a lição de casa feita são exemplos de metas que devemos trabalhar com nossos filhos de maneira muito direta.

Envolva a criança na definição de metas

Quando os objetivos caem nessa categoria, percebemos que é bom envolver as crianças no processo de definição de metas, em vez de impor o que esperamos delas. Você deve ter notado que essa ideia se afina com as noções que oferecemos com o método *scaffolding*, anteriormente neste capítulo: qualquer coisa que incentive a participação e um pensamento independente e crítico alimenta as habilidades executivas. No cenário que abriu este capítulo, a mãe de Noriko se sentou com a filha e as duas conversaram sobre o problema. Pediu que a menina a ajudasse a reconhecer que o problema era real e as impedia de começar o dia bem. Talvez tenha dito algo como: "Como você se sente quando te repreendo para fazer as coisas pela manhã?". E Noriko pode ter replicado: "Fico de mau humor". A mãe, então, diria: "Que tal se montarmos um plano para que nosso dia comece melhor?".

Estabeleça metas intermediárias

Determinar o resultado final é importante no processo de ensinar habilidades, mas ninguém chega lá de uma vez. É necessário, portanto, definir e aceitar metas intermediárias no caminho. A meta final pode ser "fazer a lição de casa sem precisar de lembretes"; mas, nos estágios iniciais, talvez precise de uma meta intermediária de começar a lição com não mais que três lembretes.

Como você sabe qual é a meta intermediária razoável? O ideal é ter uma linha de base: meça o comportamento atual e defina como primeira meta intermediária uma pequena melhoria nele. Se sua filha precisa de cinco ou seis lembretes para começar a lição de casa, talvez um bom passo inicial seja diminuir para três ou quatro. Por "medir o comportamento atual", referimo-nos à *medição*, mesmo. No exemplo apresentado, medir seria *contar* o número de vezes que esse comportamento ocorre. Exemplos de medida são:

- *Cronometre quanto tempo passa entre o momento em que a criança diz que começará a lição e quando realmente começa* (como, por exemplo: Sarah concordou em começar a lição de casa sempre às 19:00. Antes de intervir, a mãe cronometra por uma semana, para ver qual é o atraso costumeiro, a partir das 19:00);

- *Cronometre quanto tempo dura uma atividade* (por exemplo: Joey diz que passará 30 minutos praticando trompete todos os dias. Sua mãe acha que não consegue ficar tanto tempo assim; por isso, cronometra o tempo de prática do filho e, depois, conversa com ele sobre o problema);

- *Conte o número de vezes que o comportamento ocorre.* Pode ser um comportamento positivo (como o número de dias em que sua filha se lembrou de entregar toda a lição de casa) ou problemático (por exemplo, quantas vezes seu filho de 4 anos teve uma crise nervosa durante o dia). Se a quantidade de vezes for relativamente pequena, pode-se apenas contá-los durante o dia. Se ocorrer com muita frequência, escolha uma parte do dia (como, por exemplo, quantas reclamações seu filho faz na hora antes do jantar);

- *Conte o número de lembretes que você precisa dar ao seu filho até ele fazer o que precisa;*

- *Crie uma escala de cinco pontos e classifique o grau de severidade do comportamento problemático.* Se o seu filho tem um problema com estresse ou ansiedade, experimente uma escala para medir o nível da dificuldade dele, isso será útil tanto para a criança como para você:

1. Estou bem;
2. Estou ficando um pouco preocupado;
3. Agora estou preocupado;
4. Estou muito preocupado;
5. Mais um pouco e perco o controle!

Para mais sugestões quanto ao uso de uma escala de cinco pontos, recomendamos o livro *The Incredible 5-Point Scale* (ainda sem tradução no Brasil), de Kari Dunn Buron e Mitzi Curtis.

Geralmente, esse tipo de dados básicos, são mais úteis quando você pode mostrar o resultado visualmente. Há um exemplo no gráfico, na sequência.

Se essas linhas básicas e metas precisas não forem exatamente o que você gostaria de fazer, experimente apenas "alguma melhora" como meta intermediária. Com o tempo, caso essa melhora ocorra, tente avançar um pouco e defina medidas mais precisas.

Passo 3: Defina os passos da criança para alcançar a meta

Na Terceira Parte, daremos muitos exemplos disso, usando aquelas situações problemáticas que os pais nos relatam como as mais frustrantes. Mas voltemos, por ora, a Noriko: ela e a mãe fizeram uma lista das várias tarefas que a garota precisava fazer antes de pegar o ônibus escolar de manhã. Outras habilidades, como aprender a controlar as emoções e os impulsos, e lidar com a frustração, podem ser um pouco mais desafiadoras com o uso desse procedimento; mas veremos exemplos na Terceira Parte.

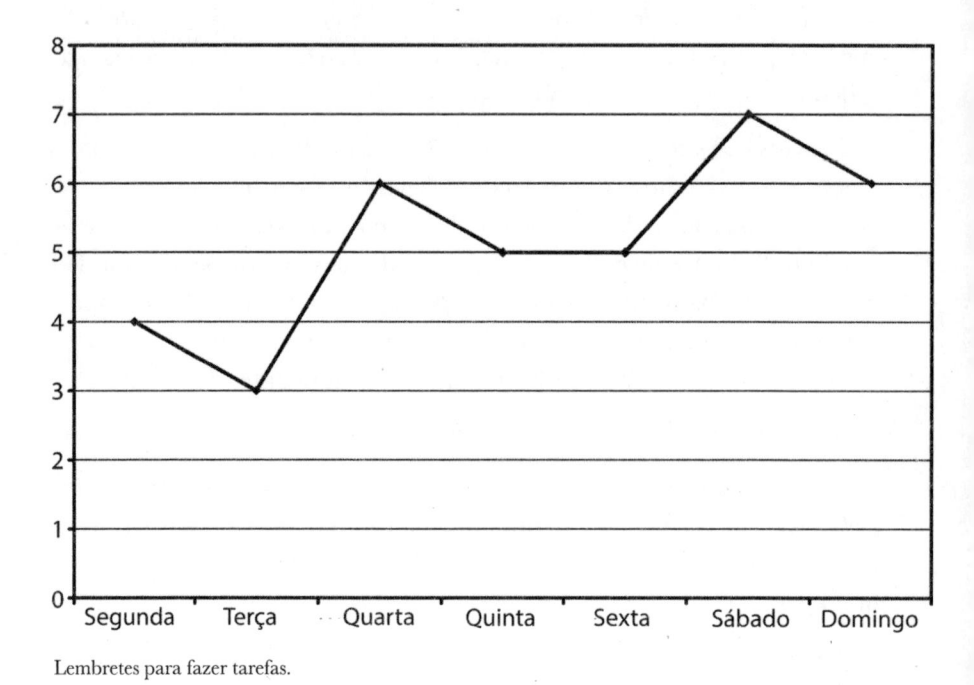

Lembretes para fazer tarefas.

Passo 4: Faça uma lista de itens ou uma série de regras

Isso leva a muitos resultados. Primeiro, te força a pensar de maneira clara, lógica e sucinta na habilidade que deseja ensinar. Segundo, cria um registro permanente da sequência instrutiva que você e seu filho podem consultar a fim de relembrar o processo. Terceiro, ao marcar cada item na lista, a criança tem a satisfação de registrar seu progresso a caminho de uma meta. O ato de marcar os itens à medida que forem completados serve como reforço intermediário no caminho até a meta maior (término da tarefa ou uma recompensa que vem com esse término). Por fim, constrói responsabilidade; é uma maneira de documentar que a criança está de fato fazendo o que concordou em fazer.

Noriko e sua mãe criaram uma agenda de imagens para Noriko seguir, mas outra forma de ajudar as crianças a cumprir a rotina matinal seria uma lista de itens como a que apresentamos aqui. Ela inclui uma coluna onde cada item pode ser marcado, quantos lembretes foram necessários para cada passo na sequência. É muito útil em situações em que a maior fonte de frustração para os pais é a quantidade de lembretes de que a criança precisa naquela mesma rotina. Depois de usar a lista por uma semana, vocês verão o progresso, bem como os pontos problemáticos (ou seja, em que momentos houve a necessidade de mais lembretes). Há uma cópia dessa lista no Capítulo 10, bem como uma lista geral em branco no fim do presente capítulo, para os leitores que queiram criar uma lista própria cobrindo a sequência específica de habilidades que desejam ensinar.

Lista de checagem da rotina matinal

Tarefa	Marcação da quantidade de lembretes (////)	Feito (✓)
Levantar		
Vestir-se		
Tomar café da manhã		
Escovar os dentes		
Pentear o cabelo		
Arrumar a mochila para a escola		

Fonte: *Inteligente mas Disperso* de Peg Dawson e Richard Guare. nVersos, 2022.

Antes de prosseguirmos, vamos falar de um tipo diferente de habilidade que queremos ensinar às crianças.

Digamos que Todd, de 12 anos de idade, tenha problemas com o controle emocional. Aparece em diversas situações, mas o que deixa seu pai incomodado é como ele colapsa rapidamente quando encontra uma dificuldade na lição de casa. Isso ocorre quase em todo tipo de lição, mas o pai percebe que é pior na Matemática. Então, resolve conversar com Todd sobre os meios de lidar com essa frustração em torno dessa disciplina. O pai do garoto sabe que uma conversa no meio da crise nervosa não serve para nada; então decide esperar até o fim de uma lição que foi fácil para Todd. Começa a conversa, comentando como o filho se deu bem em comparação com outras lições e pergunta ao menino o motivo. Todd diz: "Pois é, sabia exatamente o que tinha que fazer e me lembrava de como o professor explicou para fazer a lição. Fico incomodado quando não me lembro, ou quando acho que me lembro, mas não dá certo".

O pai de Todd pergunta ao garoto se ele sabe que a lição será um problema mesmo antes de começar ou só depois que a inicia. Todd responde: "As duas coisas. Mas o que me deixa com muita raiva é quando acho que consigo fazer, mas depois não consigo".

Mostrando-se solidário e "ouvindo refletidamente", como recomendam os psicólogos, ou seja, refletindo sobre os sentimentos da criança com palavras do tipo: "Você fica tão bravo que quer jogar o livro na parede, não é?", o pai de Todd convence o filho a pensar no que poderia fazer para lidar melhor com essa frustração. Todd concorda com duas possibilidades de ação: a primeira seria se afastar da lição de Matemática por alguns minutos assim que sentir que está irritado. Literalmente, o garoto concordou com a sugestão de se levantar da escrivaninha, sair do quarto e descer à sala de estar, onde o pai estaria lendo o jornal. Se espairecer não resolver o problema (Todd admitiu que algumas vezes fez isso, e serviu para lidar com a lição), depois o menino pediria ajuda ao pai. As regras para lidar com a Matemática se resumiriam, enfim, em duas palavras: *andar* e *conversar*. O pai de Todd escreveu em um cartão o seguinte:

Procedimento para Matemática

1. Andar
2. Conversar

E colou com fita o cartão na escrivaninha de Todd, como um lembrete.

Passo 5: Supervisione a criança seguindo o procedimento

É vital compreendermos que não podemos esperar que a criança aprenda uma habilidade nova após uma única exposição às fases envolvidas. Seria como se uma criança pudesse seguir todas as regras do futebol após a primeira prática do esporte. As crianças precisam de supervisão e apoio contínuos enquanto executam uma habilidade nova, e esse apoio deve ser dado naturalmente e sem irritação por parte dos pais.

Recomendamos a prática desse passo com uma ou duas sessões, que podemos chamar de "ensaio". Quando Noriko e sua mãe terminaram de fazer a agenda de imagens, a mãe disse: "Vamos experimentar". Ela e Noriko seguiram os passos, começando com Noriko deitada na cama e fingindo que dormia. A mãe entrava e dizia (como só as mães dizem): "Hora de levantar e brilhar, Noriko". A menina pulava da cama, olhava a agenda em sua mesinha e mudava a imagem "acordar" da coluna FAZER para a coluna FEITO! Em seguida, fingia trocar de roupa e passava para a segunda imagem na agenda, procedendo do mesmo modo até o fim da lista.

Noriko e a mãe já estavam prontas para o primeiro teste do processo na vida real. Durante a primeira semana a mãe precisou lembrar a menina de usar a agenda. Percebeu, para sua alegria, que tão logo a menina mudava a imagem para a coluna FEITO!, sentia-se incentivada a olhar a próxima imagem da lista, de modo que a recompensa (mudar a imagem de lugar) conduzia naturalmente a cada passo na sequência, e chegou um momento em que a mãe não precisava mais ajudá-la.

Foi um pouco mais difícil para o pai de Todd convencê-lo a ter uma sessão de prática para ensaiar o procedimento ante a frustração. Afinal de contas, Todd estava entrando na adolescência e esse tipo de encenação lhe parecia algo "bobo". Então, o pai resolveu que a melhor maneira de começar seria ele mesmo agir como se fosse Todd. E deliberadamente injetou humor no processo, para atrair o interesse do menino. Xingou algumas vezes o livro de Matemática, segurou-o como se fosse atirar contra a parede, mas deteve-se e disse com sarcasmo: "Espera aí, papai pediu para descer até a sala de estar. Tudo bem, vou fazer isso, mas não gosto". Sua dramatização deu tão certo que Todd quis criar sua própria versão bem-humorada do ato. Encenaram, então, de duas maneiras, uma em que a descida pela escada até a sala era suficiente para Todd se recompor, e outra em que pedia ajuda ao pai. Familiarizado com os dois ensaios, quando Todd precisou usar o processo, não achou tão estranho como seu pai temia que achasse. Todas as noites, antes de começar a lição de Matemática, porém, nas primeiras duas semanas, o pai dizia a ele: "Certo, Todd, qual é o plano quando você perceber que está irritado?". Dali a algum tempo, o pai de Todd notou que o menino já usava o mesmo processo em outras lições de casa que também eram frustrantes.

Passo 6: Diminua a supervisão

É basicamente uma reiteração dos dois últimos princípios descritos no Capítulo 5. Os erros geralmente ocorrem quando não há apoio suficiente para a criança adquirir as habilidades, ou quando esse apoio não é diminuído aos poucos.

Veja um exemplo de como essa diminuição funciona. Molly, de 13 anos de idade, está no 7º ano do Ensino Fundamental. Entrou em outra escola, onde a carga de lições de casa é muito maior que no 6º ano, em parte porque está mudando de classe pela primeira vez e os professores parecem que não coordenam a atribuição de lições. Quando chegou o primeiro relatório escolar com a avaliação de desempenho, os pais de Molly descobriram que ela não fazia todas as lições e corria o risco de ser reprovada em algumas matérias. Conversaram com a menina sobre isso e ela disse: "Não consigo dar conta de tudo que tenho que fazer. Vivo me esquecendo das coisas!". Quando falaram com o professor de reforço de Molly, descobriram que os professores em sala de aula lançavam todas as lições de casa na internet, no *site* da escola. Fizeram um acordo com Molly dizendo que sua lição de casa começaria com ela consultando o *site* e fazendo um planejamento. Juntos, desenvolveram uma ficha no qual a garota anotaria cada matéria que tinha lição de casa e quando pretendia começar (o Capítulo 10 inclui um Plano Diário para lição de casa, que aparece também no fim deste). Inseriram também uma coluna para ela marcar as lições terminadas.

No começo, Molly e a mãe preenchiam a ficha juntas, no fim da tarde, assim que a mãe chegava do trabalho. A garota precisava de lembretes para começar a lição de casa no horário combinado e para marcar na ficha as lições que terminava. Aos poucos, a mãe de Molly percebeu que podia observar e lembrar a filha menos que antes. O quadro a seguir mostra os passos que seguiram para diminuir a supervisão. No fim do 7º ano, Molly continuava checando o *site* da escola todo dia para não se esquecer de nada, mas tornou-se rotina terminar as lições e não precisou mais de um plano detalhado, pois bastava uma lista breve das tarefas.

Passos para diminuir a supervisão

Nível de independência no planejamento das lições de casa:

- Preenchia a ficha com ajuda; precisava de incentivos para usar o formulário enquanto fazia a lição;
- Precisava de incentivo para usar a ficha e monitoramento durante todo o processo;
- Precisava de incentivo para usar a ficha e marcar o que já fizera;
- Precisava de incentivo para usar a ficha e não precisava verificar no fim;
- Usava o formulário sozinha sem precisar de incentivo.

Enfim, como é o processo de ensinar?

Vejamos agora o processo inteiro, usando como exemplo outra responsabilidade bastante comum na infância: arrumar o quarto. Assim como a linguagem leva algum tempo para se desenvolver na criança, a capacidade de organizar o quarto sem supervisão demora. No começo, os pais que resolvem ensinar os filhos a arrumar o quarto atuam como os lobos frontais das crianças. E o que fazem os lobos frontais?

- Proporcionam um plano, um esquema organizacional e um conjunto específico de orientações;
- Monitoram o desempenho;
- Proporcionam incentivo/motivação e um parecer sobre o sucesso da abordagem;
- Solucionam o problema quando algo não funciona;
- Determinam quando a tarefa foi concluída.

Assim, a *Fase 1* de ensinar a organização do quarto é muito direcionada pelos pais. Enquanto supervisionam o processo, os pais podem dizer o seguinte:

- "Vamos começar agora";
- "Guarde os caminhõezinhos nesta caixa";
- "Leve as roupas sujas para a lavanderia";
- "Coloque os livros na estante";
- "Ainda tem dois brinquedos embaixo da cama";
- "Parece que naquela caixa não cabem todos os brinquedos, vamos pegar outra";
- "Quando você terminar, pode brincar com seus amigos";
- "Eu sei que você detesta fazer isso, quando estiver quase terminando vai se sentir muito bem!";
- "Não é gostoso saber que terminou o trabalho do dia?".

Passos de uma intervenção direta para ensinar habilidades executivas

- Identifique o comportamento problemático que deseja abordar;
- Defina uma meta;
- Envolva a criança na definição de metas;
- Estabeleça metas intermediárias;
- Defina os passos que a criança deve seguir para alcançar a meta;
- Faça uma lista desses passos ou de regras a serem seguidas;
- Supervisione a criança seguindo o procedimento;
- Diminua a supervisão.

Na *Fase 2*, os pais proporcionam as mesmas informações, mas não são os agentes diretos. Criam uma lista, uma agenda de imagens ou uma gravação em áudio para guiar a criança. Nesta fase, em vez de dizer à criança o que deve fazer, os pais dizem: "Olhe sua lista".

Na *Fase 3*, os pais se afastam um pouco mais. Em vez de pedir à criança que olhe a lista, podem dizer: "O que você precisa fazer?". Ao perguntar em vez de dizer, e ao fazer perguntas mais vagas, forçam a criança a resolver, sozinha, o problema (ou pelo menos a recolher da própria memória de trabalho o que deve ser feito em seguida).

Na *Fase 4*, a transferência está completa. A criança pode acordar no sábado de manhã, ver o quarto bagunçado e dizer a si mesma: "O que preciso fazer?" Claro que agora seu filho talvez seja adolescente ou até um jovem adulto! Às vezes, as crianças demoram muito até internalizar esse processo.

Não se desespere. Os jovens aprendem – e o processo pode se acelerar (ou pelo menos não se interromper) se você der um jeito de motivá-los. Esse é o tema do próximo capítulo.

Lista de checagem

Tarefa	Marcação de quantidade de lembretes (////)	Feito (✓)

Fonte: *Inteligente mas Disperso* de Peg Dawson e Richard Guare. nVersos, 2022.

Planejamento lição de casa

Data: _____

Assunto	Tenho os materiais?	Preciso de ajuda?	Quem me ajudará?	Quanto tempo levará?	Quando começarei?	Feito (✓)
	( ) Sim ( ) Não	( ) Sim ( ) Não				
	( ) Sim ( ) Não	( ) Sim ( ) Não				
	( ) Sim ( ) Não	( ) Sim ( ) Não				
	( ) Sim ( ) Não	( ) Sim ( ) Não				
	( ) Sim ( ) Não	( ) Sim ( ) Não				
	( ) Sim ( ) Não	( ) Sim ( ) Não				

Fonte: *Inteligente mas Disperso* de Peg Dawson e Richard Guare. nVersos, 2022.

8
Motivar seu filho a aprender e usar habilidades executivas: C de Consequência

Os pais de Melissa, de 3 anos de idade, começam a encorajá-la a arrumar suas coisas. Parte do ritual da hora de dormir é quando ela, a mãe e o pai trabalham juntos na arrumação do quarto de brinquedos. Os pais usam palavras de incentivo para a menina se motivar como: "Já guardamos os quebra-cabeças; agora precisamos pegar suas bonecas", e quando terminam, elogiam a menina pela ajuda. Eles percebem como isso dá certo, quando Melissa começa a elogiar a si própria. "Eu faço tudo direitinho, não faço, papai?", ela diz certa noite, antes que o pai diga a mesma coisa.

Raj, de 9 anos de idade, adora videogames. Poderia passar horas jogando, e seus pais perceberam que precisavam limitar o tempo nessa atividade para que o menino se exercitasse e respirasse ar puro. Quando ele volta da escola, no outono, os pais lhe dizem que estão preocupados com o tempo que permanece nos videogames e o fato de ter feito muito pouca atividade física. Perguntam a Raj o que poderia ser feito a esse respeito. Juntos, os três criam uma regra nova: só uma hora por noite com videogames, e só poderá jogar depois de fazer alguma atividade ao ar livre. Mais tarde, Raj descobre um videogame que inclui exercícios e, então, os pais permitem que em dias alternados o menino conte como atividade física esse videogame na hora do exercício.

Logan tem 13 anos de idade e sempre adorou esquiar. No entanto, recentemente, vê seus amigos se interessarem por *snowboarding*, e acha que quer isso também. Durante todo o inverno passado, insistiu com os pais que queria não uma prancha qualquer para isso, mas sim uma de primeira linha para competir.

Desde o início do Ensino Médio, os pais de Logan se preocupam com a atitude do filho em relação à escola. Achavam que ele estava se tornando um estudante indiferente, embora seja brilhante e queira entrar na faculdade; os pais decidiram, então, fazer algo que o motive a se empenhar mais nos estudos. No começo do 8º ano, os dois conversam com Logan sobre suas preocupações. Dizem a ele que, como sabem que é um garoto ativo e detesta se sentar e estudar, estão dispostos a fazer um acordo, desde que pense em algo que realmente almeja. Logan lembra os pais da prancha de *snowboarding*, que deseja ter antes do inverno. Juntos, os três concordam que Logan se esforçará para ter pelo menos nota 8 (ou até mais) nas provas. Se, em determinada semana, ele tiver 7, ganhará 20 pontos. A cada nota 8,5 ou mais alta, ganhará mais 5 pontos. Se tiver 300 pontos até o Natal, os pais lhe darão a prancha de presente. Foi fácil convencer os professores a se comunicarem com os pais de Logan regularmente, informando suas notas, mas, para simplificar, os professores só enviariam as notas por *e-mail* se fossem inferiores a 7. Para ganhar pontos extras, Logan tinha que mostrar a avaliação, comprovando a nota. Como as notas do jovem melhoraram rapidamente, o trabalho dos professores não foi difícil.

Esses três cenários demonstram maneiras diferentes de aplicar estratégias motivacionais para ajudar seu filho a desenvolver habilidades executivas. Às vezes, como no caso de Melissa, pode ser algo simples como se lembrar de fazer um comentário positivo sobre o comportamento da criança. Ou, como no caso de Raj, pode ser um meio de garantir que a criança faça aquilo que precisa antes daquilo que quer. Em outras, reconhecemos que as estratégias motivacionais devem ser um pouco mais meticulosas, como no caso de Logan, em que foi necessário um plano minucioso acompanhado de monitoramento.

A motivação é importante tanto para a situação em que a criança deve seguir uma sequência de regras ou de passos em uma intervenção elaborada pelos pais, como em outros casos, quando os pais apenas tentam incentivar o filho a usar as habilidades executivas já presentes em seu repertório comportamental. Alguns pais recorrem a punições ou penalidades, mas, de um modo geral, preferimos uma abordagem equilibrada com a maior ênfase possível no positivo. Uma grande desvantagem da punição é que a criança não aprende o que deve fazer, mas apenas o que *não pode* fazer. Além disso, essa abordagem, que enfoca o negativo, pode comprometer a relação entre pais e filhos. É comum ouvirmos de pais que seguem uma abordagem punitivista: "Não tenho mais o que tirar", e a criança diz: "Não tenho nada a perder".

Reforçar as habilidades executivas com elogios

Como no primeiro cenário da página anterior, esse reforço pode ser algo simples como um elogio ou reconhecimento. Os pais podem dizer a uma criança de 5 anos de idade, por exemplo: "Você se lembrou de escovar os dentes depois do café da manhã sem eu precisar te lembrar, que bom!". Se você acha que a virtude é uma recompensa em si, lembre-se de que estamos lidando com crianças aqui. Elas esperam sempre sua aprovação e, quando a conseguem, sentem-se incentivadas a repetir o comportamento, para receber novamente o elogio. (Além disso, que adulto você conhece que não precisa de elogios, ao menos de vez em quando?)

Percebemos que o elogio é uma das ferramentas menos valorizadas (e usadas) pelos pais para incitar uma mudança de comportamento. Especialistas em comportamento costumam recomendar que a cada frase corretiva dita a uma criança os pais façam três comentários positivos. Na prática, essa proporção é difícil de alcançar, mesmo assim, é uma meta que compensa.

Ressaltamos também que certos elogios são mais eficazes que outros. Um elogio global ("Boa menina!", "Ótimo trabalho!") é menos eficiente que cumprimentos mais específicos, individualizados, feitos à criança pelo comportamento desejado. A tabela a seguir esboça como o elogio pode ser mais eficaz.

> **Elogio eficaz...**
> 1. É feito imediatamente após a ocorrência do comportamento positivo;
> 2. Especifica os detalhes da realização ("Obrigado por guardar os brinquedos como eu te pedi");
> 3. Dá informações à criança quanto ao valor da realização ("Quando você se apronta rápido para a escola, a manhã passa mais tranquila!");
> 4. Faz a criança saber que ela se empenhou para realizar a tarefa ("Vi como você se controlou e não perdeu a calma!");
> 5. Orienta a criança a reconhecer melhor seu comportamento em relação à tarefa e pensar em como resolver um problema ("Gostei de ver como você pensou e encontrou uma boa solução para o problema").

Algo divertido na linha de chegada

Depois do elogio, o próximo passo de motivação mais simples é dar à criança alguma coisa para ela almejar após ter usado a habilidade desejada ou seguido a sequência estabelecida. Essa é uma estratégia muito conhecida, usada por vários pais com o intuito de convencer os filhos a realizar tarefas domésticas, ou outras que normalmente eles não gostam de fazer. Após anos trabalhando com famílias (além de sermos observadores atentos de nosso próprio comportamento), descobrimos que uma meta almejada na linha de chegada, ao fim de uma tarefa aversiva, tem um efeito energizante. Em termos mais técnicos, gera um estado de impulso positivo, que ajuda a combater quaisquer pensamentos ou sentimentos negativos que possamos ter com relação à tarefa à nossa frente. Essa abordagem pode ser eficaz com adultos e crianças, e mesmo as recompensas pequenas nos impulsionam.

Peg falando: *Eu costumo me dar uma recompensa com uma ou duas partidas de Free Cell[9] após terminar uma parte difícil de um relatório psicológico. E quando tenho uma tarefa à noite que exige muito esforço (dar telefonemas, por exemplo, coisa que detesto), permito-me comer uma sobremesa só depois de terminar.*

Palavras positivas de incentivo, em vez de palavras negativas

Geralmente se diz às crianças: "Você não jogará videogame enquanto não arrumar seu quarto" ou "Não pode ir lá fora enquanto não lavar a louça". Recomendamos enfaticamente inverter isso e destacar o positivo: "Assim que você arrumar o quarto, pode jogar videogame" ou "Pode sair para brincar assim que ajudar a lavar a louça". A diferença é sutil, mas importante. Quando você enfatiza o acesso a uma atividade desejável em vez da falta de acesso, a criança fica de olho no prêmio e não no trabalho que precisa fazer até obtê-lo. Os dados comportamentais que apuramos mostram que essa inversão é realmente eficaz, pois vimos aumento de direção e diminuição de resistência à tarefa e de brigas quando os adultos usam frases positivas com seus filhos, em vez de negativas.

Usar sistemas de incentivos mais formais

O elogio e uma meta divertida nem sempre bastam para motivar as crianças a usarem habilidades difíceis. Nesse caso, experimente usar um sistema de incentivos mais formal. Se seu filho tem TDAH, talvez você já conheça esse tipo de sistema de incentivo. Caso contrário, siga estes passos:

Passo 1: Descreva o comportamento problemático e defina uma meta

Isto pode soar familiar, pois é idêntico aos dois primeiros passos listados no capítulo anterior sobre ensinar habilidades executivas. Como sabe, é importante descrever o problema e os comportamentos visados da forma mais específica possível. Por exemplo, se o problema é a criança se esquecer das tarefas depois da escola, a meta poderia ser "Joe completará as tarefas diárias sem lembretes antes das 16:30".

---

9. É um jogo de cartas no estilo do jogo Paciência. É jogado com um baralho padrão. [N.T.]

Passo 2: Pense em possíveis recompensas e contingências

O primeiro passo na elaboração de um sistema de recompensas e contingências é montar uma agenda, na qual as tarefas menos preferidas sempre precedem as preferidas. É outra forma de descrever a "lei da Vovó", que citamos no Capítulo 5. Em alguns casos, isso basta. Quando algo é mais necessário, os sistemas de incentivos funcionam melhor se as crianças tiverem um "cardápio" de recompensas a escolher. Um dos melhores modos de criar isso é desenvolver um sistema em que a criança receba pontos por comportamentos desejáveis e possa trocá-los pela recompensa que desejar. Quanto maior a recompensa, mais pontos a criança precisará para obtê-la. O cardápio deve incluir recompensas maiores e mais caras, que levem uma semana ou um mês para conquistar, e menores, mais em conta, que sejam dadas todos os dias. Algumas recompensas podem ser reforços "materiais" (como guloseimas ou brinquedos pequenos), bem como atividades (jogar um jogo com o pai ou a mãe, professor ou um amigo). É necessário também incluir contingências no sistema, geralmente o acesso a um privilégio quando a tarefa for concluída (assistir ao programa de TV favorito ou telefonar para um amigo). Veja no quadro a seguir um exemplo de como esse processo pode ser aplicado ao problema de completar as tarefas.

Embora este livro aborde principalmente coisas que você pode fazer em casa, uma maneira eficiente de usar estratégias motivacionais para aprimorar habilidades executivas na escola é associar o desempenho do comportamento desejável na escola com uma recompensa em casa. Isso funciona por várias razões. Em primeiro lugar, proporciona um bom veículo para escola e casa trabalharem juntas no trato de um problema. Segundo, serve de mecanismo para uma comunicação positiva entre a família e a escola. E, por fim, os pais têm à sua disposição uma série mais ampla de reforços do que os professores possuem na escola. Quando uma abordagem coordenada é utilizada, um relatório ou ficha escolar é geralmente o meio pelo qual os professores comunicam aos pais quantos pontos positivos seu filho ganhou naquele dia.

Exemplo de planilha de planejamento de incentivo

Comportamento problemático
Esquecer de fazer as tarefas depois da escola.

Objetivo
Completar as tarefas até as 16:30 sem lembretes.

Possíveis recompensas (a criança ganha 2 pontos a cada dia que atinge e meta)		
Diário (1 ponto)	Semanal (5 pontos)	Longo prazo
Um programa de TV extra	Possibilidade de comprar um jogo	Comprar um videogame
Tempo extra no vídeogame	Convidar um amigo em dias da semana	Assinar um serviço de *streaming* de música (12 pontos)
Jogar com papai	Mamãe irá fazer a sobremesa favorita	Jantar fora (15 pontos)
Meia hora extra antes de dormir	Oportunidade de escolher o cardápio do jantar	
Possíveis penalidades/contingências		
Pode brincar com amigos depois da escola, assim que as tarefas forem completadas. Acesso a TV/videogames assim que as tarefas forem completadas.		

Passo 3: Redija um contrato de comportamento

O contrato deve especificar o que a criança concorda em fazer, e quais serão as funções e responsabilidades dos pais. Além de pontos e recompensas, elogie seu filho por seguir o contrato. Certifique-se de que os termos são praticáveis. Evite penalidades que você não quer ou não pode impor (por exemplo, se pai e mãe trabalham e não estão em casa, não poderão monitorar se o filho começa a lição de casa logo depois da escola; nesse caso, é preciso um contrato alternativo). Nas páginas a seguir apresentaremos um contrato de comportamento que acompanha o sistema de incentivo. No fim deste capítulo estão incluídos formulários em branco para você usar para ambos.

> **Exemplo de contrato de comportamento**
>
> **O filho concorda:** completar tarefas até 16:30 sem lembretes verbais.
>
> **Para ajudar o filho, os pais:** colocarão uma lista de tarefas na mesa da cozinha antes que o filho chegue da escola.
>
> **O filho ganhará:** cinco pontos a cada dia que completar as tarefas sem lembretes verbais. Os pontos poderão ser trocados por itens do cardápio de recompensas.
>
> **Se o filho não cumprir o acordo:** não ganhará nenhum ponto.

Passo 4: Avalie o processo e, se necessário, faça mudanças

Devemos alertar o leitor, que segundo nossa experiência, é raro que o sistema de incentivo funcione perfeitamente na primeira vez. Por um lado, as crianças são incrivelmente hábeis para encontrar falhas em qualquer contrato de comportamento ("Você disse que eu tinha que *terminar* a tarefa até as 16:30 horas da tarde, mas não que precisava estar *correta!*"). Mas, de um modo geral, é normal ser necessário alterar as regras, nos pontos concedidos, ou nas recompensas específicas escolhidas até o contrato funcionar direito.

É comum os pais perguntarem como podem desenvolver esse tipo de sistema para um dos filhos e não para todos, porque parece que o sistema "recompensa" as crianças com problemas enquanto negligencia as outras. Percebemos que a maioria dos irmãos compreende esse processo, desde que alguém lhes explique com atenção. Mesmo assim, se houver problemas os pais possuem várias escolhas:

1. Monte um sistema semelhante para as outras crianças, com metas apropriadas (*toda* criança tem *alguma coisa* que pode melhorar);
2. Faça um arranjo mais formal, prometendo algo especial de vez em quando, com as outras crianças na família, para que não se sintam excluídas;
3. Dê à criança recompensas que beneficiem a família toda (jantar em um restaurante especial, por exemplo).

Usar estratégias motivacionais que reforcem as habilidades executivas em geral

Todos os exemplos que demos abordam um comportamento-alvo específico, que deve ser aprimorado (lembrar-se de fazer as tarefas, obter boas notas, guardar os brinquedos etc.). É possível usar as mesmas estratégias para ajudar o seu filho a desenvolver um propósito mais amplo de habilidades executivas, em vez de comportamentos específicos. Se decidir trabalhar na inicialização de tarefas – por exemplo, cada vez que a criança começar uma tarefa sem precisar de lembrete –, você pode recompensá-la por isso. "Obrigada por lavar a louça logo que chegou da escola" e "Gostei que você começou a lição de casa às 17:00, como tínhamos combinado", são exemplos de elogios específicos que destacam a inicialização de uma tarefa. Caso sinta que seu filho precisa de um reforço maior, sempre que ele começar algo logo, ou na hora combinada, ou sem precisar de um lembrete, coloque algum tipo de marcador em um pote. Quando o pote estiver cheio (ou quando a criança ganhar um número determinado de marcadores), vem a recompensa.

Se você nos acompanhou até aqui, já deve ter uma compreensão básica das três abordagens gerais para lidar com as habilidades executivas fracas de seus filhos. A seguir, passaremos do "quadro geral" para aplicações práticas. Portanto, se ainda não tem certeza de como usar tudo o que aprendeu, continue lendo. A partir de nossa experiência como pais e pessoas da área da saúde, daremos rotinas e exemplos que resolvem os mais diversos problemas que surgem no dia a dia por causa das habilidades executivas imperfeitas das crianças.

Exemplo de planilha de planejamento de incentivo

Comportamento problemático:

Objetivo:

Possíveis recompensas:

Diário	Semanal	Longo prazo

Possíveis penalidades/contingências:

Fonte: *Inteligente mas Disperso* de Peg Dawson e Richard Guare. nVersos, 2022.

Exemplo de contrato de comportamento

A criança concorda:

Para ajudar a criança, os pais:

A criança ganhará:

Se a criança não cumprir o acordo:

Fonte: *Inteligente mas Disperso* de Peg Dawson e Richard Guare. nVersos, 2022.

Terceira Parte

JUNTANDO TUDO

9
Organizador avançado

Nos Capítulos 6 e 8, você aprendeu o ABC das intervenções para aperfeiçoar as habilidades executivas de seus filhos: mudar o *Antecedente* (modificar o ambiente), abordar o comportamento (*"Behavior"*) diretamente, (ensinar a habilidade), mudar a *Consequência* (oferecer incentivos). Ótimo até aqui, mas por onde começar? O que você pode fazer para criar uma diferença significativa na vida da criança?

Como prometemos desde o começo deste livro, facilitaremos o processo de aperfeiçoar as habilidades executivas de seu filho, oferecendo diversas abordagens. Até que ponto você as seguirá será sua escolha. Poderá causar um impacto mensurável em seu menino ou sua menina dentro dos limites de sua disponibilidade e energia.

Temos um sólido compromisso em facilitar esse processo que a primeira e mais importante regra que oferecemos é esta:

1. Faça o mínimo necessário para seu filho obter sucesso

Claro que você poderá usar tudo o que explicamos entre os Capítulos de 5 e 8, além de todas as possíveis abordagens de intervenção apresentadas entre os Capítulos 9 e 21 a fim de elaborar um plano de componentes múltiplos. É provável que este plano seja aplicado, mas esse livro tem como propósito facilitar sua vida e, ao mesmo tempo, aperfeiçoar as habilidades em que seu filho precisa ter sucesso. Então experimente primeiro o mínimo de intervenção.

- *Se algumas modificações simples no ambiente bastarem para seu filho, por fim, internalizá-las, faça isso.* Um bilhete na mesa da cozinha com as palavras "não se esqueça de dar uma volta com o cachorro quando chegar da escola" é um exemplo de modificação ambiental. Se deixar o bilhete durante três semanas, depois não usá-lo mais, a criança se lembrará de sair com o cachorro? Em caso positivo, a memória de trabalho dela está em ordem. Se você perguntar ao seu filho quanto tempo acha que levará para fazer a lição de Matemática e, depois, comparar com o tempo real que levou e perceber que a estimativa está cada vez mais correta, então saberá que a criança refinou suas habilidades de administração de tempo (ver Capítulo 6 para uma explicação detalhada sobre como modificar o ambiente para aprimorar o desenvolvimento das habilidades executivas);

- *Ou se você acha que seu filho já tem uma habilidade específica, mas precisa de incentivos para usá-la, uma estratégia motivacional pode ser suficiente.* Talvez você tenha criado um sistema com pastas para sua filha organizar as lições de casa, mas ela vive guardando as folhas dentro dos livros e cadernos. Uma estratégia motivacional pode ser: sempre que ela lhe mostrar as pastas quando acabar a lição, ganhará cinco pontos. Quando tiver 25 pontos, poderá utilizar assinatura *premiun* do Spotify naquele mês. Ou talvez seu filho precise de ajuda para aprender a não dizer coisas maldosas ao irmãozinho. Uma estratégia motivacional para essa situação pode ser: durante uma hora do jantar, coloque um marcador em um pote para cada 10 minutos que ele passar sem dizer algo maldoso. Se ganhar quatro marcadores até o jantar, ele pode comer sua sobremesa favorita (ver Capítulo 8 para mais instruções sobre como desenvolver sistemas motivacionais);

- *Se acha que seu filho se beneficiará muito com uma técnica de scaffolding e um jogo, experimente isso, em primeiro lugar.* Aprender a ganhar e perder de forma elegante (ou seja, desenvolver controle emocional) é uma atitude apropriada para os jogos. O mesmo vale para esperar sua vez ou tolerar o nível inferior da habilidade de um colega (ver Capítulo 7).

É provável, porém, que algumas habilidades precisem ser ensinadas e outras exijam uma abordagem prolongada. Veja, por exemplo, os trabalhos escolares de longo prazo. Dividir esses trabalhos em subtarefas e linhas do tempo é algo que muitas crianças simplesmente não sabem fazer. Nesses casos, basta ensinar o processo (como explicamos no Capítulo 10) e revê-lo algumas vezes, até adquirirem essas habilidades. Consideremos, por outro lado, a administração de tempo. Se seu filho não consegue administrar o tempo, porque não sabe quanto dura a execução de certas tarefas, você pode ensinar habilidades de estimativa e colocá-las em prática. Talvez isso baste para a criança se tornar hábil na administração de tempo. Os Capítulos 9 ao 21 mostrarão como ensinar cada uma das onze habilidades executivas quando o problema é a falta de conhecimento da criança.

Porém, e se você ensina uma habilidade, faz seu filho praticá-la, e a criança continua se esquivando, usando várias táticas, sempre que a tarefa surge? Esse é um sinal de que você precisa de uma abordagem mais complexa. Às vezes, não é suficiente saber como o processo funciona e a criança acha que certas habilidades demandariam muito esforço, a ponto de fazerem de tudo para fugir. Nesses casos, os Capítulos de 9 ao 21 também ilustram um programa que incorpora técnicas motivacionais e de *brainstorming*[10], de modo que até aquelas tarefas que parecem impossíveis para as crianças hoje se tornam manejáveis.

Veja o que você pode fazer se precisar de uma abordagem mais direcionada, no caso de uma deficiência em determinada habilidade de seu filho.

2. Em seguida, aprenda os princípios por trás das estratégias eficazes

Este capítulo fornece diretrizes para intervenções em habilidades executivas deficitárias. Os princípios que você aprenderá aqui formam a base de todas as estratégias ensinadas neste livro. Leia este capítulo antes de usar qualquer intervenção com seu filho. Consulte-o novamente quando uma estratégia experimentada não funcionar; talvez você tenha se esquecido de uma diretriz importante e precise se adaptar à estratégia para integrá-la.

3. Lide com rotinas específicas

Verificamos em nosso trabalho que os pais apresentam, repetidamente, certos problemas cotidianos previsíveis associados a fraquezas em habilidades executivas. Pais de crianças em idade pré-escolar e nos primeiros anos escolares reclamam da incapacidade de seus filhos de seguir uma rotina matinal, arrumar a cama, o quarto e a sala de brinquedos, ou controlar o temperamento. Já os pais de crianças mais adiantadas no Ensino Fundamental e Médio se queixam da falha de seus filhos na hora de fazer as lições de casa, na organização dos cadernos ou na realização de trabalhos escolares de longo prazo. Sabemos que as brigas por causa dessas rotinas às vezes estragam o dia dos pais e dos filhos. Entretanto, o leitor verá como a vida fica bem mais fácil se abordar essas rotinas diretamente com os esquemas instrucionais que criamos. Por isso, recomendamos enfaticamente usar as intervenções apresentadas no Capítulo 10, se você já experimentou os incentivos mínimos listados anteriormente. O Capítulo 10 traz planos detalhados, incluindo formulários e listas de itens necessários para implementar o programa para 20 rotinas diárias que costumam causar problemas para crianças com habilidades executivas fracas.

Escolher uma rotina para começar

Ao examinar a lista de rotinas no início do capítulo, escolha a que parece ser a mais difícil, isso tornará seu trabalho mais fácil. Talvez a luta para se

---

10. *Brainstorming*: técnica para explorar a criatividade e as ideias. [N.T.]

arrumar para a escola deixe seu filho tão nervoso que ele não consegue se concentrar nas primeiras horas de aula e, por conseguinte, suas notas de leitura despencam. Ou colocar a criança na cama à noite talvez deixe os pais tão cansados que até dormem mal. Em casos assim, você sabe exatamente qual rotina abordar primeiro.

Contudo, e se, ao olhar a lista de rotinas, você detectar que pelo menos uma dúzia delas te causa problemas todos os dias? Eis algumas ideias:

- *Comece com um problema que, uma vez resolvido, deixaria sua vida e a vida de seu filho muito mais calma!* Já que uma melhor qualidade de vida é uma de nossas metas, essa é a melhor maneira de começar. Maggie não tinha certeza se a briga com Cindy, de 6 anos de idade, na hora de dormir afetava realmente o bem-estar da menina (na verdade, a mãe achava que Cindy até se divertia com essa batalha pelo poder). Mas Maggie ficava exausta, incapaz de dormir e sentindo-se uma mãe incompetente, que tinha saudade dos tempos de ler historinhas de ninar quando a menina tinha só 4 anos idade. Então, escolheu a rotina da hora de dormir como a primeira a ser tratada;

- *Comece com um problema pequeno, fácil de resolver.* O benefício dessa abordagem é que o sucesso é rápido e você adquire a confiança para experimentar algo mais desafiador. Brad resolveu ajudar seu filho, Trey, na tarefa de alimentar o cão todas as noites. Era simples e não levava muito tempo, mas Trey nunca se lembrava de fazê-la e deixava o pai louco, sempre respondendo "já vai!", cada vez que era lembrado. Você também pode subdividir uma das rotinas que nós elaboramos, para que fique mais simples ainda, focando em uma tarefa muito fácil;

- *Deixe a criança escolher o que abordar primeiro.* Esse método também é interessante, pois, aumenta na criança o senso de responsabilidade pelo problema e sua solução, além de abordar a necessidade de domínio e controle. Jessie queria ajuda com a prática de piano. Seus avós viriam à cidade para ver seu recital, e o desejo da menina de ter um bom desempenho serviu como incentivo inerente;

- *Escolha um problema em que a implementação seja compartilhada.* Se você e seu cônjuge concordarem quanto ao problema-alvo e compartilharem o esforço para resolvê-lo, o peso para cada um será menor, aumentando a possibilidade de a intervenção funcionar. Leiam a rotina e decidam quem fará o quê. Acertem os detalhes, pois, como todos sabemos, é neles onde mora o "diabo". Para a família Gonzales, tratar da lição de casa foi perfeito. Um dos pais ajudava o filho com a lição de Matemática enquanto o outro fazia o jantar; depois, quem cozinhou ajudava o garoto na tarefa de leitura enquanto o outro lavava a louça;

- *Pense em metas de longo prazo.* Isso é particularmente importante com crianças mais velhas, quando a idade adulta está despontando no horizonte.

Peg falando: *Quando percebi que meu filho de 13 anos tinha problemas consideráveis nas habilidades executivas em diversas áreas, não soube muito bem o que priorizar. Por fim, perguntei a mim mesma: "Quais habilidades serão absolutamente vitais, tanto para o sucesso na faculdade quanto no trabalho?" Com esse foco em mente, resolvi que a arrumação do quarto era uma prioridade baixa, enquanto o cumprimento de prazos e a lembrança de tudo o que tinha de ser feito eram prioridades altas. Tomada a decisão, comecei a monitorar suas lições de casa, fazendo duas perguntas ao meu filho, assim que chegasse da escola: "O que você tem para fazer? Quando fará?".*

Que habilidades executivas você ajudará seu filho a construir?

Cada rotina abordada no Capítulo 10 apresenta em destaque as habilidades executivas por ela exigidas. Você notará que, embora todas essas rotinas enfoquem num problema específico no dia a dia, o objetivo delas é o trabalho com diversas habilidades executivas ao mesmo tempo. Crianças que se perdem na rotina matinal, por exemplo, geralmente têm dificuldade também com a inicialização das tarefas (demoram para começar), a atenção sustentada (não persistem o suficiente até completar uma coisa) e com a memória de trabalho (se esquecem do que estavam fazendo). Aplicar uma intervenção que aborde um problema, na verdade, aperfeiçoará várias habilidades executivas simultaneamente. Com o tempo, verá, portanto, melhoras em outras rotinas que envolvam as mesmas habilidades, sem interferir diretamente nelas. (Como já mencionamos, porém, não espere que isso aconteça da noite para o dia, ou mesmo dentro de pouco tempo. Com algumas crianças, é preciso manter a ajuda por bastante tempo até internalizarem as habilidades.)

4. Por fim, priorize as fraquezas específicas das habilidades executivas

Se o problema de seu filho persistir, principalmente se o Capítulo 2 ajudou-o a identificar uma ou duas habilidades executivas fracas que causam o drama, ou se as rotinas que causam os maiores problemas não forem abordadas no Capítulo 10, você precisará ir além de nossas instruções e elaborar estratégias próprias. Alguns leitores talvez prefiram usar as rotinas do livro somadas a outras, criadas por eles mesmos. Cada um dos Capítulos do 11 ao 21 destaca uma habilidade em particular, trazendo informações adicionais e ajudando o leitor a olhar com mais atenção os déficits de seu filho para, em seguida, mostrar como outros pais elaboraram intervenções eficazes. Pode-se escolher um problema específico que perturba seu filho e criar um plano de ataque que ensine a habilidade discutida no capítulo, ou pode ajudá-lo a praticar e aperfeiçoar a habilidade que já possui, mas não usa bem. Cada um dos capítulos citados também dá dicas gerais para fortalecer a habilidade, além de um esquema completo de intervenções.

Como escolher a habilidade-alvo?

Se você começar pelos planos do Capítulo 10, provavelmente notará que as rotinas nas quais seu filho mais necessita de ajuda envolvem as mesmas habilidades executivas. Esse é um meio de determinar quais habilidades individuais precisam ser trabalhadas. Além disso, há também os questionários utilizados no Capítulo 2 para avaliar as habilidades executivas de seu filho. Por fim, poderá confirmar a avaliação inicial que fez de seu filho preenchendo o questionário conciso no começo de cada capítulo sobre as habilidades, detectando aquela que falta na criança.

Esses questionários são parecidos com a escala que você completou no Capítulo 2, mas dessa vez pedimos que classifique até que ponto e com que frequência seu filho exibe cada um dos comportamentos listados; assim, saberá se precisa de dicas gerais ou se terá de elaborar suas próprias estratégias de intervenção. Nesse caso, pode consultar as ideias nos Capítulos de 5 até 8. Como somos ávidos defensores das listas de checagem, inserimos uma que ajudará a se lembrar de todos os elementos necessários na hora de criar um plano que ajude seu filho a lidar com um problema específico ou uma habilidade executiva particularmente fraca. Encontre-a nas páginas a seguir. Caso precise de um lembrete do significado de algum item na lista, indicamos onde é citado no livro.

Dicas para uma boa elaboração de seu programa

Quer você use nossas intervenções do Capítulo 10 ou crie as suas – faça as duas coisas – seu plano terá mais chances de sucesso se seguir estas ideias:

- *Ajude seu filho a ser o dono do plano.* Na elaboração da intervenção, envolva a criança ao máximo. Escute o que ela tem a dizer, aceite suas sugestões e valorize seus pedidos, sempre que possível. Disponha-se a fazer concessões para aumentar o senso de posse do plano por parte da criança. Lembre-se de que, conforme discutimos no Capítulo 5, uma das forças que moldam o comportamento das crianças é o ímpeto por domínio e controle – use isso a seu favor sempre que puder;

- *Lembre-se da importância de um bom encaixe.* Pense que o que é bom para você talvez não sirva para o seu filho. Sabemos, por exemplo, que esquemas organizacionais que funcionam para uma pessoa nem sempre dão certo com outra. Pergunte ao seu filho o que serviria para ele;
- *Faça um brainstorming com o seu filho.* A própria prática do *brainstorming* constrói habilidades executivas. Se seu filho não tem ideia do que seria melhor para ele, faça uma sessão de *brainstorm*, onde são propostas várias possibilidades ou dê várias opções e deixe-o escolher a que mais se encaixa com ele;
- *Esteja preparado para adaptar as estratégias.* Suponha que seu primeiro plano talvez precise de ajustes. No Capítulo 10, apresentamos algumas modificações e ajustes que podem ajudar. Nos capítulos das habilidades, muitos dos cenários apresentados mostram tentativas iniciais que deram certo, contudo também precisaram ser adaptadas para gerar o máximo de benefícios;
- *Sempre que possível, pratique, faça uma encenação, ou ensaie o procedimento antes de executá-lo.* Isso é muito importante, principalmente se a habilidade-alvo for a inibição de resposta ou o controle emocional. Como as coisas acontecem muito rapidamente na vida real e o comportamento problemático costuma ocorrer em situações de forte carga emocional, quanto mais a criança praticar fora dos momentos de excitação emocional, mais fácil será de seguir o roteiro no calor da discussão;
- *Use sempre muitos elogios e feedback positivo.* Mesmo que você use outros incentivos, nunca abra mão dos elogios. Já que a meta de qualquer programa de incentivo é diminuir a necessidade de recompensas tangíveis, os reforços sociais (elogios e *feedback* positivo) ajudam a criança a transcender essas recompensas;
- *Use lembretes visuais sempre que possível.* Geralmente, os lembretes verbais "entram por um ouvido e saem por outro". Se recorrer a esses lembretes, que indiquem à criança aspectos visuais como: agendas de imagens, listas, lemas escritos ou mensagens motivacionais ("Verifique sua lista". "Qual é o próximo item na agenda?").
- *Comece pequeno!* Comece com um comportamento que seja apenas uma amolação menor e trabalhe para melhorá-lo, de modo que você e seu filho sintam o sucesso imediatamente. Ao passar para problemas maiores, continue planejando o sucesso, estabelecendo metas iniciais alcançáveis. Sua meta em longo prazo pode ser conseguir que a criança faça toda a lição de casa sem precisar da presença dos pais. Um passo inicial razoável seria trabalhar sozinha por 2 minutos. Se você tem a tendência a olhar muito longe, pegue sua primeira noção

da meta e corte-a pela metade (metade do tempo, metade do trabalho, metade do desafio, metade da melhora);

- *Sempre que possível, calcule o progresso contando alguma coisa e depois, pondo os resultados em um gráfico.* Se não tiver certeza quanto ao funcionamento do programa, colete dados para descobrir. Aliás, os gráficos podem ser um ótimo reforço para as crianças (na verdade, para pessoas em qualquer idade). Se usar um sistema de pontos, você terá um mecanismo de *feedback* implícito, mas recomendamos converter os pontos em um gráfico também. Alguns exemplos de comportamentos que podem ser contados ou expostos em gráfico são: quantidade de lições de casa não feitas na semana; quantidades de vezes que a criança se irritou no dia; número de dias escolares na semana que a criança se lembrou de trazer tudo da escola para casa e vice-versa; quantas vezes uma mudança inesperada de planos foi encarada sem choro; quantas noites por semana a lição de casa foi terminada no horário combinado.

E se seu filho não concordar com nada de seus planos?

Se, após a leitura das rotinas, cenários e planos de comportamento você estiver animadíssimo para experimentar algo, mas seu filho não concordar com nada, eis algumas sugestões:

- *Tente negociar.* Esteja disposto a abrir mão de algo para obter outra coisa em troca (mas que seja vantajoso para ambos os lados).

- *Considere reforços mais fortes.* Percebemos que os pais e professores costumam errar mais pela falta que pelo excesso. Lembre-se de que estamos pedindo esforços enormes de crianças com poucas habilidades executivas. Se a tarefa parecer muito maior que a recompensa, a criança continuará resistindo.

- *Se seu filho resistir a todas as suas tentativas de envolvê-lo no desenvolvimento de um plano de comportamento (isso costuma ocorrer na adolescência), você ainda pode considerar as consequências lógicas ou naturais.* Para chegar aos privilégios desejados pelo jovem, faça de um jeito que ele precise de você ("Levo você ao shopping, para passear com os amigos, mas antes o quarto precisa ser arrumado").

- *Se nada funcionar e os problemas forem muito sérios, procure ajuda externa de um terapeuta, psicólogo ou tutor.* O Capítulo 22 dá sugestões a respeito disso.

Elaboração de intervenções

Passos	Referência de páginas(s)
1. Definir uma meta de comportamento. Problema de comportamento:_____	115
Meta de comportamento:_____	116
2. Que apoios ambientais estarão disponíveis? (Marcar.)	
____ Mudar ambiente físico ou social (ex.: colocar barreiras físicas, reduzir distrações, oferecer estruturas organizacionais, reduzir complexidade social).	97-99
____ Mudar a natureza da tarefa (ex.: encurtar, colocar intervalos, recompensar no fim, criar uma agenda, dar escolhas, tornar a tarefa mais divertida).	100-102
____ Mudar a interação dos adultos com as crianças (ex.: ensaio, incentivos, lembretes, treinamentos, elogios, explicação, *feedback*).	100-102
3. Que procedimento será usado para ensinar a habilidade? Quem ensinará a habilidade/supervisionará o procedimento?_____ _____ _____ Que passos a criança deve seguir? 1._____ 2._____ 3._____ 4._____ 5._____ 6._____	115
4. Que incentivos serão usados para encorajar a criança a aprender, praticar ou usar a habilidade? (Marcar.) ____ Elogio específico. ____ Alguma recompensa quando a tarefa (ou parte dela) estiver terminada. ____ Um cardápio de recompensas e penalidades. Possíveis recompensas diárias:_____ _____	127
Possíveis recompensas semanais:_____ _____ _____ Possíveis recompensas a longo prazo:_____ _____	

Fonte: *Inteligente mas Disperso* de Peg Dawson e Richard Guare. nVersos, 2022.

Um olhar no plano do jogo

1. Primeiro, tente modificar o ambiente (Capítulo 6), usando o *scaffolding* e jogos (Capítulo 7), ou dando incentivos.
2. Se não for suficiente, aprenda os princípios e diretrizes por trás das estratégias eficazes para construir habilidades executivas (Capítulo 9).
3. Comece a intervir usando nossos planos já prontos, para lidar principalmente com rotinas diárias problemáticas (Capítulo 10).
4. Se não for suficiente, trabalhe as habilidades executivas específicas (Capítulos 11-21).

- Siga dicas gerais para ajudar a criança a usar habilidades fracas com mais eficácia e constância.
- Se a criança simplesmente não possui a habilidade, elabore intervenções, seguindo as diretrizes deste capítulo.

10
Planos já prontos para ensinar seu filho a completar tarefas rotineiras

As 20 rotinas a seguir são as mais perturbadoras para as crianças. Estão agrupadas a partir de rotinas em casa, seguidas das que se relacionam à escola, e terminando com tarefas que requerem controle emocional, flexibilidade e inibição de resposta. Olhe a lista rapidamente e com certeza detectará as áreas em que seu filho precisa de ajuda. Retorne ao Capítulo 9, caso identifique várias e não saiba por onde começar. Citamos o número do capítulo para cada habilidade executiva necessária para a rotina se você quiser trabalhar com foco em habilidades específicas.

Rotina

1. Arrumar-se pela manhã;
2. Arrumar o quarto;
3. Guardar pertences;
4. Completar tarefas;
5. Manter uma agenda de atividades (esportes, instrumentos musicais etc.);
6. Hora de dormir;
7. Arrumar a escrivaninha;
8. Lição de casa;
9. Lidar com tarefas mais abertas;
10. Trabalhos de longo prazo;
11. Redação;
12. Estudar para as provas;
13. Aprender a lidar com tarefas que exigem muito esforço;
14. Organizar cadernos/lições de casa;
15. Aprender a controlar o temperamento;
16. Aprender a controlar comportamento impulsivo;
17. Aprender a lidar com ansiedade;
18. Aprender a lidar com mudanças de planos;
19. Aprender a não chorar por coisas sem importância;
20. Aprender a resolver problemas.

Adaptar as intervenções para a idade de seu filho

Em alguns casos, a idade para a qual a intervenção é apropriada dependerá da tarefa de desenvolvimento envolvida na rotina, ou do currículo escolar. Ninguém espera que crianças no 1º ano estudem para provas (exceto de soletrar), façam trabalhos de longo prazo ou escrevam redações; portanto, essas rotinas não servem para essa faixa etária. Outras rotinas podem ser aplicáveis para diversas idades. Como muitas delas foram elaboradas para crianças no meio do espectro etário abordado neste livro (metade do Ensino Fundamental), aqui vão algumas sugestões para ajustarmos as estratégias com crianças mais novas e mais velhas sempre que necessário.

Diretrizes gerais para rotinas instrucionais com crianças mais novas:

- Faça-as curtas;
- Reduza o número de passos;
- Use imagens em vez de listas ou instruções escritas;
- Prepare-se para dar dicas e supervisionar, e, em alguns casos, ajudar a criança a seguir a rotina lado a lado.

Diretrizes gerais para rotinas instrucionais com crianças mais velhas:

- Trabalhe em parceria com as crianças a elaboração de uma rotina, a escolha de recompensas e a conversa sobre os problemas, itens que podem aperfeiçoar a rotina;
- Mostre abertura para negociar em vez de ditar;
- Sempre que possível, use estímulos visuais em vez de verbais (porque os verbais são mais chatos para crianças mais velhas).

1. Arrumar-se pela manhã

Habilidades executivas abordadas: inicialização de tarefas (Capítulo 15), atenção sustentada (Capítulo 14), memória de trabalho (Capítulo 12).

Idades: Os elementos específicos incluídos são para as idades de 7 a 10 anos, mas essa rotina é fácil de adaptar para crianças de todas as idades. É necessário apenas fazer uma mudança na sofisticação das tarefas.

1. Sente-se com o seu filho e juntos façam uma lista do que deve ser feito antes de ele sair para a escola de manhã (ou antes de começar o dia, com crianças mais novas);
2. Decidam juntos a ordem em que as tarefas devem ser feitas;
3. Converta a lista em uma lista de checagem (as que apresentamos são apenas exemplos; podem ser usadas como estão ou como modelos, colocando outras tarefas na coluna da esquerda);
4. Faça várias cópias e coloque-as num quadro de avisos;
5. Converse com seu filho sobre como funcionará o processo desde o momento em que ele acorda. Explique que no começo você o auxiliará em cada item da lista e que ele deve marcar o que estiver feito;
6. Ensaie ou encene o processo para que a criança entenda como funcionará – isto é, passo a passo, com ela fazendo de conta que segue cada item e marcando-o;
7. Determine o horário de término da rotina para a criança chegar à escola na hora (ou ter algum tempo para brincar antes de sair ou fazer qualquer outra coisa necessária);
8. Coloque o sistema em prática. No início, você precisa auxiliar seu filho no primeiro passo, observar seu desempenho, incentivá-lo a marcar cada item na lista de checagem, elogiá-lo por completar cada passo e ajudá-lo no passo seguinte. Continue o processo com supervisão até completar a rotina;
9. Quando a criança já internalizou o processo e consegue completar a rotina sozinha, dentro do tempo estipulado, a lista de checagem pode ser diminuída.

Diminuir a supervisão

1. Incentive seu filho a começar e supervisione toda a rotina, fazendo elogios frequentes e dando um retorno construtivo;
2. Incentive seu filho a começar, certifique-se de que a criança siga cada passo e, depois se afaste e volte para o passo seguinte;
3. Incentive seu filho a começar, observe-o atentamente (a cada dois passos, depois três etc.);
4. Incentive seu filho a começar e peça que fale com você no fim.

Modificações/ajustes

1. Se necessário, acrescente um reforço, como elogio por ter completado o processo a tempo, ou com um mínimo de lembretes. Ou então, dê à criança um ponto para cada passo no processo que foi completado com

um número mínimo de lembretes (decida antes quantos lembretes serão admitidos para a criança ganhar o ponto);

2. Programe um temporizador – ou deixe a criança programar – no começo de cada passo e desafie-a a completar o passo antes de o alarme tocar;

3. Ajuste o tempo ou a agenda conforme a necessidade – por exemplo, acorde a criança mais cedo ou veja se há itens na lista que podem ser removidos ou feitos na noite anterior;

4. Em vez de usar uma lista de checagem, anote cada tarefa em um cartão separado e instrua a criança a entregar o cartão e pegar outro, cada vez que completar um passo;

5. Para crianças mais novas, use imagens em vez de palavras, faça uma lista curta e saiba que continuará auxiliando-a por mais tempo;

6. A mesma abordagem pode ser adaptada para crianças que precisam de ajuda para não se esquecer de levar à escola todo o material necessário. Temos também uma lista para isso.

Lista de Checagem da Rotina Matinal

Tarefa	Marcação de quantidade de lembretes (////)	Feito (✓)
Levantar-se		
Vestir-se		
Tomar o café da manhã		
Lavar a louça		
Escovar os dentes		
Pentear o cabelo		
Arrumar a mochila para a escola		

Fonte: *Inteligente mas Disperso* de Peg Dawson e Richard Guare. nVersos, 2022.

Lista de checagem para se arrumar para a escola

Tarefa	Feito (✓)
TODA a lição de casa feita	
TODA a lição de casa no lugar certo (caderno, pasta etc.)	

Itens para levar à escola	Guardados na mochila (✓)
Lição de casa	
Cadernos/pastas	
Livros didáticos	
Livro de leitura	
Bilhetes de autorização	
Dinheiro para almoço	
Equipamento esportivo/roupa para Educação Física	
Bilhetes para o professor	
Livro de tarefas	
Outros:	
Outros:	

Fonte: *Inteligente mas Disperso* de Peg Dawson e Richard Guare. nVersos, 2022.

2. Arrumação do quarto

Habilidades executivas abordadas: inicialização de tarefas (Capítulo 15), atenção sustentada (Capítulo 14), memória de trabalho (Capítulo 12), organização (Capítulo 17).

Idades: Os elementos específicos incluídos são para as idades de 7 a 10 anos, mas essa rotina é fácil de adaptar para crianças mais novas e mais velhas, apenas é necessário que seja feita uma mudança na sofisticação das tarefas.

1. Sente-se com seu filho e, juntos, façam uma lista dos passos necessários para a arrumação do quarto. Pode ser assim:

- Colocar as roupas sujas na lavanderia;
- Colocar as roupas limpas nas gavetas/no guarda-roupas;
- Guardar os brinquedos nas prateleiras ou caixas;
- Guardar os livros nas estantes;
- Limpar a escrivaninha;
- Jogar o lixo fora;
- Levar as coisas de volta aos outros cômodos (louça suja na cozinha, toalha no banheiro etc.).

2. Converta a lista em uma lista de checagem (as que apresentamos são apenas exemplos; podem ser usadas como estão ou apenas como modelos, colocando outras tarefas na coluna da esquerda);
3. Decida quando a tarefa será feita;
4. Decida que tipos de auxílios e lembretes a criança receberá antes e durante a tarefa;
5. Decida o quanto de suporte a criança terá no começo (a meta em longo prazo deve ser: arrumar o quarto sozinha);
6. Decida como julgar a qualidade da tarefa;
7. Coloque a rotina em prática, com os incentivos/auxílios, lembretes e a ajuda necessária.

Diminuir a supervisão

1. Incentive seu filho a começar e supervisione toda a rotina, fazendo elogios frequentes e dando um parecer construtivo;
2. Incentive seu filho a começar, certifique-se de que siga cada passo e, depois, se afaste e volte para o passo seguinte;
3. Incentive seu filho a começar, observe-o intermitentemente (a cada dois passos, depois três etc.)
4. Incentive seu filho a começar e peça que fale com você no fim.

Modificações/ajustes

1. Acrescente um reforço, se necessário. Pode ser uma recompensa que a criança sabe que vai ganhar quando completar a tarefa, ou pontos por completar cada passo com recompensas escolhidas de um cardápio para isso. Outra forma de organizar um sistema de prêmios é dar à criança uma recompensa por completar cada passo com apenas um ou dois lembretes;

2. Se mesmo com sua constante presença, incentivo e elogio o seu filho não consegue seguir a rotina, comece a trabalhar ao lado dele, compartilhando cada tarefa;

3. Se mesmo assim for difícil, pense em usar o método de trabalhar de trás para a frente – você arruma o quarto inteiro, exceto uma parte pequena, e pede à criança que faça esse trabalho enquanto a observa e elogia. Aos poucos, acrescente mais partes para o trabalho dela, até a criança realizar a tarefa inteira;

4. Deixe o quarto mais fácil para arrumar – use organizadores onde a criança pode "jogar" os brinquedos e ponha uma etiqueta em cada organizador;

5. Tire uma foto de como é um "quarto arrumado"; assim, quando a criança completar a tarefa, poderá lhe mostrar a foto e comparar com o trabalho feito;

6. Para crianças mais novas, use imagens de cada passo, em vez de palavras; reduza o número de passos; saiba que a criança precisará de ajuda e não espere que faça sozinha o trabalho.

Lista de checagem para arrumação do quarto

Tarefa	Marcação de quantidade de lembretes (////)	Feito (✓)
Colocar roupas sujas na lavanderia		
Colocar roupas limpas nas gavetas/no guarda-roupa		
Guardar brinquedos (prateleiras, caixas)		
Guardar livros das estantes		
Arrumar escrivaninha		
Jogar fora o lixo		
Levar coisas para os lugares certos (ex.: louças, xícaras, toalhas, equipamento esportivo)		
Outros:		
Outros:		

Fonte: *Inteligente mas Disperso* de Peg Dawson e Richard Guare. nVersos, 2022.

3. Guardar pertences

Habilidades executivas abordadas: organização (Capítulo 17), inicialização de tarefas (Capítulo0 15), atenção sustentada (Capítulo 14), memória de trabalho (Capítulo 12).

Idades: Os elementos específicos incluídos são para as idades de 7 a 10 anos, mas essa rotina é fácil de adaptar para crianças mais novas e mais velhas apenas com uma mudança na lista de objetos.

1. Ao lado da criança, faça uma lista dos itens que ela costuma deixar fora de lugar;
2. Identifique o local certo para cada item;
3. Decida quando o objeto será guardado (por exemplo, assim que chegar da escola, quando terminar a lição de casa, pouco antes de dormir, logo depois de usar, etc.);
4. Determine uma "regra" para lembretes – quantos lembretes são permitidos antes de pôr em prática uma penalidade (por exemplo, não poder pegar o objeto por algum tempo, ou remover outro privilégio). Segue uma amostra de lista;
5. Decida onde a lista de checagem será colocada.

Diminuir a supervisão

1. Lembre seu filho de que ele está aprendendo a guardar as coisas nos lugares certos;
2. Coloque a lista de checagem em local proeminente e lembre a criança de usá-la sempre que guardar alguma coisa;
3. Elogie ou agradeça seu filho sempre que guardar um item;
4. Depois que seu filho seguiu o sistema por cerca de duas semanas, com muitos elogios e lembretes de sua parte, diminua os lembretes. Mantenha a lista em local de destaque, mas agora experimente usar uma penalidade para os esquecimentos. Por exemplo, se um brinquedo, ou objeto desejado ou roupa não forem guardados, a criança perde o acesso por certo período de tempo. Se o objeto não puder ser retirado (por exemplo, a mochila escolar), imponha uma multa ou suspenda um privilégio.

Modificações/ajustes

1. Acrescente um reforço, se necessário. Uma boa ideia é colocar determinado número de marcadores em um pote e tirar um sempre que seu filho

não guardar um objeto. Os marcadores podem ser trocados por pequenas atividades ou recompensas tangíveis;

2. Se for difícil lembrar-se de guardar os objetos logo após o uso em momentos diversos do dia, escolha um horário de guardar tudo, quando todos os pertences devem retornar aos locais apropriados;

3. Para crianças mais novas, use imagens, deixe a lista curta e saiba que a criança precisará de incentivos e/ou ajuda por mais tempo.

Guardar os pertences

Objeto	Onde fica?	Quando vou guardar?	Lembretes necessários (///)	Feito! (✓)
Equipamentos esportivos				
Roupas de inverno (casaco, luvas etc.)				
Outras roupas				
Sapatos				
Lição de casa				
Mochila				
Outros				

Fonte: *Inteligente mas Disperso* de Peg Dawson e Richard Guare. nVersos, 2022.

4. Completar tarefas

Habilidades executivas abordadas: inicialização de tarefas (Capítulo 15), atenção sustentada (Capítulo 14), memória de trabalho (Capítulo 12).

Idades: Qualquer idade; mesmo quem está na Pré-Escola pode cuidar de tarefas simples e curtas.

1. Sente-se com seu filho e faça uma lista de tarefas a serem feitas;
2. Decida quanto tempo cada uma levará;
3. Decida quando (dia e/ou hora) a tarefa deve ser feita;
4. Crie uma agenda para que você e a criança acompanhem a tarefa;
5. Decida onde colocar a lista de checagem.

Diminuir a supervisão

1. Incentive seu filho a começar cada tarefa e supervisione o tempo todo, fazendo constantes elogios, animando-o e dando um retorno construtivo;
2. Incentive seu filho a começar, certifique-se de que siga cada passo e, depois, se afaste e volte para o passo seguinte;
3. Incentive seu filho a começar, observe-o intermitentemente (a cada dois passos, depois três etc.);
4. Incentive seu filho a começar e peça que fale com você no fim.

Modificações/ajustes

1. Se necessário, acrescente um reforço como elogio por ter completado o processo em tempo ou com um mínimo de lembretes. Ou dê à criança um ponto para cada passo no processo que foi completado com um número mínimo de lembretes (decida antes quantos lembretes serão permitidos para a criança ganhar o ponto);
2. Programe um temporizador – ou deixe a criança programar – no começo de cada passo e desafie-a a completar o passo antes de o alarme tocar;
3. Ajuste o tempo ou a agenda conforme a necessidade – por exemplo, acorde a criança mais cedo ou veja se há itens na lista que podem ser removidos ou feitos na noite anterior;
4. Em vez de usar uma lista de checagem, anote cada tarefa em um cartão separado e instrua a criança a entregar o cartão e pegar outro, cada vez que completar um passo;
5. Para crianças mais novas, use imagens em vez de palavras, faça uma lista curta, não passe muitas tarefas e saiba que continuará auxiliando-a por mais tempo.

Completar tarefas

Tarefa	Quanto tempo levará?	Quando vou fazer? (Dia/Hora)
1.		
2.		
3.		
4.		

	Domingo	Segunda	Terça	Quarta	Quinta	Sexta	Sábado
	Tarefa feita (✓)	Tarefa feita (✓)	Tarefa feita (✓)	Tarefa feita (✓)	Tarefa feita (✓)	Tarefa feita (✓)	Tarefa feita (✓)
1							
2							
3							
4							

Fonte: *Inteligente mas Disperso* de Peg Dawson e Richard Guare. nVersos, 202.

5. Manter uma agenda de atividades para um instrumento musical, esporte ou outra habilidade que exija prática constante

Habilidades executivas abordadas: inicialização de tarefas (Capítulo 15), atenção sustentada (Capítulo 14), planejamento (Capítulo 16).

Idades: Principalmente de 8 a 14 anos; para crianças mais novas, atividades como dança, música e esportes devem ter mais um caráter de diversão que de aquisição de competências, embora essas crianças desenvolvam habilidades nas aulas de balé, futebol e outras práticas do gênero.

1. O ideal é que o processo comece quando seu filho resolver aprimorar uma habilidade que exija prática constante. Antes que o jovem decida tal coisa, converse sobre o que será necessário para dominar a habilidade (ou para que fique boa a ponto de ser agradável!). Fale da frequência necessária, da duração da prática, de outras responsabilidades que ele tem e se haverá tempo suficiente na agenda para a prática constante;
2. Crie uma agenda semanal para a ocorrência da prática. Apresentamos uma amostra;
3. Fale sobre os incentivos e lembretes que seu filho precisará para se lembrar de praticar;
4. Decidam juntos se o processo está funcionando. Em outras palavras, quais são os critérios de sucesso que assinalam se seu filho deve continuar?
5. Decida quanto tempo persistirá até resolver se continua ou não. Muitos pais sentem que quando o filho inicia uma atividade como tocar um instrumento ou praticar um esporte (principalmente se envolve a compra de um objeto caro), a criança deveria "assinar um contrato", com objetivo de persistir nele para compensar os gastos. Como muitas crianças se cansam desses tipos de atividades em pouco tempo, é importante conversar antes a respeito do período mínimo de aderência da criança à prática, antes de resolver que não quer mais.

Diminuir a supervisão

1. Incentive seu filho a começar a prática no horário combinado. Marque na lista de checagem quando terminar e coloque a lista em um local de destaque, para que isso já seja um incentivo;
2. Use um lembrete escrito e a lista. Se a criança não começar até 5 minutos depois do horário combinado, ofereça um lembrete verbal. Se começar na hora certa, dê reforços positivos para isso.

Modificações/ajustes

1. Você e seu filho podem escolher um horário de início fácil de lembrar, por exemplo, logo depois do jantar ou de algum programa de TV favorito. Assim, a atividade anterior serve de incentivo para começar a próxima;
2. Se seu filho tiver dificuldade para se lembrar do início da prática, sugira um temporizador ou um despertador como alerta;

3. Se a criança resistir a praticar pelo tempo combinado, tente mudar a agenda, em vez de simplesmente desistir. Deixe as sessões de prática mais curtas, em menos dias, e subdivida-as com pequenos intervalos; ou ofereça algo que a criança aprecia e sabe que terá, no fim (por exemplo, marque o horário da prática *antes* de uma atividade favorita);

4. Se você sentir que precisa acrescentar reforços para tornar as práticas mais atraentes para seu filho, talvez seja hora de repensar o processo inteiro. Se a criança reluta em praticar pelo tempo necessário até adquirir a habilidade, é sinal de que não faz tanta questão de aprendê-la, afinal. Muitas vezes, são os pais que desejam que a criança aprenda algo (principalmente, um instrumento musical) e o processo não a interessa. Nesse caso, tenha uma conversa franca com seu filho e, depois, acrescente um reforço para convencê-lo a persistir.

Aprender uma nova habilidade

Antes de começar responda a essas perguntas:
1. O que eu quero aprender?

2. Por que quero aprender isso?

3. O que é necessário para aprender essa habilidade (lições, prática etc.) e de quanto tempo precisarei?

O que deve ser feito	Quando será feito?	Quanto tempo levará?
Lições		
Prática		

	Segunda	Terça	Quarta	Quinta	Sexta	Sábado	Domingo
Outros (ex.: jogos, exposições, recitais)							

4. Preciso largar algo que estou fazendo agora para incluir essa habilidade em meus horários?

Se optar por isso mesmo, planeje sua agenda, preenchendo os espaços a seguir. Escreva o horário de cada atividade e quanto tempo durará. Use essa programação para seguir com a prática e também elogiá-la, cada vez que terminar.

	Segunda	Terça	Quarta	Quinta	Sexta	Sábado	Domingo
Lições							
Prática							
Jogos, exposições, apresentações							

Fonte: *Inteligente mas Disperso* de Peg Dawson e Richard Guare. nVersos, 2022.

6. Hora de dormir

Habilidades executivas abordadas: inicialização de tarefas (Capítulo 15), atenção sustentada (Capítulo 14), memória de trabalho (Capítulo 12).

Idades: Os elementos específicos incluídos são para as idades entre 7 a 10 anos, mas essa rotina é fácil de adaptar para crianças mais novas e mais velhas, apenas com uma mudança na lista de objetos.

1. Combine com seu filho a hora de dormir. Faça uma lista de todas as coisas que precisam ser feitas antes de ir para a cama, como guardar os brinquedos, separar roupas para o dia seguinte, verificar se a mochila está

pronta para a escola (ver *lição de casa*), vestir o pijama, escovar os dentes e lavar o rosto ou tomar banho;
2. Converta a lista em uma lista de checagem ou agenda de imagens. Apresentamos uma amostra;
3. Conversem sobre o tempo que durará cada tarefa na lista. Se quiser, use um cronômetro para saber exatamente o tempo que levará;
4. Some a quantidade total de tempo e subtraia o resultado da hora de dormir para saber quando seu filho deve começar a rotina de ir para a cama (por exemplo, se a hora de dormir for 20:00 e a rotina leva meia hora, ele precisa começar às 19:30;
5. Incentive seu filho a começar a rotina no horário combinado;
6. Supervisione a criança no passo a passo, encorajando-a a "verificar o próximo item da lista" e elogiando sempre que completar uma tarefa.

Diminuir a supervisão

1. Incentive o seu filho a começar e supervisione a rotina inteira, fazendo elogios e dando um retorno construtivo;
2. Incentive o seu filho a começar, certifique-se de que inicia cada passo da rotina e, depois, se afaste, retornando para o passo seguinte;
3. Incentive o seu filho a começar e observe-o atentamente (a cada dois passos, depois três etc.);
4. Incentive o seu filho a começar e peça que fale com você no fim.

Modificações/ajustes

1. Inclua recompensas e penalidades. Por exemplo, se a criança completar a rotina na hora específica de dormir, ou antes, ganha um tempo extra até apagar as luzes. Se não completar, na noite seguinte terá que começar a rotina 15 minutos antes;
2. Programe um temporizador ou dê à criança um cronômetro para saber quanto tempo leva em cada passo;
3. Em vez de uma lista de checagem, anote cada tarefa em um cartão separado e instrua a criança a entregar o cartão e pegar outro sempre que completar uma tarefa;
4. Para crianças mais novas, use imagens em vez de palavras e saiba que a criança precisará de incentivos e/ou ajuda por mais tempo.

Rotina para hora de dormir

Tarefa	Marcação da quantidade de lembretes (////)	F e i t o (✓)
Guardar os brinquedos		
Verificar se a mochila está pronta para a escola		
Fazer uma lista do que precisa se lembrar de fazer amanhã		
Arrumar as roupas para o dia seguinte		
Vestir pijama		
Lavar o rosto ou tomar banho		
Escovar os dentes		

Fonte: *Inteligente mas Disperso* de Peg Dawson e Richard Guare. nVersos, 2022.

7. Arrumar a escrivaninha

Habilidades executivas abordadas: inicialização de tarefas (Capítulo 15), atenção sustentada (Capítulo 14), organização (Capítulo 17), planejamento (Capítulo 16).

Idades: Os elementos específicos incluídos são para as idades 7 a 10 anos, mas claro que a maioria das crianças com 7 anos de idade não passa muito tempo diante da escrivaninha; por isso, se você precisar de adaptações para outras idades, provavelmente elas serão para crianças mais velhas – deixe as tarefas mais sofisticadas.

Primeiros passos: arrumar a escrivaninha

1. Tire tudo da escrivaninha;
2. Decida quais objetos vão em quais gavetas. Faça etiquetas para colar nas gavetas;
3. Coloque os objetos nas gavetas apropriadas;

4. Deixe uma lixeira perto da escrivaninha para colocar papel que pode ser reciclado;
5. Decida quais objetos ficam sobre a escrivaninha (porta-lápis, grampeador, porta-papéis para folhas em uso e itens arquivados etc.). É interessante colocar um quadro de avisos perto da escrivaninha, com lembretes e suvenires;
6. Coloque objetos onde seu filho gosta que estejam;
7. Tire uma foto da escrivaninha arrumada, como modelo. Coloque-a na parede ou no quadro de avisos.

Passos para manter a escrivaninha arrumada

1. Antes de começar a lição de casa ou qualquer outro trabalho de escrita, verifique se a escrivaninha está como na foto. Se não estiver, guarde as coisas até ela ficar;
2. Ao terminar a lição, guarde tudo para que a escrivaninha fique como na foto. Esse passo da rotina também pode ser incluso na rotina da hora de dormir;
3. Uma vez por semana, verifique os papéis e decida o que fica, o que será arquivado e o que deve ser jogado fora ou reciclado.

Diminuir a supervisão

1. Incentive seu filho em cada passo do procedimento de manutenção e supervisione a rotina inteira, fazendo elogios frequentes e dando um retorno construtivo;
2. Incentive seu filho a começar, certifique-se de que segue o primeiro passo do procedimento e volte no fim para ter certeza de que terminou. Faça o mesmo com o segundo passo. No terceiro, fique ao lado dele para ajudá-lo a limpar o cesto de papéis;
3. Incentive seu filho nos três passos do processo de manutenção, mas saia e cheque tudo no fim;
4. Lembre a criança de começar o procedimento. Em um momento posterior (por exemplo, antes de ir para a cama), verifique se a escrivaninha está mesmo arrumada. Faça elogios e dê um retorno construtivo.

Modificações/ajustes

1. Enquanto a criança segue o processo, continue refinando-o. Por exemplo, pode haver maneiras melhores de organizar as coisas nas gavetas ou em cima da escrivaninha, e as mudanças devem ser incorporadas no processo;

2. Vá a uma loja de suprimentos para escritório e veja que tipos de materiais podem ajudar o seu filho a estabelecer e manter um sistema para deixar a escrivaninha desocupada e, ao mesmo tempo, com facilidade de acesso aos materiais;

3. Assim como nos outros procedimentos, inclua reforços para seguir as rotinas conforme a necessidade.

Lista de checagem da escrivaninha arrumada

Tarefa	Segunda	Terça	Quarta	Quinta	Sexta	Sábado	Domingo
Superfície arrumada							
Cestos limpos							
Escrivaninha como na foto							

Fonte: *Inteligente mas Disperso* de Peg Dawson e Richard Guare. nVersos, 2022.

8. Lição de casa

Habilidades executivas abordadas: inicialização de tarefas (Capítulo 15), atenção sustentada (Capítulo 14), planejamento (Capítulo 16), administração de tempo (Capítulo 18), metacognição (Capítulo 21).

Idades: de 7 a 14 anos.

1. Explique a seu filho que planejar a lição de casa é uma boa maneira de aprender a fazer planos e seguir agendas. Explique-o que, quando chegar da escola, antes de qualquer outra coisa, deve fazer um plano para a lição de casa, de acordo com o formulário que você lhe dará (a seguir, nesta seção);

2. Os passos que a criança deve seguir são:

- Anotar todas as lições (pode ser de forma abreviada, pois as informações mais detalhadas devem estar na agenda ou nos papéis da criança);

- Verificar se tem todo o material necessário para cada lição;
- Determinar se precisará de ajuda para completar a lição;
- Calcular quanto tempo cada lição levará;
- Anotar quando vai começar cada lição;
- Mostrar o plano das lições, assim vocês farão ajustes, se necessário (por exemplo, com cálculo de tempo).

3. Incentive o seu filho a começar a lição de casa no horário estipulado no plano escrito;
4. Monitore o desempenho dele o tempo todo. Dependendo da natureza da criança, talvez você precise estar presente do começo ao fim, ou checar periodicamente.

Diminuir a supervisão

1. Incentive seu filho a fazer o planejamento e começar a rotina, elogiando constantemente e dando um retorno construtivo. Se necessário, sente-se com ele enquanto faz a lição de casa;
2. Incentive seu filho a fazer o planejamento e começar a lição de casa no horário. Observe frequentemente, fazendo elogios e incentivando-o;
3. Incentive seu filho a fazer o planejamento e começar a lição de casa no horário. Peça que fale com você assim que terminar.

Modificações/ajustes

1. Se a criança se mostrar resistente a escrever um plano, faça-o você, mas peça a ela que diga o que deseja anotar;
2. Se a criança costuma se esquecer de tarefas não escritas, modifique a agenda para incluir todas as matérias e converse sobre essas mesmas matérias, ativando sua memória para fazer as lições;
3. Crie um calendário separado para trabalhos de longo prazo, de modo que seu filho possa consultá-lo e se lembrar do que precisa fazer (ver Trabalhos de Longo Prazo);
4. Inclua recompensas por começar/terminar a lição de casa na hora, ou por não precisar de lembretes.
5. Para crianças mais novas, o simples ato de estipular um horário e local para as lições de casa pode ser suficiente, pois geralmente, elas têm só uma ou duas lições por noite. É interessante perguntar quanto tempo acham que cada lição vai levar, pois isso as ajuda a treinar habilidades de administração de tempo.

Planejamento para lição de casa

Data: _____

Assunto	Tenho os materiais?	Preciso de ajuda?	Quem me ajudará?	Quanto tempo levará?	Quando começarei?	Feito (✓)
	( ) Sim ( ) Não	( ) Sim ( ) Não				
	( ) Sim ( ) Não	( ) Sim ( ) Não				
	( ) Sim ( ) Não	( ) Sim ( ) Não				
	( ) Sim ( ) Não	( ) Sim ( ) Não				
	( ) Sim ( ) Não	( ) Sim ( ) Não				
	( ) Sim ( ) Não	( ) Sim ( ) Não				

Fonte: *Inteligente mas Disperso* de Peg Dawson e Richard Guare. nVersos, 2022.

9. Lidar com tarefas mais abertas

Habilidades executivas abordadas: controle emocional (Capítulo 13), flexibilidade (Capítulo 19), metacognição (Capítulo 12).

Idades: de 7 a 14 anos.

Para muitas crianças, a lição de casa mais desafiadora é aquela que exige uma tarefa menos guiada, isto é, aberta. Tarefas abertas são aquelas em que: (1) há muitas respostas corretas possíveis, (2) existem diversas maneiras de encontrar uma resposta correta ou o resultado desejado, (3) a tarefa em si não deixa um retorno claro se está finalizada, deixando a cargo da criança decidir isso; ou (4) não há um ponto de partida óbvio, deixando também sob responsabilidade da criança decidir o que fazer primeiro.

Exemplos de tarefas abertas:

- Soletrar palavras em uma frase;
- Qualquer tarefa de redação;
- Diversas maneiras de resolver um problema de Matemática (por exemplo: "De quantas maneiras você pode agrupar 24 objetos em grupos de números pares?");
- Escolher uma estratégia para resolver um problema de Matemática mais complexo;
- Responder à pergunta "Por quê?";
- Encontrar respostas a perguntas de Estudos Sociais no texto, a menos que a resposta correta seja uma palavra ou um conceito concreto.

Podemos escolher entre duas formas de ajudar as crianças com tarefas abertas: (1) redefini-las para que fiquem um pouco mais fechadas ou (2) ensinar às crianças como lidar com essas tarefas. Como os problemas com tarefas abertas se mostram quando a criança tem uma lição de casa assim, é importante você trabalhar com o professor de seu filho, de modo que ele entenda a dificuldade da criança, pois geralmente os problemas são mais evidentes em casa que na escola, e saiba por que são necessárias as modificações.

Como deixar as tarefas abertas mais fechadas:

- Converse com a criança no decorrer da tarefa – ajude-a a começar ou discuta cada passo, e fique com ela enquanto faz;
- Não exija que seu filho tenha várias ideias sozinho – dê escolhas ou diminua o número de opções. Você pode fazer isso após consultar o professor e

explicar-lhe o porquê de a tarefa receber notificações. Com o tempo, essa modificação pode diminuir, por exemplo, enquanto aumenta o número de escolhas, ou você pode pedir à criança que acrescente outras;
- Dê à criança listas de procedimentos (por exemplo, os passos em um processo matemático, como uma divisão longa);
- Altere a tarefa, retirando dela a necessidade de resolver problemas. Por exemplo, para soletrar, escreva cada palavra umas dez vezes, em vez de formar frases ou dar à criança frases com palavras em que faltam letras. Ressaltamos que essas modificações devem sempre ser feitas com a aprovação do professor;
- Ofereça modelos para as tarefas escritas. O próprio modelo guiará a criança no decorrer da tarefa;
- Dê bastante apoio nas fases preparatórias para a redação, principalmente uma *brainstorming* de ideias e como organizá-las;
- Peça à criança que lhe mostre quais são as notas esperadas para qualquer tarefa.

O jeito mais fácil de ajudar seu filho a ter sucesso em tarefas abertas é acompanhá-lo na execução da tarefa, usando o procedimento de pensar em voz alta. Em outras palavras, modele os pensamentos e as estratégias que são necessários para lidar com a tarefa. Geralmente, isso exige uma orientação meticulosa e bastante apoio inicial, até, aos poucos, você diminuir o apoio e deixar o planejamento cada vez mais por conta da criança. Para crianças com problemas sérios de flexibilidade, lidar bem com tarefas abertas pode levar anos e exigir modificações e apoio tanto dos pais quanto dos professores por muito tempo.

10. Trabalhos de longo prazo

Habilidades executivas abordadas: inicialização de tarefas (Capítulo 15), atenção sustentada (Capítulo 14), planejamento (Capítulo 16), Administração de tempo (Capítulo 18), metacognição (Capítulo 21).

Idades: de 8 a 14 anos.

Crianças com 7 anos de idade também podem ter trabalhos assim, mas o processo, com certeza, será mais simples, o que significa que a intervenção também será simplificada.

1. Junto com seu filho, veja a descrição do trabalho para compreender exatamente o que se espera. Se for algo que permita à criança escolher um

tema, então, esse será o primeiro passo. Muitas crianças têm dificuldade em escolher temas para trabalhos e, se for o caso de seu filho, faça uma *brainstorming* atrás de ideias, com muitas sugestões, começando com temas relacionados às áreas de interesse da criança;

2. Use a Planilha de Planejamento de Trabalho para anotar os possíveis temas. Depois de pensar em três a cinco temas, volte e pergunte a seu filho do que gostou ou não gostou de cada opção;

3. Ajude a criança a fazer uma seleção final. Além de pensar no assunto de maior interesse, outros pontos considerados na seleção final são: (a) dificuldade para encontrar referências e recursos; e (b) se há uma "variante" do tema que o torne divertido de trabalhar ou interessante para o professor;

4. Com a Planilha de Planejamento de Trabalho, decida que materiais e recursos serão necessários, onde a criança os encontrará e quando (talvez seja bom preencher a última coluna antes de completar este passo). As possibilidades de recursos são *sites* na internet, livros de bibliotecas, objetos que podem ser pedidos (por exemplo, folhetos de viagem), pessoas que podem ser entrevistadas, ou lugares para visitar (como museus, sítios históricos e outros). Considere também quaisquer materiais de construção ou arte se o trabalho envolver tais atividades;

5. Com a Planilha de Planejamento de Trabalho, liste todos os passos necessários para fazer o trabalho e, em seguida, desenvolva uma linha do tempo para seu filho saber quando vem cada passo. Seria bom, nesse momento, transferir essa informação para um calendário mensal, pendurado na parede ou em um quadro de avisos perto da escrivaninha da criança, para lembrá-la do que deve fazer;

6. Incentive seu filho a seguir a linha do tempo. Antes de iniciar cada passo, converse sobre o que é preciso para completar o passo – se necessário, faça uma lista de coisas a serem feitas. O planejamento do passo seguinte pode ser feito ao término de cada passo, de modo que a criança tenha uma ideia do que vem em seguida para facilitar o trabalho.

Diminuir a supervisão

Crianças com problemas de planejamento e habilidades metacognitivas que precisam fazer tarefas aberta, geralmente precisam de bastante apoio e por muito tempo. Com a Planilha de Planejamento de Trabalho como guia, você pode aos poucos passar a responsabilidade de completar a folha para a criança. Ao perceber que ela está mais independente para fazer o trabalho, sente-se com ela e pergunte-lhe que partes acha que consegue fazer sozinha, e para quais precisará de ajuda. Provavelmente, ela ainda precisará ser lembrada de completar cada passo na linha do tempo até poder lidar sozinha com essa parte do processo.

Modificações/ajustes

Se necessário, use reforços para cumprir as metas na linha do tempo e completar o trabalho no prazo; dê pontos de bônus sempre que a criança completar sem precisar de lembretes (ou apenas com um número mínimo, previamente combinado).

Planilha de planejamento de trabalho de longo prazo

Passo 1: Escolher tema

Temas possíveis?	Do que eu gosto nesta opção	Do que não gosto
1.		
2.		
3.		
4.		
5.		

Escolha final do tema:

Passo 2: Identificar materiais necessários

De que materiais ou recursos você precisa?	Onde os encontrará?	Quando os pegará?
1.		
2.		
3.		
4.		
5.		

Passo 3: Identificar tarefas do trabalho e datas

O que você precisa fazer? (cada passo em ordem)	Quando fará?	Marque quando feito
Passo 1:		
Passo 2:		
Passo 3:		

Passo 4:		
Passo 5:		
Passo 6:		
Passo 7:		
Passo 8:		
Passo 9:		
Passo 10:		

Fonte: *Inteligente mas Disperso* de Peg Dawson e Richard Guare. nVersos, 2022.

11. Redação

Habilidades executivas abordadas: inicialização de tarefas (Capítulo 15), atenção sustentada (Capítulo 14), organização (Capítulo 17), administração de tempo (Capítulo 18), metacognição (Capítulo 21).

Idades: de 8 a 14 anos.

Geralmente as crianças só fazem redação a partir do 3º ano e costuma ter menos que cinco parágrafos; por isso, se seu filho tem só 8 anos de idade, o formulário pode ser encurtado.

Passo 1: Temas para *brainstorming*

Se seu filho precisa escolher um tema de redação, tente entender exatamente como é a tarefa antes de começar. Talvez seja bom enviar um e-mail para o professor ou para um amigo de seu filho e esclarecer alguns pontos. As regras do *brainstorming* são que qualquer ideia é aceita e anotada no primeiro estágio – quanto mais louca, melhor, porque ideias loucas nos levam a ideais boas e utilizáveis. Nesse ponto, não são permitidas as críticas dos pais nem das crianças. Se seu filho tem dificuldade em encontrar algo, dê algumas sugestões para "lubrificar o motor". Após esgotarem os temas, devem verificar a lista e circular os mais promissores. É possível que o jovem saiba imediatamente sobre o que deseja escrever. Do contrário, pergunte do que gosta ou não gosta em cada ideia, ajudando-o a afunilar até uma escolha boa.

Passo 2: Conteúdo do *brainstorming*

Uma vez escolhido o tema, o processo de *brainstorming* recomeça. Peça à criança: "Me fale tudo o que você gostaria de saber sobre esse tema". Anote novamente quaisquer ideias ou perguntas, por mais loucas que pareçam.

Passo 3: Organize o conteúdo

Examine todas as ideias ou perguntas que anotou. Em companhia da criança, decida se o material pode ser agrupado de alguma maneira. Se, por exemplo, a tarefa for um relatório sobre os tamanduás, poderá encontrar informações divididas em categorias como a aparência deles, onde vivem, o que comem, quem são seus inimigos, como eles se protegem. Crie títulos temáticos e anote os detalhes sob cada título. Alguns pais acham bom usar adesivos nesse processo. Na fase do *brainstorming*, cada ideia ou pergunta individual é escrita em um adesivo separado. Em seguida, os adesivos podem ser organizados em uma mesa, debaixo dos títulos temáticos e formando o esboço da redação. A partir desse esboço, a redação pode ser feita (ou ditada).

Passo 4: Escreva o parágrafo de abertura

Normalmente é a parte mais difícil da redação. O parágrafo inicial, em seu nível mais básico, descreve de forma muito sucinta o tema da redação. Por exemplo, um parágrafo de abertura em um relatório sobre tamanduás pode ser assim:

> Esta redação é sobre um animal estranho chamado tamanduá. Quando terminar de ler, você saberá como é o tamanduá, onde ele vive, o que come, quem são seus predadores e como se protege.

Outra função do parágrafo de abertura seria "prender a atenção do leitor" e fornecer uma informação interessante que atice sua curiosidade. No fim do parágrafo exemplificado anteriormente, poderíamos acrescentar mais duas frases:

> O leitor também entenderá o significado da palavra *tamanduá* e de que língua ela deriva. E, se ainda assim, não estiver

interessado, explicarei também por que o tamanduá tem a língua pegajosa, embora talvez você prefira não saber isso!

Crianças com dificuldade para redigir às vezes não conseguem escrever um parágrafo de abertura e podem precisar da ajuda do adulto. Você pode ajudar fazendo perguntas generalizadas como: "O que você quer que as pessoas saibam quando terminarem de ler a sua redação?" ou "Por que uma pessoa se interessaria em ler sobre este tema?" Se seu filho precisar de mais auxílio, experimente dar um modelo para seguir. Escreva um parágrafo de abertura sobre um tema parecido com o da criança, ou use um parágrafo daqui como exemplo. Se precisar de mais ajuda dirigida para escrever esse parágrafo, proporcione-a. Depois, veja se consegue prosseguir com menos apoio. Lembre-se: o primeiro parágrafo frequentemente é o mais difícil de qualquer redação.

Passo 5: Escreva o restante da redação

Para dar um pouco mais de orientação à criança, sugira dividir o restante da redação em partes com um subtítulo para cada uma (mais ou menos como foi escrito este manual). Ajude-a a fazer uma lista de subtítulos e veja se consegue prosseguir sozinha na tarefa de redigir. Cada parágrafo deve começar com uma frase principal que apresenta o tema. Na sequência dessa frase principal, deve haver entre três a cinco frases que expandam ou expliquem o ponto principal. O texto se enriquece com palavras que unem ou aproximam os parágrafos, tais como conjunções, preposições ou advérbios, sendo as mais simples: *e, porque, além disso, em vez de, mas, então*. Outras palavras conectivas mais complexas são *embora, igualmente, por outro lado, portanto, por conseguinte, finalmente, para concluir*.

Nos primeiros estágios do aprendizado da leitura, as crianças com problemas de redação precisam de muita ajuda. Você pode sentir que está fazendo metade do trabalho no começo. Com o tempo, isso melhora, principalmente se encerrar toda sessão de escrita dando um retorno positivo ao seu filho sobre algo que ele fez bem. Observe, principalmente, se houve melhora desde a última redação. Diga, por exemplo: "Gostei de como você conseguiu escolher os temas dessa vez, sem minha ajuda".

Se não ocorrer progresso com o passar do tempo, ou se sentir que não tem as habilidades apropriadas para ensinar esse tipo de escrita a seu filho, converse com o professor para saber se a escola oferece um apoio adicional nessas circunstâncias. Mesmo que esteja disposto a ajudar, você pode pedir o auxílio da escola, caso perceba que as habilidades de redação de seu filho estão consideravelmente atrasadas em comparação à de outras crianças da mesma idade.

Orientações para uma redação com cinco parágrafos

Parágrafo introdutório

Primeira frase resume o tema da redação:

Segunda frase dá destaque ao ponto principal que será tratado:

Terceira frase acrescenta mais detalhes ou explica por que o tema é importante:

Corpo da redação
Parágrafo 1, frase principal: Detalhe de apoio 1:

Detalhe de apoio 2:

Detalhe de apoio 3:

Parágrafo 2, frase principal:

Detalhe de apoio 1:

Detalhe de apoio 2:

Detalhe de apoio 3:

Parágrafo 3, frase principal:

Detalhe de apoio 1:

Detalhe de apoio 2:

Detalhe de apoio 3:

Parágrafo final
Reafirma o ponto mais importante que será transmitido na redação (o que o leitor deve compreender após a leitura):

Fonte: *Inteligente mas Disperso* de Peg Dawson e Richard Guare. nVersos, 2022.

12. Estudar para as provas

Habilidades executivas abordadas: inicialização de tarefas (Capítulo 15), atenção sustentada (Capítulo 14), planejamento (Capítulo 16), administração de tempo (Capítulo 18), metacognição (Capítulo 21).

Idades: de 10 a 14 anos.

Regularmente, as crianças só passam a ter provas no 1º ano do Fundamental (na maioria das escolas) e, mesmo assim, o professor provavelmente diz o que devem estudar; portanto, esta rotina será mais útil quando o seu filho estiver pelo menos no 5º ano, pois poderá estudar sozinho.
1. Siga com seu filho um calendário mensal de todas as provas marcadas;
2. Entre cinco dias a uma semana antes da prova, faça um plano de estudo com ele;
3. Com o Cardápio de Estratégias de Estudo, peça à criança que decida quais estratégias quer usar para a prova;
4. Peça ao seu filho que faça um plano de estudo que comece quatro dias antes da prova. Nossa experiência na psicologia mostra que, quando um novo material é aprendido, a prática distribuída é mais eficaz que a prática massificada. Ou seja, se você tenciona passar duas horas estudando antes de uma prova, é melhor dividir esse tempo em segmentos menores (por exemplo, 30 minutos por noite durante quatro noites) que passar as duas horas inteiras estudando na noite da véspera. As pesquisas também indicam que o aprendizado se consolida através do sono; por isso, uma noite bem dormida antes de uma prova é mais benéfica que o esforço de "enfiar tudo na cabeça" antes de dormir;
5. Para crianças com problemas em atenção sustentada, o uso de cada uma dentre várias estratégias por um período curto de tempo pode ser mais fácil que o uso de uma só, em todo o período de estudo. Você pode programar um temporizador para o tempo de cada estratégia, e quando o alarme soar, a criança passa para a seguinte (a menos que ela goste da estratégia que usou e queira continuar usando).

Diminuir a supervisão

Dependendo do nível de independência de seu filho, ele poderá precisar de ajuda para estabelecer um plano de estudo, ou de incentivos para segui-lo, e talvez supervisão no decorrer do processo. Esse apoio pode diminuir aos poucos, começando por pedir que a criança fale com você quando terminar cada estratégia, embora os demais apoios permaneçam. Os incentivos para fazer o plano de estudo e começar a estudar serão, provavelmente, os últimos apoios retirados.

Modificações/ajustes

1. Depois da prova, ou quando a criança já souber a nota, peça a ela que avalie como funcionou o plano de estudo. Quais estratégias deram mais certo? Quais foram menos úteis? Ela pode experimentar outras estratégias da próxima vez? E quanto ao tempo de estudo? Foi suficiente? Faça algumas anotações no plano de estudo para ajudar a criança na hora de se preparar para a próxima prova;
2. Se seu filho sentiu que estudou o suficiente, mas mesmo assim não foi bem na prova, peça ao professor um retorno sobre o que poderia ter sido feito. Será que estudou a matéria errada? Ou estudou de uma forma errada? Peça ao professor que prepare um guia de estudo, se isso ainda não foi feito;
3. Se o seu filho continua indo mal nas provas apesar de estudar com afinco, experimente pedir ao professor que o auxilie a ajudar o seu filho, por exemplo, o docente pode propor diferentes métodos de avaliação. Talvez a criança deva ser avaliada a fim de verificar se precisa de serviços de educação diferenciada, como aulas de reforço escolar (discutidos no Capítulo 23);
4. Acrescente um sistema de incentivos: recompensas para notas boas nas provas.

Cardápio de estratégias de estudo

Marque aquelas que vai usar.

( ) 1. Reler texto	( ) 2. Reler/organizar anotações	( ) 3. Ler/recitar pontos principais
( ) 4. Rascunho do texto	( ) 5. Fazer marcações no texto	( ) 6. Fazer anotações
( ) 7. Usar o guia de estudo	( ) 8. Fazer mapas de conceitos	( ) 9. Fazer listas/organizar
( ) 10. Fazer simulado	( ) 11. Autoteste	( ) 12. Pedir para uma pessoa me testar
( ) 13. Estudar *flashcards*[11]	( ) 14. Memorizar/ ensaiar	( ) 15. Criar uma "folha de consulta"
( ) 16. Estudar com amigo	( ) 17. Estudar com um grupo de estudo	( ) 18. Sessão de estudo com professor
( ) 19. Estudar com o pai ou a mãe	( ) 20. Pedir ajuda	( ) 21. Outros:

Fonte: *Inteligente mas Disperso* de Peg Dawson e Richard Guare. nVersos, 2022.

---

11. São cartões para testar a memória, de um lado possuem uma pergunta, e do outro, a resposta. [N.T.]

Plano de estudo

Data	Dia	Que estratégias vou usar? (escreva #)	Quanto tempo para cada estratégia?
	4 dias antes da prova	1. _____ 2. _____ 3. _____	1. _____ 2. _____ 3. _____
	3 dias antes da prova	1. _____ 2. _____ 3. _____	1. _____ 2. _____ 3. _____
	2 dias antes da prova	1. _____ 2. _____ 3. _____	1. _____ 2. _____ 3. _____
	1 dia antes da prova	1. _____ 2. _____ 3. _____	1. _____ 2. _____ 3. _____

Avaliação depois da prova

Como foi o seu plano de estudo? Responda a essas perguntas:

Quais estratégias deram mais certo?

Quais estratégias foram menos úteis?

Você passou muito tempo estudando? ( ) Sim ( ) Não

Se não passou, o que mais deveria ter feito?

O que vai fazer diferente da próxima vez?

Fonte: *Inteligente mas Disperso* de Peg Dawson e Richard Guare. nVersos, 2022.

13. Aprender a lidar com tarefas que exigem muito esforço

Habilidades executivas abordadas: inicialização de tarefas (Capítulo 15), atenção sustentada (Capítulo 14).

Idades: de 3 a 14 anos.

Há duas maneiras de tornar tarefas de muito esforço menos aversivas para as crianças: diminuir a quantidade de esforço exigido, deixando a atividade mais fácil ou mais rápida, ou oferecer incentivos suficientes para que a criança se disponha a exercer o esforço necessário a fim de receber a recompensa. Veja alguns exemplos:

1. Divida a tarefa em partes bem pequenas, que não levam mais que 5 minutos cada. Permita à criança ganhar uma recompensa pequena no fim de cada parte;
2. Deixe a criança decidir como dividir a tarefa. Por exemplo, faça uma lista de lições de casa ou tarefas domésticas e deixe-a escolher quanto fará de cada uma até um intervalo;
3. Explique à criança que ganhará algo de grande interesse quando terminar a tarefa. Por exemplo, seu filho pode ganhar 45 minutos de videogame por ter completado a lição de casa à noite (ou alguma tarefa doméstica), sem reclamar, em determinado período de tempo ou com determinado nível de qualidade (não mais que um erro na lição de Matemática, por exemplo);
4. Recompense a criança por lidar com tarefas que exigem esforço. Você pode, se quiser, fazer uma lista de atividades e pedir que seu filho classifique cada uma de acordo com o esforço necessário. Em seguida, estipule uma recompensa maior (como mais tempo de videogame) por escolher as tarefas mais difíceis. Uma escala para medir esforços ajuda. Você pode atribuir o número 1 para tarefas mais fáceis e 10 para as mais difíceis. Se seu filho usar a escala, você pode bolar um meio de converter uma tarefa de grande esforço (pontuada entre 8 a 10) em uma de menos esforço (3 a 4).

Modificações/ajustes

Se esse tipo de abordagem não ajudar o seu filho a completar tarefas árduas sem reclamar, choramingar, chorar ou mostrar qualquer resistência, experimente adotar um método mais lento, mas, mais intenso de treiná-lo a tolerar atividades de alto esforço. Esse método, mencionado em "Arrumar o quarto", se chama *corrente de trás para a frente*. Essencialmente, a criança começa no fim de uma tarefa muito difícil, completando apenas o último passo para ganhar uma recompensa. Para a limpeza do quarto, esse último passo pode ser a criança levar as roupas sujas para a lavanderia depois que você já arrumou todo o quarto, ou pedir que guarde todo o material escolar na mochila depois de você auxiliar nos passos iniciais da rotina matinal. Repita o processo até seu filho seguir essa etapa com facilidade e sem esforço. Depois, retorne um passo e peça que siga apenas os dois últimos passos na tarefa antes de ganhar a recompensa. Com o tempo, ele conseguirá completar a tarefa inteira sem ajuda. Muitos pais resistem a essa abordagem, principalmente, quando sabem que a criança acabará arrumando o quarto se forem chatos com isso por muito tempo. Mas quem deseja ser chato durante toda a vida parental? Essa forma de corrente para trás realmente treina a criança a tolerar trabalhos tediosos ou difíceis e acaba eliminando a necessidade da insistência amolante dos pais.

14. Organizar cadernos/lições de casa

Habilidades executivas abordadas: organização (Capítulo 17), inicialização de tarefas (Capítulo 15).

Idades: de 6 a 14 anos.

1. Decida com o seu filho o que deve ser incluído no sistema organizacional, por exemplo: um lugar para guardar lições de casa não terminadas? Um local separado para guardar lições terminadas? Um local para guardar papéis que serão arquivados? Cadernos ou fichários para guardar anotações, tarefas completas, textos esparsos, planilhas etc.? Apresentamos uma lista;

2. Com todos esses elementos na lista, decida qual o melhor modo de lidar com eles, um por vez. Por exemplo, você e seu filho podem escolher um sistema de pastas coloridas com uma cor diferente para lições terminadas, trabalhos ainda não terminados e outros papéis. Ou vocês podem optar por um fichário pequeno para cada matéria, ou um grande para conter todas. Vá a uma loja de materiais para escritório e tenha uma ideia;

3. Junte todos os materiais necessários de casa, se os tiver, ou da loja de suprimentos para escritório. Alguns objetos importantes são: furador de papel, folhas pautadas e sem pauta, divisores de matérias e pequenos pacotes de adesivos (*post-it*) para a criança usar em papéis importantes;

4. Arrume os cadernos e as pastas colando etiquetas com clareza;
5. No começo de cada sessão das lições de casa, peça à criança que pegue as pastas de lições não terminadas, lições terminadas e material a ser arquivado. Deixe que ela decida o que será colocado e onde. Complete esse processo antes de começar a lição de casa;
6. Terminada a lição, peça à criança que a coloque na pasta certa e arquive todo o resto que precisa ser guardado.

Diminuir a supervisão

1. Incentive seu filho a começar a lição de casa seguindo o processo organizador. Supervisione cada passo do processo para ter certeza de que todos são seguidos e marcados na lista de checagem;
2. Incentive o seu filho a começar a lição de casa com o processo organizador e lembre-o de marcar cada passo completado. Cheque tudo periodicamente e no fim da lição, para ter certeza de que a lista foi seguida e os materiais guardados nos locais certos;
3. Incentive no começo e verifique tudo no fim, dê uma olhada ocasional nos cadernos, pastas e outros arquivos.

Modificações/ajustes

1. Na medida do possível, envolva seu filho na elaboração do sistema organizacional. Percebemos que algo que funciona bem com uma pessoa pode ser um desastre para outra por causa do mau encaixe;
2. Ajuste os elementos que não dão certo. Novamente, envolva seu filho na resolução desse problema. "Como isso funcionaria melhor com você?" – esse é o jeito de lidar com a situação;
3. Para pessoas que não são naturalmente organizadas, esse processo pode ser longo até virar um hábito. Talvez sua supervisão precise se estender também.

Montar um sistema para lidar com cadernos/lições de casa		
Elemento do sistema	O que vou usar?	Feito (✓)
Lugar para lições de casa não terminadas		
Lugar para lições de casa terminadas		
Lugar para materiais que serão arquivados		

Cadernos ou fichários para cada matéria	

Outras coisas talvez necessárias:
1.
2.
3.
4.

Fonte: *Inteligente mas Disperso* de Peg Dawson e Richard Guare. nVersos, 2022.

Manter o sistema para lidar com cadernos/lições de casa

Tarefa	Segunda	Terça	Quarta	Quinta	Sexta	Fim de semana
Esvaziar pasta "arquivar"						
Procurar em cadernos e livros folhas soltas e arquivá-las						
Fazer lição de casa						
Guardar todas as lições (terminadas e não terminadas) nos lugares certos						

Fonte: *Inteligente mas Disperso* de Peg Dawson e Richard Guare. nVersos, 2022.

15. Aprender a controlar o temperamento

Habilidades executivas abordadas: controle emocional (Capítulo 13), inibição de resposta (Capítulo 11), flexibilidade (Capítulo 19).

Idades: de 3 a 14 anos.

1. Juntos, você e seu filho elaboram uma lista das coisas que podem levá-lo a estourar (os desencadeadores). Faça uma lista longa de tudo o que deixa a criança zangada e veja se as situações podem ser agrupadas em categorias maiores (quando lhe dizem "não", quando perde um jogo, ou algo prometido não acontece etc.);

2. Converse com o seu filho sobre como ele fica quando perde a calma (por exemplo: gritos, xingamentos, coisas jogadas, chutes nas coisas e pessoas etc.). Decida quais dessas coisas devem entrar na lista de "não posso fazer". Essa lista deve ser curta, com apenas um ou dois comportamentos por vez;

3. Agora faça uma lista de ações que a criança pode praticar em vez de perder a calma (chamadas *comportamentos substitutos*). Seriam três ou quatro coisas no lugar dos comportamentos na lista "não posso fazer";

4. Coloque tudo no "Quadro de Momentos Difíceis" (veja o exemplo aqui);

5. Pratique. Diga ao seu filho: "Vamos fingir que você está bravo porque Billy prometeu vir brincar, mas foi fazer outra coisa. Que estratégia quer usar?" (Ver as diretrizes mais detalhadas a seguir.);

6. Depois de praticar por algumas semanas, comece a usar o processo "de verdade", mas, no começo, apenas com eventos irritantes menos severos;

7. Após usar o processo com esses eventos menos severos, passe para os desencadeadores mais complicados;

8. Associe o processo a uma recompensa. Para resultados melhores, use dois níveis de recompensa: uma "recompensa grande" por não precisar usar o Quadro de Momentos Difíceis, e uma "recompensa pequena" por usar uma estratégia do Quadro da Hora de Lidar com um desencadeador.

A prática do procedimento

1. Use exemplos reais, que incluam variadas categorias de desencadeadores;

2. Faça a sessão de prática objetiva. Por exemplo, se a estratégia for a leitura de um livro, peça ao seu filho que abra um livro e comece a ler, mas não por mais de 20-30 segundos;

3. Peça à criança que pratique cada uma das estratégias listadas no Quadro de Momentos Difíceis;

4. Estipule sessões de prática diárias ou várias vezes por semana durante duas semanas antes de usar o procedimento de verdade.

Modificações/ajustes

1. No começo, talvez você precise encenar o uso da estratégia. Ou seja, fale em voz alta para mostrar ao seu filho o que diria ou pensaria ao implementar a estratégia;

2. Poderá haver momentos em que, apesar do uso do procedimento, seu filho ainda perderá a calma e não conseguirá usar nenhuma das estratégias no Quadro de Momentos Difíceis. Nesse caso, afaste a criança da situação (fisicamente, se necessário). Avise-a antecipadamente, para ela saber o que esperar. Diga: "Se você chutar, bater ou gritar, simplesmente vamos embora";

3. Se seu filho permanecer incapaz de usar as estratégias, talvez seja bom você procurar ajuda profissional (ver Capítulo 22).

Exemplo de Quadro de Momentos Difíceis

Desencadeadores: O que me deixa zangado

1. Parar de fazer uma coisa divertida.
2. A hora de fazer uma tarefa de casa.
3. Quando meus planos não dão certo.

Não posso fazer

1. Bater nas pessoas.
2. Quebrar as coisas.

Nos momentos difíceis, posso:

1. Fazer um desenho.
2. Ler um livro.
3. Ouvir música.
4. Brincar com o cachorro.

Fonte: *Inteligente mas Disperso* de Peg Dawson e Richard Guare. nVersos, 2022.

Meu Quadro de Momentos Difíceis

Desencadeadores: O que me deixa zangado

Não posso fazer

Nos momentos difíceis, posso:

Fonte: *Inteligente mas Disperso* de Peg Dawson e Richard Guare. nVersos, 2022.

16. Aprender a controlar o comportamento impulsivo

Habilidades executivas abordadas: inibição de resposta (Capítulo 11), controle emocional (Capítulo 13).

Idades: de 3 a 14 anos.

1. Junto com o seu filho, identifique os desencadeadores do comportamento impulsivo (assistir a programas de TV com os irmãos, jogos livres com os amigos, ou qualquer outro);
2. Definam uma regra para a situação desencadeadora. Essa regra deve priorizar o que a criança pode fazer para controlar os impulsos. Inclua escolhas, se possível; ou seja, você e a criança definem opções às quais ela pode recorrer no lugar da reação impulsiva indesejável;
3. Explique que às vezes você dará um sinal de que a criança está prestes a "perder o controle", assim ela poderá se conter ou usar uma das estratégias discutidas. Para funcionar melhor, o sinal deve ser visual e relativamente discreto (por exemplo, um gesto com a mão), alertando a criança da situação problemática;
4. Pratique o procedimento. Faça uma espécie de *"role-play"*. "Vamos fazer de conta que você está lá fora brincando com os amigos e um deles diz uma coisa que te deixa furioso. Eu serei esse amigo e você será você". Se for difícil para a criança fazer isso, inverta: você representa seu filho, mostrando como deveria lidar com a situação;
5. Como nas outras habilidades que envolvem controle de comportamento, pratique o procedimento todos os dias ou várias vezes por semana, durante duas semanas;
6. Quando você e seu filho estiverem prontos para usar o procedimento na "vida real", alerte-o sempre que uma situação desencadeadora estiver prestes a ocorrer ("Lembre-se do plano", "Lembre-se do que combinamos");
7. Mais tarde, avalie como o processo funcionou. Se quiser, crie uma escala para vocês dois classificarem o nível da funcionalidade (5 – Foi muito bem! 1 – Não deu muito certo!).

Modificações/ajustes

1. Se achar que torna o processo mais eficaz ou mais rápido, recompense o bom uso de um comportamento substituto com um reforço. Para isso, você pode usar um sistema de "custo de resposta". Por exemplo, dê à criança 70 pontos para começar o dia. Sempre que agir impulsivamente, subtraia

10 pontos. Dê pontos de bônus quando ela passar por um período determinado de tempo sem perder nenhum ponto;

2. Se a impulsividade for um problema sério para seu filho, foque um momento do dia ou um comportamento impulsivo específico, aumentando assim as chances de o procedimento dar certo;

3. Lembre-se de elogiar seu o filho por mostrar o autocontrole. Mesmo que use recompensas tangíveis, o elogio social sempre deve acompanhar qualquer outro tipo de reforço.

Manter o autocontrole

Algumas coisas que faço sem pensar:

Situações em que ajo sem pensar:

O que vou fazer para manter o controle:

Fonte: *Inteligente mas Disperso* de Peg Dawson e Richard Guare. nVersos, 2022.

17. Aprender a lidar com a ansiedade

Habilidades executivas abordadas: controle emocional (Capítulo 13), flexibilidade (Capítulo 19).

Idades: de 3 a 14 anos.

1. Junto com seu o filho, faça uma lista de coisas que deixam a criança ansiosa. Veja se há um padrão e se é possível agrupar situações diversas em uma categoria maior (por exemplo, uma criança que fica nervosa em um campo de futebol, ou quando tem que falar diante da classe, ou tocar piano em uma apresentação pode sofrer de ansiedade quanto ao seu desempenho – isto é, fica nervosa quando tem que exibir seus talentos diante dos outros);
2. Converse com seu o filho sobre como se sente quando vem essa ansiedade, de modo que consiga ajudá-lo desde os primeiros sinais. Geralmente, a sensação é física como um frio na barriga, suor nas mãos, coração batendo mais rápido;
3. Agora, faça uma lista de coisas que seu filho pode fazer em vez pensar na preocupação (*comportamentos substitutos*). Podem ser três ou quatro atos que o acalmem ou desviem a atenção do medo;
4. Coloque tudo em um "Quadro de Preocupações" (apresentamos um exemplo);
5. Pratique. Diga à criança o seguinte: "Vamos fingir que você está ficando com medo porque tem um treino de futebol e acha que será excluído do time. Que estratégia quer usar?" (ver as diretrizes mais detalhadas a seguir);
6. Depois de praticar por umas duas semanas, comece a usar esse processo na "vida real", mas a princípio somente com preocupações menores;
7. Depois de usá-lo com preocupações menores, passe para os focos maiores de ansiedade;
8. Associe o processo a uma recompensa. Para resultados melhores, use dois níveis de recompensas, uma "grande" por nunca precisar do Quadro de Preocupações, e uma "pequena" por usar uma estratégia do Quadro da Hora de Lidar com a situação desencadeadora.

A prática do procedimento

1. Use exemplos reais, que incluam várias categorias de desencadeadores;
2. Faça a sessão de prática "curta e grossa". Por exemplo, se uma estratégia para lidar com o problema for "parada de pensamento", peça à criança que pratique a seguinte estratégia de falar consigo. Ela dirá a si mesma, em voz alta e imperativa: "PARE!" Isso interrompe momentaneamente qualquer pensamento. Logo em seguida, a instrua a pensar em uma imagem ou cena agradável. Pratique isso várias vezes por dia. Quando ocorrer o problema ou o pensamento que gera ansiedade, use essa estratégia e continue repetindo-a até o pensamento parar;

3. Peça à criança que pratique cada uma das estratégias listadas no Quadro de Preocupações;
4. Estipule sessões de prática diárias ou várias vezes por semana durante duas semanas antes de usar o procedimento de verdade.

Modificações/ajustes

1. As possíveis estratégias para lidar com a ansiedade podem ser respirar fundo e devagar, contar até 20, usar estratégias de relaxamento, parada de pensamento ou conversa direta com as preocupações, fazer um desenho da preocupação, dobrá-lo e guardá-lo em uma caixa com tampa, ouvir música (e talvez dançar), desafiar a lógica da preocupação. Se quiser se informar mais sobre "relaxamento para crianças", procure na internet, pois encontrará com facilidade. Outro recurso que ajuda muito é um livro escrito para crianças e pais lerem juntos que se chama *O que fazer quando você se preocupa demais* (publicado no Brasil pela editora Artmed), escrito por Dawn Huebner, PhD;
2. Para ajudar crianças com ansiedade, em geral, é bom usar um procedimento chamado de *dessensibilização*, no qual o grau de ansiedade a que a criança é exposta é tão baixo que com pouco apoio consegue lidar com a situação. Por exemplo, se uma criança tem medo de cachorro, você pode pedir que ela olhe para uma foto de um cão e imitar o que ela poderia dizer ("Estou olhando para essa foto, tenho um pouco de medo quando penso nos cachorros de verdade, mas estou bem, não muito assustada. Posso olhar para a foto sem problema"). O passo seguinte seria a criança ficar dentro de uma casa, com um cão do lado de fora, e perguntar como ela se sente. Pouco a pouco, aproxime o cão cada vez mais da criança. Uma abordagem semelhante pode ser usada com outros medos e fobias. A exposição precisa ser muito gradual, não apresse os passos enquanto a criança não se sentir à vontade com a situação atual. Os elementos vitais do domínio dirigido são distância física e tempo – no começo, a criança está longe do objeto que provoca a ansiedade e a exposição por pouquíssimo tempo. Depois, a distância é reduzida e o tempo aumentará aos poucos. Também é útil seguir um roteiro (algo que ela possa dizer na situação) e uma tática que possa usar (como parada de pensamento ou qualquer coisa que desvia a atenção);
3. As preocupações e medos tratados nessa abordagem são: (1) ansiedade por separação (infelicidade ou preocupação por estar longe de um amigo ou familiar, geralmente pai ou mãe); (2) situações inéditas ou desconhecidas; e (3) pensamento obsessivo ou catastrófico (medo de que algo ruim aconteça). Essa abordagem deve funcionar para os três tipos de ansiedade, embora as estratégias variem.

Exemplo de Quadro de Preocupações

Fico preocupado quando...

1. Tenho prova na escola.
2. Tenho que chutar uma bola no jogo.
3. Tenho que falar na frente de um grupo.

Quando fico nervoso...

1. Meu coração bate muito rápido.
2. Meu estômago embrulha.
3. Não consigo pensar com clareza.

Quando eu estiver nervoso ou preocupado, posso...

1. Fazer um desenho de minha preocupação e depois usá-lo.
2. Usar uma técnica de relaxamento.
3. Conversar diretamente com minhas preocupações.
4. Ouvir música.

Fonte: *Inteligente mas Disperso* de Peg Dawson e Richard Guare. nVersos, 2022.

Meu Quadro de Preocupações

Fico preocupado quando...

Quando fico nervoso...

Quando eu estiver nervoso ou preocupado, posso...

Fonte: *Inteligente mas Disperso* de Peg Dawson e Richard Guare. nVersos, 2022.

18. Aprender a lidar com mudanças de planos

Habilidades executivas abordadas: controle emocional (Capítulo 13), flexibilidade (Capítulo 19).

Idades: de 3 a 14 anos.

Para ajudar o seu filho a aceitar mudanças de plano sem irritação ou desgaste, você precisa de trabalho avançado e muita prática. Sempre que possível, apresente seus planos a ele com antecedência, antes que a criança tenha criado uma agenda própria para determinado período de tempo. Nesse ínterim, tente acostumar a criança a mudanças pequenas e esporádicas, aumentando-lhe aos poucos a tolerância a surpresas.

1. Sente-se com o seu filho e defina uma programação de atividades e tarefas. Isso significa criar organização e rotina para o dia, ou simplesmente fazer uma lista de eventos que já fazem parte dela. Inclua qualquer atividade que implique "ter que..." (horários das refeições, hora de dormir etc.) e outras atividades regulares (como lições e esportes);
2. Tente não estabelecer horários precisos para as atividades, exceto quando necessário (como eventos esportivos e lições), optando por períodos de tempo. Por exemplo, o jantar pode ser por volta das 17:00, isto é, entre 16:30 e 17:30;
3. Explique ao seu filho que as mudanças ou "surpresas" podem aparecer a qualquer momento, a despeito de planos e programações já definidos. Dê exemplos, como: em vez de peixe, vamos comer pizza no jantar; você pode brincar lá fora por mais 20 minutos; precisamos ir ao dentista hoje;
4. Crie um visual para a agenda, com atividades escritas em um cartão ou uma série de imagens, e cole-o no mínimo em dois lugares, como a cozinha e o quarto da criança. Faça um cartão "Surpresa!" para a agenda e explique quando uma mudança estiver próxima, você lhe mostrará o cartão, dirá qual é a mudança e a acrescentará na agenda (mesmo que a mudança seja uma surpresa para todos, ainda assim você apanha o cartão e segue o mesmo processo);
5. Reveja a agenda com seu filho na noite anterior e/ou na manhã do dia;
6. Comece a introduzir mudanças e mostrar o Cartão Surpresa. No início, essas surpresas devem ser agradáveis, como brincar por mais tempo, sair para tomar sorvete, jogar com os pais. Aos poucos, inclua mais mudanças "neutras" (suco de maçã em vez de laranja, um tipo de cereal matinal no

lugar de outro). Por fim, inclua mudanças menos agradáveis (a criança não pode fazer uma atividade divertida por causa do mau tempo).

Modificações/ajustes

Se o Cartão Surpresa e a inserção gradual de mudanças não forem suficientes, há outras abordagens. Quando possível, introduza a mudança muito antes do evento, para que a criança tenha tempo de se ajustar devagar em vez de rapidamente. Dependendo da reação dela às mudanças menos agradáveis (choro, resistência, reclamação), converse sobre outros comportamentos que pode utilizar, dos quais permitiriam o protesto de uma maneira aceitável (como, por exemplo, preencher um Formulário de Reclamações). Você pode também dar uma recompensa por maneiras eficientes de lidar com a mudança. Lembre-se de que a reatividade a mudanças diminui com o tempo de exposição da criança às situações e também com o sucesso das negociações. Se a exposição for gradual e não envolver, no começo, circunstâncias muito frustrantes ou ameaçadoras, seu filho pode se tornar mais flexível.

Lidar com mudanças de plano e agenda

Programação diária

Data: _____

Hora	Atividade

Surpresa:

Formulário de reclamações

Data: _____

Natureza da reclamação:

Por que você acha que a situação foi injusta:

Como você queria que fosse:

From: *Inteligente mas Disperso* de Peg Dawson e Richard Guare. nVersos, 2022.

19. Aprender a não chorar por coisas sem importância

Habilidades executivas abordadas: controle emocional (Capítulo 13), flexibilidade (Capítulo 19).

Idades: de 3 a 14 anos.

Quando as crianças choram por coisas sem importância, habitualmente é porque tentam comunicar que desejam carinho, e usam esse método porque foi eficaz no passado. Assim, o objetivo desse método não é ensinar as crianças a serem soldados valentes, mas sim ajudá-las a encontrar outro modo de obter as coisas. A ideia é convencê-las a usar palavras em vez de lágrimas naquelas situações em que o choro não é uma reação apropriada.

1. Explique ao seu filho que o choro excessivo faz com que as pessoas tenham dificuldades de se relacionar com ele e que você quer ajudá-lo a encontrar outros meios de lidar com os sentimentos quando estiver chateado, para que isso não aconteça;

2. Explique que é preciso usar palavras em vez de lágrimas quando estiver chateado. Ensine-o a classificar os sentimentos ("Estou chateado", "Estou triste", "Estou zangado" etc.);
3. Diga que será bom explicar o que causou os sentimentos (por exemplo, "estou chateado porque queria que Joey viesse brincar, mas, quando liguei, ninguém atendeu", ou "Estou com raiva porque perdi o jogo");
4. Quando a criança não puder usar palavras, valorize os sentimentos dela (por exemplo, "sei que você está chateado, decepcionado por não poder brincar com seu amigo"). Frases assim comunicam à criança que você a entende e se solidariza com ela;
5. Avise a criança com antecedência o que acontecerá quando surgir uma situação perturbadora. Ela pode ter um roteiro providenciado pelos pais para lidar com tal situação. Oriente, por exemplo, assim: "Quando tiver vontade de chorar, diga 'estou com raiva', 'estou triste', 'preciso de ajuda', ou 'preciso de um tempo'. Se fizer isso, vou ouvir e tentar entender o que você sente. Mas se começar a chorar, vai ficar sozinho. Eu saio de perto ou mando você para o quarto até parar". No começo, talvez você precise lembrar seu filho do procedimento, preparando-o para seguir o roteiro quando a situação perturbadora ocorrer;
6. Assim que a criança começar a chorar, não deixe ninguém por perto lhe dar atenção (ninguém mesmo, seja irmãos, pai ou mãe, avós etc.), assim, todos compreenderão o processo. Sem essa atenção, o choro gradualmente diminui (embora, no início, talvez piore);
7. O objetivo aqui não extinguir *todo e qualquer choro* (pois há razões legítimas para uma criança chorar). A regra para identificar o choro apropriado é você considerar a média das crianças na idade de seu filho. Chorar seria uma reação natural àquela circunstância? O choro é legítimo, por exemplo, quando há dor física ou se ocorrer um infortúnio sério com a criança ou alguém próximo.

Modificações/ajustes

Se o seu filho chora compulsivamente, é possível oferecer um reforço para ajudá-lo a usar palavras em vez de lágrimas. Dependendo da idade, ele pode receber adesivos ou pontos por falar em vez de chorar, ou por passar determinado período de tempo sem choro. Antes de determinar a duração desse período, parta do zero, verificando a frequência com que a criança chora hoje. Um diário da frequência, da duração e do evento que provocou o choro pode ajudar. Incluímos a seguir um "contrato" que você pode fazer com seu filho sobre isso. O contrato pode variar de acordo com a idade, sendo preenchido com palavras, imagens ou ambas.

Diário dos Aborrecimentos

Data	Hora	Duração do aborrecimento	Evento que desencadeou

Em vez de chorar, posso fazer isto:

Se eu não chorar quando fico chateado, acontecerá isto:

Se eu chorar por coisas bobas, acontecerá isto:

Fonte: *Inteligente mas Disperso* de Peg Dawson e Richard Guare. nVersos, 2022.

20. Aprender a resolver problemas

Habilidades executivas abordadas: metacognição (Capítulo 21), flexibilidade (Capítulo 19).

Idades: de 7 a 14 anos; embora a metacognição em sua forma mais avançada seja uma das últimas habilidades desenvolvidas, você pode trabalhar na resolução de problemas com seus filhos mais novos (veja o respeitadíssimo programa *I Can Problem Solve*, de Myrna B. Shure, PhD, para crianças em idade pré-escolar).

1. Converse com o seu filho sobre o problema. Essa conversa geralmente inclui três passos: (a) solidarizar-se com a criança, deixando claro que o que ela sente é levado em consideração ("Estou vendo que você está com muita raiva por causa disso" ou "Deve ser muito irritante mesmo"); (b) ter um entendimento *geral* do problema ("Deixe-me ver se entendi: Você está chateado porque seu amiguinho não vem brincar"); e (c) definir melhor o problema para os dois discutirem sobre as soluções ("Você tem a tarde inteira livre, e não sabe o que fazer");
2. Discutir a respeito das soluções. Junto com seu filho, pense em quantas atitudes diferentes podem ser tomadas para resolver o problema. Faça isso dentro de um limite de tempo (por exemplo, 2 minutos), acelerando assim o processo ou deixando-o menos vago. Anote todas as soluções possíveis. Nesse ponto, não critique nada, pois a crítica sufoca o processo do pensamento criativo;
3. Peça à criança que examine todas as soluções e escolha a preferida. Ela pode começar circulando entre as três ou cinco melhores e, depois, reduzindo a escolha, enquanto vocês falam dos prós e contras de cada uma;
4. Pergunte à criança se ela precisa de ajuda na execução da solução escolhida;
5. Fale sobre o que acontecerá se a primeira solução não der certo. A criança pode escolher outra ou analisar onde a primeira falhou e, então, consertá-la;
6. Elogie seu filho por encontrar uma solução boa (e faça outro elogio depois que ela for implementada).

Modificações/ajustes

Esta é uma abordagem padrão de resolução de problemas, que pode ser usada para todos os problemas, inclusive os interpessoais, bem como os obstáculos que impedem a criança de obter o que deseja ou precisa. Às vezes, a melhor solução é encontrar um meio de superar os obstáculos, enquanto em outras circunstâncias os pais devem ajudar os filhos a lidar com o fato de que nem sempre é possível ter o que desejam.

Outras vezes, o processo de resolução de problemas culmina em uma negociação, na qual você e seu filho concordam quanto ao que fazer para chegar a uma solução satisfatória. Nesse caso, explique à criança que a solução precisa ser útil para os dois. Tente explicar a ela como são feitos os contratos de trabalho para que tanto o empregador quanto o empregado tenham certa vantagem.

Depois de usar o processo (e a planilha) com o seu filho para diversos problemas, ele poderá utilizar a planilha sozinho. Já que o objetivo é fomentar a resolução de problemas sem o auxílio dos pais, peça ao seu filho que preencha a Planilha de Resolução de Problemas sem consultar você (se conseguir). Por fim, a criança internalizará o processo e poderá resolver problemas de "olhos fechados".

Planilha para Resolução de Problemas

Qual é o meu problema?

O que posso fazer para resolver o meu problema?

O que vou tentar primeiro?

Se não der certo, o que posso fazer?

Como foi? Minha solução funcionou?

O que posso fazer diferente da próxima vez?

Fonte: *Inteligente mas Disperso* de Peg Dawson e Richard Guare. nVersos, 2022.

11
Desenvolver inibição de resposta

Inibição de resposta é a capacidade de pensar antes de agir, de resistir ao ímpeto de dize
r ou fazer algo antes de avaliar a situação. Nos adultos, a *ausência* dessa habilidade é mais evidente ao observador casual que a presença dela, porque as pessoas, em sua maioria, mantêm um nível de autocontrole que lhes possibilita funcionar em casa e no trabalho. No caminho até a idade adulta, geralmente por meio de experiências dolorosas, a maioria de nós aprende a pensar antes de agir. Quando nos deparamos com alguém que se destaca devido à falta de inibição de resposta, usamos as mais variadas metáforas e outras expressões para descrever o comportamento resultante, dizemos que a pessoa "é pavio curto", ou comentamos que "em boca fechada não entra mosquito".

Algumas pessoas exercem essa habilidade executiva muito bem até ocorrer uma situação de forte carga emocional. Nos dias de hoje, permeados de comunicação instantânea, *e-mails* de conteúdo irritadiço, dos quais o remetente logo se arrepende – ou depois de receber uma resposta também irritada –, são frutos da fraca inibição de resposta. Nossa capacidade de pensar antes de agir também se abala quando sofremos impacto físico do álcool, ou de horas de sono insuficientes, ou de grande estresse. Se você tira conclusões apressadas, ou age antes de conhecer todos os fatos, ou diz o que vem à cabeça sem pensar, talvez também não possua inibição de resposta. Para ajudar seus filhos a vencer o problema da falta dessa habilidade executiva, caso você também sofra com isso, veja as sugestões no Capítulo 3.

Como se desenvolve a inibição de resposta

Como já mencionamos, a inibição de resposta aparece na tenra infância. Em sua forma mais rudimentar, essa habilidade permite ao bebê "escolher" entre reagir e não reagir a qualquer coisa à sua frente. Antes do surgimento da inibição de resposta, o bebê está à mercê do ambiente. Se algo entra em seu campo de visão, ele é obrigado a olhar, pelo menos até discernir o objeto. Com a inibição de resposta vem a capacidade de ignorar, de não ceder às interrupções de outra coisa que o bebê esteja fazendo. Com o desenvolvimento da linguagem, a capacidade de inibir as reações se torna mais apurada, pois o bebê consegue internalizar regras que lhe são passadas (por exemplo, "não toque no fogão, está quente").

Assim como a persistência orientada por metas, em sua forma mais complexa, pode ser a habilidade executiva culminante que define o adulto maduro, a inibição de resposta é a habilidade que possibilita o desenvolvimento de todas as outras. Uma criança à mercê de seus impulsos não pode inicializar, sustentar atenção, planejar, organizar ou resolver problemas com eficácia. Aquela que desenvolve uma capacidade forte de inibir seus impulsos tem uma vantagem significativa na escola, nas amizades e, por fim, na escolha e realização de metas.

Um estudo famoso realizado muitos anos atrás mostrou que as crianças variam em sua capacidade de inibir respostas quando são muito novas, e que essas variações preveem níveis diversos de sucesso em seu desenvolvimento posterior. Crianças de 3 anos de idade foram deixadas sozinhas em uma sala com um *marshmallow*, tendo a escolha de comê-lo ou esperar até o cientista voltar e trazer mais dois doces. Por trás do que parecia um espelho, os pesquisadores observaram algumas crianças controlarem o impulso de comer o único *marshmallow* conversando consigo mesmas, não olhando para o doce, ou procurando outra coisa para desviar a atenção. Na retomada do estudo, vários anos depois, descobriram que as crianças com boa inibição de resposta (quando tinham 3 anos) conseguiam agora notas melhores na escola, eram menos propensas a ter problemas com a Justiça e se davam bem em vários outros aspectos.

Embora as crianças se tornem mais hábeis no uso da maioria das habilidades executivas com o tempo, o desenvolvimento da inibição de resposta pode nem sempre seguir uma trajetória exata. Essa habilidade pode, inclusive, ser mais suscetível a disfunção na adolescência. Em estudos sobre as mudanças do cérebro nessa faixa etária, neurocientistas descobriram que existe uma "desconexão" entre os centros inferiores do cérebro, onde se processam as emoções e os impulsos, e o córtex pré-frontal, onde são tomadas as decisões racionais. Lentamente, no decorrer da adolescência e até na idade adulta, essas conexões ficam mais fortes e mais rápidas (por meio da poda e da mielinização, conforme descrito no Capítulo 1), permitindo aos jovens contrabalançar emoção e razão. Enquanto não forem firmes, os jovens tendem a tomar decisões precipitadas, com base na "intuição", sem a ancoragem do bom julgamento proporcionado pelos lobos frontais.

Até então, os adolescentes passam por outras mudanças de desenvolvimento que desafiam o controle de impulsos. Ganhar autonomia é uma tarefa vital do desenvolvimento, facilitada quando os adolescentes recebem forte influência de seus pares e, ao mesmo tempo, começam a desafiar a autoridade dos pais. Infelizmente, embora essa alteração os ajude a ficar independentes, também os deixa potencialmente mais impulsivos. E para complicar as coisas, a sociedade em geral começa a afrouxar os controles, dando aos adolescentes muito mais liberdade de como passar o tempo e com quem desfrutá-lo. Apesar de essencial, esse afrouxamento pode culminar em decisões erradas. Quando temos sorte, essas decisões erradas resultam em boas lições aprendidas, sem danos permanentes a nossos filhos ou para qualquer outra pessoa. Mas podemos aumentar a sorte nessa área se ajudarmos ativamente nossos filhos a aprender a controlar seus impulsos.

Como a capacidade do seu filho de controlar impulsos combina com o desenvolvimento apropriado? A escala no questionário a seguir pode ajudar você a encontrar a resposta, confirmando ou negando sua análise preliminar a partir do Capítulo 2, dando-lhe a oportunidade de examinar com mais atenção a frequência com que usa essa habilidade.

Até que ponto o seu filho consegue inibir impulsos?

Use esta escala para classificar o nível de desempenho de seu filho em cada uma das tarefas listadas. Em cada nível, o ideal é que a criança se saia relativamente bem, até muito bem.

Escala

0 – Nunca ou raramente.
1 – Faz, mas não bem (cerca de 25% do tempo).
2 – Faz relativamente bem (cerca de 75% do tempo).
3 – Faz muito bem (sempre ou quase sempre).

Pré-Escola/Jardim de Infância

(   ) Age corretamente em situações de perigo óbvio (ex.: não correr na rua atrás de uma bola, olhar para os dois lados antes de atravessar).

(   ) Compartilha brinquedos sem agarrar tudo.

(   ) Consegue esperar algum tempo quando e se um adulto pedir.

Fundamental I (6 a 11 anos de idade)

(   ) Consegue seguir regras simples de sala de aula (ex.: erguer a mão antes de falar).

(   ) Consegue se aproximar de outra criança sem necessidade de contato físico.

(   ) Consegue esperar até pai/mãe sair do telefone para contar algo (talvez com lembretes disso).

Fundamental II (11 a 15 anos de idade)

(   ) Lida com conflitos com colegas sem briga física (pode perder a calma).

(   ) Segue regras em casa e na escola sem presença imediata de adultos.

(   ) Acalma-se ou se controla em situações de forte carga emocional se incentivado por um adulto.

Ensino Médio (15 a 17 anos)

(   ) Capaz de evitar confrontos ou provocações de um colega.

(   ) Diz "não" a atividade divertida se já foram feitos outros planos.

(   ) Evita dizer coisas ofensivas em grupos de amigos.

Fonte: *Inteligente mas Disperso* de Peg Dawson e Richard Guare. nVersos, 2022.

Se você atribuiu ao seu filho 2 ou mais para cada habilidade, provavelmente ele não tem um grande déficit na inibição de resposta, mas pode precisar de alguns ajustes. Se recebeu 0 ou 1 em tudo, você precisará ensinar a habilidade diretamente. Fornecemos alguns cenários detalhados, reproduzindo situações que os pais costumam nos relatar, caso você precise de auxílio para elaborar uma estratégia de intervenção. Após a descrição de uma intervenção que usamos, damos um modelo que subdivide a intervenção de acordo com os elementos discutidos na primeira metade do livro. Em cada situação, descrevemos as modificações ambientais e uma sequência de instruções para as habilidades e um incentivo para encorajar a criança a usá-las. Não se esqueça de usar as nossas dicas no Capítulo 3 para aumentar as chances de sucesso com essas intervenções, se você e seu filho tiverem uma inibição de resposta fraca.

Desenvolver a inibição de resposta em situações diárias

- *Pressuponha sempre que as crianças mais novas têm muito pouco controle de impulso.* Parece óbvio, mas quando você tem um filho inteligente e dispuso, ênfase em *inteligente*, é fácil esquecer que a inteligência natural não se traduz em inibição de resposta se ele tiver 4, 5 ou 6 anos de idade. Embora essa habilidade comece a se desenvolver na fase bebê, crianças na Pré-Escola e no 1º ano são muito impetuosas, seja para pedir um sorvete com quatro bolas em vez de uma, dormir mais tarde porque estão sem sono, ou correr pelo estacionamento da escola porque viram um amiguinho, mesmo que o local esteja cheio de carros tentando chegar à rua. O ato de afastar as tentações, como o controle das guloseimas, ou de estabelecer rotinas como a hora de dormir, ou ainda criar regras de comportamento (ter boas maneiras à mesa e compartilhar brinquedos com os colegas), ou supervisionar atentamente situações que podem pôr a criança em perigo (estacionamento cheio), impõe limites aos nossos filhos e os acostuma ao controle de impulsos, encorajando a inibição de resposta;

- *Ajude seu filho a aprender a esperar pela gratificação, usando períodos formais de espera por aquilo que ele quer.* Aprender a esperar é a base para habilidades executivas mais sofisticadas que desejamos desenvolver em nossos filhos com o tempo. Se o seu filho tem dificuldade para esperar, programe um temporizador de cozinha e explique que quando tocar, poderá fazer o que pediu. A princípio, o tempo pode ser curto e, aos poucos, ser ampliado.

Agendas do tipo "primeiro isso, depois aquilo" podem ter os mesmos propósitos ("Primeiro você faz sua lição de soletrar, depois pode jogar videogame");

- *Outra forma de ensinar às crianças a esperar pela gratificação e inibir seus impulsos é pedir que cumpram alguma tarefa de merecimento.* Se for muito difícil, indique-lhes um meio visível de marcar o andamento, como um gráfico ou quadro com adesivos;

- Ajude as crianças a entender que o mau controle de impulsos traz consequências. Em alguns casos, serão eventos que ocorrerão naturalmente (se seu filho vive batendo nos colegas de brincadeiras, logo não brincarão mais com ele), enquanto em outros você precisará impor as consequências ("Se não quer dividir o videogame com seu irmão, vou tirá-lo de você por um tempo");

- *Prepare seu filho para situações que exigem controle de impulsos, conversando sobre o assunto antes.* Pergunte: "Quais são as regras para jogar videogame?" ou "O que você fará se houver uma fila de crianças para o escorregador maior no parquinho?";

- *Encene práticas de inibição de resposta.* Assim como os adultos, as crianças podem ter maior dificuldade para controlar seus impulsos em situações de forte carga emocional, ou se estiverem muito cansadas ou excessivamente estimuladas (nas férias, por exemplo). Nesses casos específicos, encene um dilema complicado, fazendo o papel de alguém que desafie a capacidade de seu filho de pensar antes de agir ou falar;

- *Indique ao seu filho quando irá entrar em uma situação que exige determinado comportamento e recompense-o por demonstrar autocontrole.* Digamos que o pai ou a mãe estejam empenhados em ajudar a criança a evitar brigas físicas quando ela sai para brincar com os vizinhos. Antes de a criança sair, pergunte: "Que comportamento queremos que você tenha?", e observe o que acontece. Ofereça uma recompensa logo depois de a criança mostrar que praticou o autocontrole. É importante que o pai ou a mãe estejam presentes (ou pelo menos, olhem de perto, talvez através da janela), a fim de observar o comportamento diretamente em vez de confiar nas palavras da criança. Sua presença é importante também para elogiar o comportamento positivo de seu filho, quando ocorrer;

- *Consulte a rotina 16, no Capítulo 10, para uma sequência geral que ensina as crianças a controlar comportamentos impulsivos.*

O maior sonho dos pais: reduzir interrupções durante telefonemas ou conversas importantes

Mekhi, de 6 anos de idade, é o caçula entre as duas crianças da família. Consegue brincar sozinho por períodos curtos de tempo, mas prefere ter um amigo com quem brincar, ou um dos pais, se possível. Sua irmã de 9 anos de idade não tem muita paciência para as brincadeiras favoritas dele. Os pais de Mekhi, principalmente a mãe, ficam frustrados com as interrupções do filho quando estão ao telefone ou quando alguém toca a campainha. Por exemplo, o menino está olhando as imagens de um livro e o telefone toca. Assim que a mãe o atende, Mekhi se aproxima. Às vezes, fica repetindo uma pergunta: "Mãe, vamos jogar?" ou reclama que a irmã o tratou mal. Geralmente, puxa o braço da mãe, ou se senta no colo dela, ou toca-lhe o rosto. O pai de Mekhi também sofre as mesmas interrupções, mas não se incomoda muito, porque fica menos tempo em casa; portanto, é a mãe que mais se perturba com esse comportamento.

Os pais de Mekhi tentaram várias técnicas para lidar com essas interrupções. Se o telefonema for curto, alternam entre ignorar o garoto e mandá-lo ficar quieto. De vez em quando, se for uma chamada importante, tentam "subornar" o silêncio, prometendo um brinquedo novo. Às vezes, adiam o telefonema. Quando a importunação do menino é demais, os pais o ameaçam de alguma consequência após desligarem o telefone. Nenhuma dessas abordagens teve muito sucesso e os pais gostariam que Mekhi começasse a controlar, por conta própria, esse comportamento.

Perguntam ao garoto se pode ajudá-los a resolver um problema. Descrevem o problema e explicam que é importante para os dois falarem e escutarem as outras pessoas no telefone. Oferecem alguns exemplos e Mekhi também dá exemplos de quando fala ao telefone. Os pais lhe perguntam o que poderia fazer em vez de interromper os telefonemas dos dois. O menino sugere brincar com caminhõezinhos ou assistir TV. O tempo de televisão é limitado a determinada parte do dia; por isso, os pais pedem outra ideia, e Mekhi escolhe brincar com Lego. Mekhi faz um cartão com desenhos de caminhões e outro de Lego e, com ajuda, escreve as palavras embaixo de cada desenho. Os cartões ficam perto do telefone e, quando ele tocar ou quando mamãe ou papai fizerem uma ligação, mostram-nos a Mekhi, que escolhe uma ou outra atividade. Nas primeiras semanas, os pais "praticam" falar ao telefone ou pedem a parentes e amigos que liguem de vez em quando, assim Mekhi pode pôr em prática o plano. Percebem que nos primeiros estágios dessa prática, os telefonemas devem ser curtos, e notam também que é necessário reforçar o comportamento desejável de Mekhi frequentemente (pelo menos, duas vezes por minuto), dizendo-lhe que está brincando muito bem. Nos primeiros dias, sempre que se esqueciam de fazer isso, o garoto parava de brincar e ia perturbá-los. A partir daí, entenderam que era necessário elogiá-lo antes que os interrompesse. Pais e filho, então, fizeram um acordo: se ele cumprir o que combinaram, ganha mais peças de Lego ou caminhõezinhos para sua coleção.

Passo 1: Definir um comportamento desejado

Habilidade executiva abordada: Inibição de resposta.

Comportamento específico desejado: Brincar sozinho e não interromper as conversas dos pais.

Passo 2: Elaborar uma intervenção

Que suportes ambientais estarão disponíveis para ajudar a alcançar o objetivo?

- Acesso aos brinquedos favoritos;
- Cartão com desenhos de escolhas;
- Sinal dos pais para escolher cartão quando estiverem ao telefone.

Que habilidade específica será ensinada, quem a ensinará e que procedimento será usado?

Habilidade: Inibição de resposta (aprender a brincar sozinho, em vez de chamar os pais quando estão ao telefone).

Quem vai ensinar as habilidades? Os pais.

Procedimento:

- Mekhi escolhe duas atividades lúdicas favoritas;
- Os pais fazem cartões de imagens para essas atividades;
- Quando os pais fazem uma ligação ou o telefone toca, mostram os cartões a Mekhi e ele escolhe a atividade;
- Durante a chamada, os pais elogiam Mekhi por continuar brincando.

Que incentivos serão usados para motivar a criança usar/praticar a habilidade?

- Os pais elogiam Mekhi por brincar;
- Os pais dão mais itens para a coleção de brinquedos de Mekhi, se ele cumprir o combinado.

Trégua: acabar com as brigas entre irmãos

Evan, 13 anos de idade, está no 8º ano. É o tipo de garoto que não consegue ouvir um comentário de ninguém sem reagir. É rápido e engraçado, mas seus comentários sarcásticos e inapropriados já lhe causaram problemas.

Evan tem dois irmãos mais novos, um com 10 anos e outro com 7 anos de idade. Ele e os irmãos sempre tiveram conflitos, mas a situação piorou no último ano, desde que Evan começou o 8º ano. Como muitos irmãos mais velhos, Evan acha os irmãozinhos irritantes. Às vezes, a mera presença deles o incomoda, mas sente que os dois agravam a situação com seus comentários "bobos" e quando competem pela televisão, pelo videogame e por atenção na hora do jantar.

Evan acha que a idade tem seus privilégios, e preferiria que os irmãos só abrissem a boca quando alguém mandasse. Claro que os dois não concordam. A mãe sabe que, às vezes, os mais novos querem a atenção dele. Ela sente que, sendo o mais velho, Evan deveria relevar algumas coisas e tolerar os comentários e o comportamento dos irmãos mais novos. O jovem não só é incapaz disso, mas reage rapidamente a qualquer comentário dos irmãos, gritando e, às vezes, ameaçando-os.

A situação chegou a um ponto que quando Evan e um ou os dois irmãos estão em casa, acabam brigando. A mãe atua como juíza, tendo que disciplinar Evan por sua reação exagerada. Ela não aguenta mais. Embora entenda que todos os meninos colaboram para aquele clima, acha que, se Evan fosse menos reativo, conseguiria controlar os outros dois.

A mãe tenta conversar com o primogênito sobre a situação e bolar um plano. Ele admite que não gosta de brigar o tempo todo, mas não consegue se conter. Sente que merece certa privacidade e acredita que se controlaria melhor se não ficasse tanto perto dos irmãos. Concomitantemente, dá atenção ao que a mãe diz e se mostra disposto a passar algum tempo (pouco) com os irmãos mais novos, desde que sob controle.

Evan e a mãe concordam que o quarto dele é seu espaço particular e os irmãos não podem entrar sem permissão. No começo, ele concorda em participar de alguma coisa com os irmãos uns 20 minutos por dia, em dias úteis, e 30 minutos no fim de semana, não contando os horários da família reunida, como refeições e atividades familiares planejadas. Evan acha – e a mãe concorda – que as brigas serão menos frequentes se o tempo for estruturado; assim, concordam em usar uma lista de brincadeiras e outras atividades preferidas dos irmãos para que escolham e brinquem com Evan. Ele se dispõe a brincar de qualquer coisa que os dois mais novos escolherem e diz que tentará não brigar por causa das regras, nem as corrigir, pois o momento é dos irmãos. Evan os informará quando estiver disponível, colocando um aviso na porta de seu quarto, escrito *disponível* de um lado e *não disponível* de outro.

As reações verbais imediatas de Evan são um pouco mais difíceis de administrar. Primeiro, a mãe concorda que, se ouvir um dos meninos o importunando (com piadas ou insultos), vai repreendê-lo. Não aceitará, porém, relatos de Evan sobre os irmãos. Além disso, acha que o filho mais velho precisará de lembretes de certos incentivos para controlar seu comportamento. Faz tempo que ele quer um telefone celular e, embora a mãe já planejasse lhe dar um, nunca prometeu nada. Então, propõe que quando Evan não estiver em seu quarto, a cada duas horas sem reagir nem brigar com os irmãos, lhe dará um ponto. Acredita que o filho ganhará de 2 a 3 pontos por dia e mais nos fins de semana. Ela diz a Evan que o lembrará do acordo todos os dias. Se no decorrer de duas horas ele brigar, a contagem do tempo recomeça. Assim que Evan alcançar 100 pontos, a mãe comprará para ele um celular e, em seguida, ganhará créditos com os pontos. Embora esse sistema exija um monitoramento intenso por parte da mãe, o preço é pequeno por eliminar o estresse causado pelas brigas. Em casa, Evan cria o hábito de ignorar os comentários dos irmãos, e até gosta do tempo que os três brincam juntos. A mãe está feliz porque vê uma diminuição das brigas. Dali a cinco semanas, consegue usar uma abordagem mais informal para Evan ganhar créditos para o seu telefone. Ela e Evan analisam como foi o dia antes de dormir. Se concordam que foi ótimo, ele ganha o número máximo de minutos. Se foi apenas *bom*, ele ganha uma quantidade menor, e se decidem que foi muito ruim, não ganha crédito nenhum. Se mãe e filho discordam quanto à classificação, retornam ao sistema de pontos mais formal.

Chaves do sucesso

Não espere para reforçar o comportamento desejado. Às vezes, os pais se sentem tolos elogiando o filho por praticar a atividade escolhida quando está nela só há 1 minuto. Mas, como logo descobriram os pais de Mekhi, se você esperar, deixará uma janela aberta para seu filho abandonar a atividade e buscar atenção, comprometendo totalmente o exercício.

Não pense que o sucesso rápido significa que o problema foi resolvido. Na maioria dos casos, se você seguir o plano e prestar atenção à criança em intervalos curtos, logo verá sucesso. Será fácil, então, confiar demais – ou simplesmente esquecer-se de elogiar a criança porque não há interrupção. Mas se abandonar esse exercício prematuramente, o antigo padrão de comportamento voltará – e parecerá que o plano fracassou. A atenção deve diminuir aos poucos (por exemplo, a cada 30 segundos, depois a cada 45 ou 60, e assim por diante), até a criança conseguir se envolver nas atividades por 5 a 10 minutos ou mais, sem interrupções. O tempo que se envolve com algo depende um pouco da idade; por isso, com crianças mais novas (Jardim de Infância até primeiros anos do Ensino Fundamental), você precisa interagir frequentemente.

Passo 1: Definir o comportamento desejado

Habilidade executiva abordada: Inibição de resposta.

Comportamento específico desejado: Evitar comentários ameaçadores em reação aos comentários dos irmãos.

Passo 2: Elaborar uma intervenção

Que suportes ambientais estarão disponíveis para ajudar a alcançar o objetivo?

- Privacidade de espaço e tempo;
- A mãe vai julgar os comentários dos irmãos feitos a Evan;
- Atividades estruturadas e tempo limitado para interação entre os irmãos.

Que habilidade específica será ensinada, quem a ensinará e que procedimento será usado?

Habilidade: Inibição de resposta (indicando disponibilidade para os irmãos e controlando a reação aos comentários dos dois).

Quem ensinará as habilidades? A mãe.

Procedimento:

- Evan determina quando está disponível e quando não está;
- Ele concorda com as atividades estruturadas em tempo limitado para brincar com os irmãos;
- A mãe estabelece fronteiras e repreende comentários inaceitáveis dos irmãos;
- A mãe lembra Evan todos os dias de inibir sua reação aos irmãos;
- Evan sai da situação e vai para seu quarto, caso se sinta frustrado.

Que incentivos serão usados para motivar a criança usar/praticar a habilidade?

- Evan tem a garantia da privacidade de tempo e espaço;
- Evan ganha um telefone celular e créditos regularmente.

Chaves do sucesso

- *Coerência é vital desde o começo.* Evan precisa ver que a mãe está se esforçando para disciplinar seus irmãos mais novos quando dizem algo que o aborrece. Se isso não acontecer, ele achará que o sistema é injusto e voltará às reações anteriores. Se você não trata do comportamento dos irmãos mais novos em uma intervenção assim, achando que "não é nada demais" e esperando que a criança mais velha os ignore, o plano fracassa;
- *Preveja que alguma briga ainda ocorra, pois não é possível ver tudo o que se passa entre os irmãos.* A mãe de Evan se recusou a ouvir comentários dele sobre um comportamento que ela não testemunhou, o que faz sentido. Mas significa que *há* comportamentos não vistos pelos pais. Se isso virar um problema, crie uma regra para que cada criança vá para o seu quarto assim que começar uma briga, e fique lá no mínimo 15 minutos;
- *Se o plano parece não funcionar, talvez você tenha deixado as crianças brincarem juntas por tempo demais, no começo.* Vinte minutos podem ser muito tempo para Evan brincar com os irmãos; nesse caso, um período de brincadeira mais curto pode ter um resultado melhor.

12
Aprimorar a memória de trabalho

A memória de trabalho é a capacidade de reter informações na mente enquanto são executadas tarefas complexas. Contamos com a memória de trabalho o tempo todo. É a capacidade de correr até o supermercado para comprar algumas coisas sem a necessidade de uma lista. Assim como quando você se lembra de parar na lavanderia ao voltar para casa depois do trabalho, você está usando a memória de trabalho. Quando procura um número de telefone e se lembra dele o suficiente até teclar, você está usando a memória de trabalho. Quando seu cônjuge lhe pede algo e você diz: "Faço isso assim que terminar de lavar a louça", e realmente se lembra, é um sinal de que sua memória de trabalho está muito boa. Entretanto, não estará tão boa se você esquecer o aniversário de alguém, ou só conseguir fazer metade de suas tarefas porque não marcou na agenda, ou evitar apresentar as pessoas em uma festa porque se esqueceu dos nomes delas. Nesse caso, use as dicas no Capítulo 3 para aperfeiçoar a memória de trabalho de seu filho se a sua também for fraca.

Como se desenvolve a memória de trabalho

A memória de trabalho começa a se desenvolver muito cedo, na tenra infância. Quando você brinca com um bebê e esconde o brinquedo favorito debaixo de um cobertor, saberá que o bebê está usando a memória de trabalho se ele levantar o cobertor para pegar o brinquedo. Isso ocorre porque o pequeno é capaz de reter uma imagem do brinquedo na mente, além da lembrança do que você fez para escondê-lo.

As crianças desenvolvem memória de trabalho não verbal antes da verbal, pois essa habilidade começa a surgir antes da linguagem. Quando as crianças desenvolvem a língua, porém, a memória de trabalho expande, pois já contam com imagens visuais e linguagem para acessar informações.

Como vimos no primeiro capítulo, quando crianças e adolescentes realizam tarefas que exigem habilidades executivas como a memória de trabalho, contam com o córtex cerebral para realizar todo o trabalho, em vez de distribuir a carga a outras regiões especializadas do cérebro, como fazem os adultos. Portanto, a ativação da memória de trabalho exige mais esforço consciente das crianças e dos adolescentes que dos adultos, o que explicaria por que são menos inclinados a usar essa habilidade para completar tarefas diárias.

Temos uma tendência natural a limitar nossas expectativas para a memória de trabalho nas crianças muito novas. Esperamos que, antes dos 3 anos de idade, só se lembrem de coisas muito próximas em espaço e tempo. Se quisermos que façam alguma coisa, não dizemos: "Você se importa de guardar os brinquedos para depois assistir ao desenho?" (a menos que a dica venha logo depois do desenho). E, embora peçamos que guardem todos os blocos na caixa de brinquedos enquanto estamos ao lado delas no parquinho, ninguém lhes dá a instrução para ir até o quarto e fazer uma tarefa parecida por conta própria.

Podemos, de modo gradual, estender o tempo e o espaço em termos do que esperar da memória das crianças. No questionário a seguir, você pode avaliar onde seu filho se classifica no caminho do desenvolvimento, com base nos tipos de tarefas que as crianças são capazes de executar sozinhas. Essa escala dará a você uma visão mais apurada que as escalas no Capítulo 2, quanto ao uso que seu filho faz da memória de trabalho.

Qual é o nível da memória de trabalho de seu filho?

Use a escala a seguir para classificar como seu filho se sai em cada uma das tarefas listadas. Em cada nível, as crianças podem executar todas as tarefas relativamente bem, até muito bem.

Escala

0 – Nunca ou raramente.
1 – Faz, mas não muito bem (cerca de 25% do tempo).
2 – Faz relativamente bem (cerca de 75% do tempo).
3 – Faz muito bem (sempre ou quase sempre).

Pré-Escola / Jardim de Infância

( ) Executa tarefas simples (ex.: pega os sapatos no quarto, se alguém pedir).
( ) Lembra-se de instruções que acabaram de ser dadas.
( ) Segue uma rotina com apenas um lembrete para cada passo (ex.: escovar os dentes depois do café da manhã).

Fundamental I (6 a 11 anos de idade)

( ) Consegue realizar uma tarefa de dois ou três passos.
( ) Lembra-se de instruções que foram dadas alguns minutos atrás.
( ) Segue dois passos de uma rotina, com um incentivo.

Fundamental II (11 a 15 anos de idade)

( ) Lembra-se de realizar uma tarefa rotineira depois da escola, sem precisar de lembretes.
( ) Leva livros, papéis, lições para a escola e traz para casa.
( ) Está por dentro de mudanças de rotina na agenda (ex.: atividades diversas na escolar).

Ensino Médio (15 a 17 anos de idade)

( ) Consegue se lembrar das lições de casa e das expectativas dos diversos professores.
( ) Lembra-se de eventos ou responsabilidades que desviam da norma (ex.: bilhetes de autorização para excursões, instruções especiais para atividades extracurriculares etc.).
( ) Lembra-se de orientações com vários passos, desde que tenha tempo e prática suficientes.

Fonte: *Inteligente mas Disperso* de Peg Dawson e Richard Guare. nVersos, 2022.

Desenvolvimento da memória de trabalho em situações diárias

- *Olhe nos olhos do seu filho antes de dizer algo que ele deve se lembrar.*
- *Diminua o quanto puder as distrações externas, se quiser a atenção plena de seu filho* (por exemplo, desligue a televisão ou abaixe o volume).
- *Peça à criança que repita o que você acabou de dizer, para ter certeza de que entendeu direito.*
- *Use lembretes escritos* – agendas de imagens, listas e diários, dependendo da idade da criança. Incentive-a em cada passo a "olhar a agenda" ou "olhar a lista".
- *Ensaie com seu filho o que você espera que ele se lembre, pouco antes da situação* (por exemplo, "o que você vai dizer à titia quando ela lhe der seu presente de aniversário?").
- *Ajude a criança a pensar em meios de se lembrar de algo importante que a ajudará;*
- Com crianças no Ensino Médio, use telefone celular, mensagens de texto ou mensagens instantâneas (rede social) para lembrá-las de coisas importantes a fazer.
- *Considere a possibilidade de uma recompensa por se lembrar de informações-chave ou de uma penalidade em caso de esquecimento.* Por exemplo, a criança pode jogar videogame no fim de semana se passar a semana inteira sem se esquecer de trazer para casa os materiais necessários para a lição de casa. Recompensas e penalidades são úteis quando a memória de trabalho da criança é levemente subdesenvolvida.

Chega de esperar: ensine seu filho a se vestir sem perda de tempo

Annie é uma garota brilhante de 8 anos de idade e está no 2º ano escolar, às vezes se distrai, apesar de ser uma das mais adiantadas em sua classe. Ela tem vários interesses e grande amizade com os colegas. Sua mãe gostaria que a menina desenvolvesse mais independência, principalmente com tarefas recorrentes como pegar as roupas e se vestir para a escola. Como a melhor amiga de Annie, Sarah, se dá bem com esse processo de se vestir, a mãe de Annie não acha que seja demais esperar isso da filha. Já conversaram a respeito, e Annie disse que gostaria de fazer isso, mesmo porque preferiria escolher ela mesma suas roupas.

Entretanto, toda manhã é a mesma coisa: "Annie, está na hora de se vestir". "Tudo bem, mãe", responde e sobe as escadas. A mãe se prepara para ir trabalhar e dali a 10 minutos chama a filha: "Annie, e aí?". "Tudo bem, mãe", é a resposta. Cinco minutos depois: "Annie, vamos logo". "Tudo bem", de novo a resposta. Pouco depois, a mãe de Annie sobe e encontra a filha sentada no chão e desenhando ainda de pijama. "Annie!", exclama exasperada, pegando logo algumas roupas. Annie começa a reclamar pela escolha, mas a mãe manda que se cale e fica olhando enquanto a menina se veste, até mandá-la descer "em um minuto!".

Em um momento de calma, Annie e sua mãe conversam sobre o problema e decidem que a mãe observará a garota no decorrer daquela tarefa até perceber o que há de errado. Apesar de lenta, Annie consegue escolher as roupas e se vestir sem grandes problemas. No entanto, embora tenha boa intenção, quando tenta fazer tudo sozinha não consegue, e a mãe fica frustrada por ter de dar repetidos lembretes.

Elas tentam, então, outro método. Se Annie concordar em bolar um plano com a mãe, poderá escolher algumas roupas que vem querendo há algum tempo. Primeiro, fazem uma lista dos passos no processo de se vestir e Annie os anota. Ela sempre tem dúvidas na hora de escolher o que usar; por isso, Annie e sua mãe separam duas mudas de roupa à noite, e Annie escolhe o lugar onde ficarão. Encenam o processo e a mãe tira uma foto de cada passo. Annie junta suas anotações às imagens e as pendura em um "quadro de aviso" ao lado do guarda-roupa.

No começo, Annie acha que além de lembrá-la que é hora de se vestir, a mãe poderia subir com ela e observar enquanto começa, para depois sair. Relutante, a mãe concorda, desde que seja temporário. A questão final é o tempo.

As manhãs são corridas, e quando Annie perde tempo, sua mãe se irrita. Compraram um temporizador digital e Annie acha que 12 a 15 minutos bastam para terminar a tarefa. A mãe concorda. Como Annie às vezes se perde no processo, programa o temporizador para intervalos de 5 minutos; assim, mesmo que se envolva com outra atividade, o temporizador chamará a atenção da garota. Para ajudar, quando a mãe ouvir o alarme, diz em voz alta: "Annie, qual é o passo agora?" e a menina diz onde está, na sequência.

No decorrer das primeiras semanas, Annie precisa da insistência da mãe em uma ou duas manhãs, de um modo geral, as duas ficaram satisfeitas. Annie se sente à vontade sem a presença da mãe para ajudá-la em seu quarto, mas gosta das checagens verbais e dos elogios da mãe, e quando faz tudo direito também é possível, segundo a mãe, planejarem uma ida ao shopping.

Passo 1: Definir o comportamento desejado

Habilidade executiva abordada: Memória de trabalho.

Comportamento específico desejado: Annie completará sua rotina matinal de se vestir em 15 minutos, com apenas um lembrete da mãe.

Passo 2: Elaborar uma intervenção

Que suportes ambientais estarão disponíveis para ajudar a alcançar o objetivo?

- Escolher roupas antes;
- Temporizador;
- A mãe observa e incentiva nos estágios iniciais do plano.

Que habilidade específica será ensinada, quem a ensinará e que procedimento será usado?

Habilidade: Memória de trabalho (seguir uma rotina matinal diária).

Quem ensinará a habilidade? A mãe.

Procedimento:

- A mãe e Annie conversam sobre o problema e o resultado desejado;
- Fazem uma lista dos passos e Annie os anota;
- Duas mudas de roupas são escolhidas à noite;
- Annie encena o processo e a mãe tira uma foto de cada passo;
- Annie junta as anotações às imagens e cola a sequência em local próximo ao guarda-roupa;
- Annie decide o tempo necessário e elas arrumam um temporizador;
- A mãe concorda em incentivar e observar quando ela começa, por uma semana e pouco;
- A mãe checa como vai indo a cada 5 minutos de intervalo, pelo temporizador;
- A mãe registra a quantidade de lembretes necessários por dia.

Que incentivos serão necessários para motivar a criança a usar/praticar a habilidade?

- Elogios da mãe;
- Comprar roupas novas.

> **Chaves do sucesso**
>
> - *Mostre entusiasmo e atenção nos estágios iniciais*. Esse sistema geralmente dá certo logo que aplicado, porque é novidade e oferece incentivos sistemáticos. Quando ele falha, é porque os pais não monitoraram com a devida atenção os estágios iniciais;
> - *É melhor pecar pelo excesso*. Em nossa experiência, muitas crianças precisam de incentivos constantes, e quando os pais relutam em dá-los, os ganhos iniciais desaparecem. Se seu filho tiver uma "recaída" quando os incentivos diminuírem, recupere-os e, depois, deixe para trás essa função, gradualmente, e em passos de formiga.

O atleta distraído: como ensinar seu filho a guardar equipamentos esportivos

São 7:30 da segunda-feira e Jake, de 14 anos de idade e que está cursando o 9º ano escolar, está na frente do computador enviando mensagens instantâneas aos amigos. Como está vestido, já tomou o café e diz que seu material (mochila da escola e mochila do futebol) está pronto, o pai não se importa de o filho ficar nessa atividade até a chegada do ônibus, às 7:45. Ele tem uma partida naquele dia e, só por segurança, o pai diz: "Jake, olhe em sua mochila de futebol para ter certeza de que não esqueceu nada". "Tudo bem", responde o menino e continua mandando mensagens. Dois minutos antes de o ônibus chegar, o pai chama Jake e sua irmã. Quando o garoto chega à sala, o pai pergunta se está trazendo tudo. Rapidamente, vasculha a mochila. "O que você vez com minhas caneleiras?", ele acusa o pai, em pânico. Irritado e incapaz de se controlar, o pai responde ironicamente que as usou no trabalho. Frustrado, Jake diz: "Meu técnico vai me matar, não posso jogar hoje". O ônibus chega e o pai diz ao filho que pensará no que fazer, embora não tenha ideia do quê.

Na hora do jogo, o técnico fica irritado e diz a Jake que não poderá jogar. Pouco antes de começar a partida, o pai de Jake encontra outro pai que tem um par extra de caneleiras. Pensa em deixar o filho sofrer as consequências de não jogar, mas como aquilo já aconteceu outras vezes, não quer que o garoto tenha problemas com o técnico. Dá as caneleiras ao filho, mas os dois concordam que aquela será a última vez.

À noite, conversam sobre um sistema que ajude Jake a se organizar e lembrar-se dos equipamentos esportivos. Como ele pratica três esportes diferentes, esse é um problema que se estende pelo ano todo. O pai sugere uma lista de checagem para que Jake marque cada equipamento que coloca na mochila. Embora isso o ajude a perceber se tudo está ali, não resolve o problema de organizar o equipamento para ser fácil de pegar quando necessário. O pai brinca, dizendo que talvez deva dormir com o material esportivo na noite anterior a uma partida, assim bastará colocá-lo na mochila, pela manhã, sabendo que está tudo lá. Jake diz que seria bom fazer um pôster dele mesmo com cabides e pendurar os equipamentos, assim saberia exatamente o que falta. Eles colam etiquetas para cada item no pôster, e o pai concorda em lembrar Jake, na noite anterior de checar o pôster e a mochila. Jake concorda em fazer essa checagem na mesma hora, em vez de esperar até a manhã seguinte. Os dois combinam que, se ele não seguir o procedimento e se esquecer de algo, o pai não irá salvá-lo. Com o pôster pronto, Jake colas as etiquetas para a próxima temporada. Faz ganchos para usar como cabides e coloca todos os equipamentos neles, enquanto o pai observa. Ambos estão confiantes de que dará certo.

Passo 1: Definir o comportamento desejado

Habilidade executiva abordada: Memória de trabalho.

Comportamento específico desejado: Jake organizará seus equipamentos esportivos antes de cada jogo e terá fácil acesso ao que precisa, com apenas um incentivo do pai.

Passo 2: Elaborar uma intervenção

Que suportes ambientais estarão disponíveis para ajudar a alcançar o objetivo?

- Um pôster de Jake terá etiquetas com os equipamentos necessários para o treino e para as partidas.
- Lembrete do pai na noite anterior a uma partida para checar e guardar os equipamentos.

Que habilidade específica será ensinada, quem a ensinará e que procedimento será usado?

- **Habilidades:** Memória de trabalho (lembrar-se de todos os equipamentos esportivos necessários para treino e para as partidas).
- **Quem ensinará a habilidade?** O pai.

Procedimento:

- Jake e o pai bolam um plano para organizar o equipamento;
- Com a ajuda do pai, Jake faz um pôster;
- Jake faz etiquetas e ganchos para os equipamentos e os coloca no pôster;
- Ele experimenta, enquanto o pai observa;
- O pai concorda em lembrá-lo de arrumar o equipamento na noite anterior;
- Durante duas semanas, o pai verifica se Jake está seguindo o procedimento.

Que incentivos serão necessários para motivar a criança a usar/praticar a habilidade?

Jake poderá participar de eventos esportivos sem sofrer as broncas e consequências por não ter os equipamentos necessários.

Chaves do sucesso

Não confie quando seu filho afirmar que agiu logo que foi lembrado. Nesse exemplo, o pôster serviu de lembrete e de ferramenta de organização para Jake. Embora talvez isso seja suficiente na maioria dos casos, crianças com problemas na memória de trabalho dizem que fizeram algo ou que vão fazer e, em seguida, se esquecem. Portanto, você precisa verificar se seu filho realmente agiu logo que foi lembrado. É vital que a ação seja feita logo depois do lembrete e, para isso, talvez você deva verificar frequentemente, até alcançar o comportamento desejado.

13
Aperfeiçoar o controle emocional

Controle emocional é a capacidade de administrar emoções para alcançar metas, completar tarefas, ou controlar e direcionar o próprio comportamento. Se você tem essa força, então não só consegue lidar facilmente com os altos e baixos da vida, mas também se mantém calmo em situações de sobrecarga emocional, seja um confronto com um chefe mal-humorado ou um filho adolescente que desafia a autoridade dos pais. A habilidade para controlar suas emoções significa não só controlar o temperamento, mas também lidar com sensações desagradáveis como ansiedade, frustração e decepção. Controlar as emoções também implica recorrer às emoções positivas, que ajudam a superar obstáculos e a não desviar do caminho em momentos difíceis. É fácil perceber a importância dessa habilidade na infância e no decorrer da vida.

Algumas pessoas demonstram a habilidade em determinados cenários, mas não em outros. A maioria de nós, adultos e crianças, tem um "*self* público" e um "*self* privado", e cada uma dessas personas é governada por regras diferentes. Seu filho se segura bem na escola, mas desmorona em casa? Você mantém a calma no trabalho, mas baixa a guarda com sua família? Essa mudança não é incomum, e nem sempre representa um problema. Mas pode ser. Se você ou seu filho têm muita dificuldade em controlar as emoções a ponto de criar conflitos no espaço delimitado do lar e da família, isso pode ferir os sentimentos dos outros ou criar uma tensão crônica que corrói a vida familiar. Em casos assim, as explosões perante as dificuldades de seu filho para realizar certas tarefas acabam tornando-se um problema sério. Isso indica que o aperfeiçoamento do controle emocional é uma prioridade em sua família. Aliás, se vocês dois têm esse déficit emocional, recorra às dicas no Capítulo 3, aproveitando-se das intervenções elaboradas. Se um olhar objetivo na situação lhe mostra que sua falta de controle emocional contribui para o problema de seu filho, experimente consultar um terapeuta.

Como se desenvolve o controle emocional

Nos primeiros estágios da vida, os bebês esperam que os pais reajam às suas necessidades físicas como comida, mamadeira e troca de fraldas, assim que surgem, e quando essas necessidades são satisfeitas de maneira constante e previsível, geralmente conseguem conter suas emoções. Claro que, em algumas ocasiões, os adultos não podem oferecer alívio imediato e, por isso mesmo, os bebês aprendem a se acalmar sozinhos. No entanto, há exceções a essa progressão típica do desenvolvimento – bebês com cólica, por exemplo, têm uma habilidade fraca para regular reações –, mas na maioria dos casos superam essa fase e aprendem técnicas para se acalmar, como qualquer outro bebê.

Enquanto a criança ainda engatinha e até nos anos pré-escolares, você começa a notar variações individuais nas habilidades de equilíbrio emocional. Algumas crianças pequenas passam pelo terrível segundo ano de vida com crises emocionais suaves, enquanto outras têm crises emocionais fortes, cuja frequência ou intensidade desafia até os pais mais comedidos. Por volta dos 3 anos de idade, a maioria das crianças desenvolve rituais, como uma sequência exata de passos que esperam que aconteça todas as noites na hora de dormir. Apesar dessas expectativas, você observará que algumas crianças se dão muito bem com mudanças de rotina, enquanto outras ficam muito agitadas se a sequência for quebrada. Crianças com um controle emocional ruim parecem, portanto, muito rígidas. Se seu filho se encaixa nessa descrição, o Capítulo 19 pode lhe ser útil; há também grande relação entre o controle emocional e as habilidades de flexibilidade.

No Ensino Fundamental, as crianças cuja capacidade de administrar as emoções é fraca comumente enfrentam problemas sociais; acham difícil compartilhar os brinquedos, perder um jogo, ou não obter o que querem nas brincadeiras de faz de conta com os amigos. Crianças com um bom controle emocional são capazes de ceder, aceitar a vitória ou a derrota em jogos, e até atuar como pacificadoras nas brigas entre colegas.

A adolescência traz novos desafios para o controle emocional, bem como para muitas outras habilidades executivas. Essa faixa etária é, de um modo geral, mais suscetível a crises na capacidade de lidar com estresse. Nos adolescentes, o córtex pré-frontal informa o restante do cérebro como deve se comportar. Em momentos de estresse, segundo um pesquisador do cérebro, "eles usam em demasia o córtex pré-frontal". Isso significa que parte do cérebro responsável por administrar habilidades executivas recebe uma sobrecarga, enquanto os adolescentes tentam usar a inibição de resposta (ver Capítulo 11), a memória de trabalho (Capítulo 12) e o controle das emoções, tudo ao mesmo tempo. Não é à toa que esses jovens vivem tomando decisões ruins, ou pior, ruins e precipitadas. Adolescentes que demoram a desenvolver o controle emocional sofrem uma desvantagem ainda maior, caindo em um redemoinho durante uma fase de desenvolvimento que já é carregada de altos e baixos emocionais.

Ciente disso, você poderá proteger seu filho no Ensino Médio, fazendo o possível para minimizar o estresse que culmina em decisões erradas. Ao mesmo tempo, pode ajudá-lo a aperfeiçoar o controle emocional por meio das estratégias deste capítulo. O esforço compensa, pois adolescentes que conseguem controlar as emoções têm menos conflitos com professores e técnicos esportivos, lidam com situações que envolvam desempenho (jogos, provas) sem muita ansiedade e se recuperam rapidamente das decepções.

Até que ponto o seu filho regula as emoções?

Use a escala a seguir para classificar como seu filho se sai em cada uma das tarefas listadas. Em cada nível, as crianças podem executar todas as tarefas relativamente bem, até muito bem.

Escala

0 – Nunca ou raramente.
1 – Faz, mas não muito bem (cerca de 25% do tempo).
2 – Faz relativamente bem (cerca de 75% do tempo).
3 – Faz muito bem (sempre ou quase sempre).

Pré-Escola/Jardim de Infância

( ) Recupera-se bem de uma decepção ou mudança de planos.
( ) Consegue usar soluções não físicas quando outra criança toma um brinquedo que ele está usando.
( ) Consegue brincar em grupo sem ficar demasiadamente agitado.

Fundamental I (6 a 11 anos de idade)

( ) Tolera críticas de um adulto (ex.: repreensão de um professor).
( ) Lida com "injustiças" sem ficar devastado.
( ) Consegue mudar de comportamento rapidamente, dependendo da situação (ex.: acalma-se depois do recreio).

Fundamental II (11 a 15 anos de idade)

( ) Não tem reações exageradas quando perde um jogo ou não é escolhido para um prêmio.
( ) Aceita não ter exatamente o que quer quando está trabalhando ou brincando em grupo.
( ) Reage de maneira controlada a provocações.

Ensino Médio (15 a 17 anos de idade)

( ) Consegue "ler" reações dos amigos e adaptar o próprio comportamento de acordo.
( ) Consegue prever resultados e se preparar para uma possível decepção.
( ) Sabe ser assertivo (ex.: pedir ajuda ao professor, convidar alguém para o baile da escola).

Fonte: *Inteligente mas Disperso* de Peg Dawson e Richard Guare. nVersos, 2022.

Aperfeiçoar o controle emocional em situações diárias

- *Com crianças mais novas, regule o ambiente.* A probabilidade de as emoções de seu filho saírem de controle podem ser reduzidas ao se criar rotinas, principalmente nos horários das refeições, do descanso e de ir dormir. Evite deixar a criança em situações em que possa receber um excesso de estímulos, ou retire-a rapidamente de situações em que você percebe que ela está começando a perder o controle;

- *Prepare seu filho, conversando com ele sobre o que é esperado e o que pode fazer se começar a se sentir sufocado.* Algumas situações problemáticas são inevitáveis, mas podem ser amenizadas com um trabalho preventivo;
- *Dê à criança estratégias.* Quais são as opções de fuga? Crianças mais novas conseguem entrar em acordo com o professor ou outro adulto em torno de um sinal indicativo de que precisa de um tempo. Em casa, você e seu filho podem combinar que se as coisas ficarem difíceis, ele pode dizer algo do tipo: "Preciso ir para o meu quarto e ficar sozinho durante alguns minutos", caso precise de um tempo. Algumas estratégias simples para se acalmar podem ser segurar um bichinho de pelúcia favorito (para crianças mais novas) ou ouvir música suave no iPod (crianças mais velhas). Ou ensine a criança algumas técnicas de relaxamento, como respiração profunda ou relaxamento progressivo, em que se alterna entre retesar e relaxar os principais grupos de músculos no corpo. Procure na internet "relaxamento para crianças", e encontrará as instruções;
- *Dê à criança um roteiro* para seguir em situações problemáticas. Não precisa ser complicado, mas apenas algo curto que ela diga a si mesma e que a ajude a administrar as emoções. É bom modelar essas afirmações. Por exemplo, se a criança desistir de uma lição de casa porque parece difícil, você pode dizer a ela: "Sei que isso é difícil, mas vou continuar tentando. Se empacar depois de tanto esforço, peço ajuda". Crianças com um controle emocional fraco são mais propensas a se desmanchar em lágrimas ou ter uma crise emocional se forçadas a insistir em uma tarefa que acham frustrante ou difícil;
- *Leia histórias nas quais os personagens exibem comportamentos que você gostaria que seu filho aprendesse. O trenzinho que não queria parar* é um bom modelo de emoções positivas que uma criança com problemas emocionais não consegue acessar, (nesse caso, a determinação é representada pela frase: "Sei que posso, sei que posso"). Uma boa fonte de consulta seria uma biblioteca infantil;
- Se esses esforços não aliviarem o problema, experimente consultar um terapeuta especializado em terapia comportamental cognitiva. Recomendamos também dois livros que explicam a abordagem dentro do conceito de problemas específicos de controle emocional, que são: *O que fazer quando você se preocupa demais: um guia para as crianças superarem a ansiedade* e *O que fazer quando você reclama demais* (publicados no Brasil pela editora Artmed), ambos de Dawn Huebner. Foram escritos para crianças e pais lerem juntos e vêm com exercícios que os ajudam a compreender o problema e desenvolver estratégias para lidar com ele.

Inteligente e sem medo de mostrar: como vencer a ansiedade antes da prova

Courtney tem 14 anos de idade e está no 9º ano escolar. Sempre foi uma garota muito responsável, a mais velha das três crianças na família, e seus pais sempre esperam o melhor dela. Courtney joga *hockey* e tem um grupo de amigos muito próximos que conhece desde o Jardim de Infância. Sua média é 8, e ela se esforça muito para obtê-la. A Matemática, em especial, é uma luta, ainda mais agora com Pré-Álgebra[12].

A menina tem uma prova importante de Matemática chegando e fica com os nervos em frangalhos só de pensar nela. Estudou a matéria e revisou com os amigos os problemas que não entendia. Acha que agora entende os pontos para a prova, mas isso não diminui a preocupação de não ir bem. A mãe de Courtney vê o estado de nervos da filha, mas ela diz que está "apenas cansada". Sente que, se falar com os pais sobre sua preocupação, eles só irão se ater à importância de ter notas boas nas provas, o que a deixaria ainda mais ansiosa. Courtney não dorme bem na noite anterior à prova, e sente o estômago revirar quando chega à escola. Consegue responder às primeiras perguntas, e "tem um branco" em dois problemas de peso na prova. Faz o que pode e fica aliviada quando acaba, embora saiba que não foi bem. Seus temores se confirmam quando recebe a nota: 4. Fica frustrada, pois percebe que sabia resolver todas as questões, mas entrou em pânico. Quando conta aos pais, eles explodem. O pai diz: "Se isso acontecer no Ensino Médio, pode dizer adeus à faculdade, com notas assim". A garota desaba e diz aos pais que se esforçou muito, mas "congelou" na hora da prova. Vendo a reação dela, os pais entendem que se exigirem que tenha um desempenho melhor, a situação só ficará mais estressante para ela.

Juntos, Courtney e seus pais elaboram um plano. Como todas as exigências culminam em grande ansiedade, conversam sobre modos de identificar quando as preocupações chegam a um ponto que prejudicam seu desempenho. Courtney sugere o uso de uma escala de 1 a 10 e decide que o problema começa quando a sensação de ansiedade passa de 4. Nesse caso, diz, ajudaria se pudesse dizer aos pais que uma coisa a perturba. Mas de nada adiantaria se ficarem estressados e apresentarem a solução padrão: "Você precisa estudar mais!". Os pais concordam em escutá-la, perguntam se podem ajudar e tentam não se estressar. Se agirem diferente, sugerem que Courtney lhes chame a atenção para isso, e ela concorda.

Por experiência, os pais sabem que a preocupação de Courtney quanto ao seu desempenho diminui quando ela faz um planejamento; então conversam

---

12. Pré-Álgebra é o nome de um curso do Ensino Médio, muito comum nos Estados Unidos. No Brasil, a Álgebra e a Pré-álgebra são ensinadas nas aulas de Matemática, e normalmente lecionadas a partir do 8º ano do Fundamental II, podendo adentrar também como matérias do Ensino Médio. [N.T.]

sobre isso. A menina concorda e propõe o seguinte plano para lidar com a ansiedade e as provas:

- Para cada matéria que a preocupa, Courtney se reunirá com o professor antes das provas, explicando que às vezes fica muito ansiosa e pedindo orientação dele quanto a técnicas específicas de estudo que a ajudem a saber a matéria estudada;
- Se tiver uma dificuldade constante, como em Matemática, tentará montar uma agenda com seu professor para revisar o material;
- Ela vai se encontrar com sua orientadora para saber se ela sugere alguma estratégia para controlar o estresse e a preocupação.

Os pais acham que é um plano muito bom, e ficam impressionados com seu poder de reflexão e de solução de problemas. Para a prova de Matemática Courtney, segue o plano. Os pais ficam mais tranquilos, o que a ajuda. Ela se sente mais à vontade no decorrer da prova, embora se decepcione um pouco com a nota, que foi 6,5. Mas o professor, vendo o esforço da jovem, oferece a opção de um trabalho extra, a fim de recuperar a nota.

Passo 1: Definir o comportamento desejado

Habilidade executiva abordada: Controle emocional.

Comportamento específico desejado: Courtney terá notas melhores nas provas: 6,5 ou mais.

Passo 2: Elaborar uma intervenção

Que suportes ambientais estarão disponíveis para ajudar a alcançar o objetivo?
- Escala para medir a ansiedade;
- Apoio dos pais, sem julgamento;
- Assistência do professor para estudar;
- Orientação com estratégias contra a ansiedade antes da prova.

Que habilidade específica será ensinada, quem a ensinará e qual procedimento será usado?

Habilidade: Controle emocional (redução de ansiedade).

Quem ensinará a habilidade? Professores, orientadora, Courtney.

Procedimento:

- Courtney se reúne com os professores para aprender estratégias específicas de estudo;
- Para as matérias mais difíceis, ela se reúne regularmente com os professores;
- Ela se encontra com sua orientadora para aprender estratégias de administração de estresse.

Que incentivos serão necessários para motivar a criança a usar/praticar a habilidade?
- Notas melhores;
- Menos ansiedade.

> **Chaves do sucesso**
>
> - Dê apoio, mas não suas opiniões, a menos que tenha conhecimento especializado em ansiedade antes das provas. Ouça sempre e dê qualquer ajuda que a criança pedir. Mais que isso, oferecer conselhos sobre o que ela deve fazer, só aumentará a pressão sobre os sentimentos de uma criança já ansiosa, tornando-se contraproducente;
> - Obtenha auxílio concreto dos professores, do psicólogo da escolar e qualquer outro profissional que você tenha de consultar. Courtney achou ótimo que seus professores se disponibilizaram a encorajá-la e dar dicas concretas de estudo. Um orientador/psicólogo também tem estratégias úteis e pode usá-las para ajudar uma criança sofrendo de ansiedade. Se seu filho disser que o orientador pedagógico não pôde ajudá-lo, peça ao seu pediatra referências de um profissional que auxilie a criança em curto prazo a aprender tais estratégias.

Permanecer no jogo: como melhorar a falta de espírito esportivo

Mike é um garoto ativo de 7 anos de idade do 2º ano[13] escolar, o caçula de três crianças. Desde que engatinhava sempre gostou de atividades físicas, principalmente, esportes, e tem muito talento para um menino dessa idade. Adora poder jogar em times "de verdade" e aguarda, animado, as temporadas dos jogos. Em casa, quando tem tempo livre, Mike quer que seus pais ou irmãos joguem e treinem com ele. No entanto, com a família e em seus times deseja jogar bem. Quando o time ou ele próprio não tem um bom desempenho, Mike explode, reclama em voz alta, chora e às vezes atira longe os equipamentos. Quando isso acontece, o técnico manda o menino sair ou seus pais o tiram do jogo. Dali a algum tempo, se acalma, mas tal ação não elimina totalmente o comportamento, que se repete tantas vezes até se tornar uma preocupação séria para os pais. Já pensaram em tirar o menino de toda participação esportiva, mas não gostariam de fazer isso, porque praticar esportes é muito importante para Mike. Ao mesmo tempo, sabem que não terão escolha se Mike não aprender a tolerar os erros e a perder, como parte da prática esportiva. Após conversarem sobre a situação com um dos técnicos e com amigos que também têm filhos muito novos em esportes, eles bolam um plano. Primeiro, sentam-se com o filho e explicam que se quiser continuar no esporte, os três devem, juntos, encontrar um meio

---

13. No Brasil, o esperado é que a criança inicie o Fundamental I com 6 anos de idade, ou seja, esteja na 1ª série com 6 anos de idade; porém em alguns casos, é possível a criança ter 7 anos de idade e estar cursando o 1º ano do Fundamental. Isso depende da idade com a qual a criança é matriculada ou do desenvolvimento dela. [N.T.]

de ajudá-lo a mudar de comportamento. Embora Mike não admita que tem um problema, concorda com um plano, porque não quer largar os esportes. O plano inclui o seguinte:

- *Quando ficar chateado quanto ao próprio desempenho, Mike pode expressar sua frustração usando comportamentos apropriados.* Pode, por exemplo, cerrar os punhos, ou cruzar os braços e repetir uma frase de sua escolha, várias vezes. Se a frustração for com o time ou um jogador do time, qualquer comentário público que fizer deve ser de incentivo (por exemplo, "Boa jogada", "Tudo bem" etc.);
- *Juntos, Mike e os pais reveem cenários de algumas situações diversas que aconteceram,* substituindo os comportamentos antigos por novas estratégias;
- *Mike e os pais encenam o que acontecerá, instruindo-o a cometer um "erro",* como perder uma cesta no basquete ou errar a bola e, em seguida, usar uma de suas novas estratégias. Devem auxiliá-lo no decorrer da encenação e elogiá-lo pelo uso da estratégia;
- *Antes de cada jogo ou treino, os pais reveem as regras e estratégias com Mike e perguntam como ele lidará com uma situação frustrante, caso ocorra.* Se não estourar, ganhará pontos até conquistar o direito de ver um de seus times profissionais favoritos jogar;
- *Mike concorda em não ter crises emocionais, não gritar, não usar palavras desrespeitosas nem atirar as coisas se ficar frustrado.* Qualquer um desses comportamentos resultará em sua saída imediata do jogo/treino e não poderá participar do próximo já marcado.

O sucesso de Mike não é total, mas nas primeiras semanas de jogos e treinos seu técnico e os pais observam uma redução considerável em seus rompantes, e têm certeza de que estão no caminho certo.

Passo 1: Definir o comportamento desejado

Habilidade executiva abordada: Controle emocional.

Comportamento específico desejado: Mike não terá chiliques quando cometer erros ou perder em partidas esportivas.

Passo 2: Elaborar uma intervenção

Que suportes ambientais estarão disponíveis para ajudar a alcançar o objetivo?

- Cenários/histórias sociais com um fim comportamental aceitável;
- Regras/expectativas claras, escritas, para o comportamento de Mike;
- Dicas dos pais antes de entrar na situação.

Que habilidade específica será ensinada, quem a ensinará e que procedimento será usado?

Habilidade: Controle emocional (expressão aceitável de raiva/frustração).

Quem vai ensinar a habilidade? Os pais.

Procedimento:

- Mike, junto com seus pais, lerá cenários de bons resultados para situações tipicamente problemáticas;
- Mike e os pais encenam a situação, fazendo uso de uma estratégia nova;
- Antes do jogo, Mike e os pais reveem regras e comportamentos esperados;
- Depois do jogo, Mike e os pais analisam como foi o desempenho do menino;
- Mike perde em um treino ou um jogo para abordar o comportamento problemático.

Que incentivos serão necessários para motivar a criança a usar/praticar a habilidade?

- Mike tem permissão de continuar praticando esportes.

Chaves do sucesso

Siga meticulosamente o plano. O sucesso dessa estratégia depende da constância em cada passo:

1. Dê à criança uma forma aceitável de expressar raiva;
2. Identifique, com ela, as situações em que o comportamento provavelmente ocorrerá;
3. Ensaie (encene) a situação e incentive a criança a ter o comportamento apropriado;
4. Pouco antes de entrar na situação, reforce com a criança o que você espera dela;
5. Retire a criança da situação, se necessário.

Se faltar qualquer um desses passos, a criança fica vulnerável à perda de controle novamente, porque é muito difícil para crianças pequenas "pensarem sozinhas" em situações frustrantes.

14
Fortalecer a atenção sustentada

Atenção sustentada é a capacidade de manter-se atento a uma situação ou tarefa, apesar de distrações, cansaço ou tédio. Para nós, adultos, isso implica em dedicar-se a tarefas no trabalho ou em casa, bloqueando as distrações sempre que possível e voltando à tarefa rapidamente, caso as interrupções sejam inevitáveis. Se sua atenção sustentada for fraca, você saltará de uma atividade para outra com frequência, começando a segunda sem terminar a primeira; talvez procure desculpas para interromper o trabalho, convencendo-se de que precisa verificar o *e-mail* ou dar aquele telefonema de que se lembrou de repente. Se você acha que não possui essa habilidade, seguir as dicas do Capítulo 3 vai facilitar seus esforços para ajudar seu filho com isso.

Como se desenvolve a atenção sustentada

Imagine uma criança pequena na praia. Não é impressionante como o simples ato de jogar uma pedrinha na água ou construir um canal pode ser uma fonte inesgotável de diversão? Atividades manuais que rapidamente matariam de tédio a nós (ou babás, irmãos mais velhos e avós) distraem seu filho mais novo por muito tempo. De fato, a capacidade das crianças muito novas de se manterem atentas depende completamente do interesse delas pela atividade. Crianças muito pequenas podem passar horas em uma tarefa, se a atividade for agradável para elas.

Sob a perspectiva das habilidades executivas, porém, a atenção sustentada é um desafio quando a criança acha as atividades desinteressantes ou difíceis, como tarefas domésticas, lições de casa, ou eventos adultos longos, como casamentos ou cultos religiosos, por exemplo. Cientes de que as crianças nessa idade não conseguem fixar a atenção nessas situações, muitas igrejas exigem que permaneçam apenas cerca de 10 minutos e, depois, sejam levadas para alguma atividade relacionada à religião na área da igreja, mas afastada. Pelo mesmo motivo, a Federação Americana de Professores recomenda que as crianças passem não mais que 10 minutos nas lições de casa de acordo com o ano escolar (10 minutos por noite no primeiro, 20 no segundo etc.). Bons professores não exigem que as crianças passem muitas horas sentadas em suas carteiras, e os pais habilidosos atribuem a crianças muito novas tarefas que possam ser cumpridas rapidamente e divididas em segmentos.

Quando as crianças entram no Ensino Fundamental II, precisam fixar a atenção por períodos mais longos na escola e levam mais tempo para fazer o dever de casa, devido à quantidade de matérias escolares. E em palestras de 90 minutos, até os adolescentes acham difícil se concentrar.

Como está a atenção sustentada de seu filho?

Use a escala a seguir para classificar como seu filho se sai em cada uma das tarefas listadas. Em cada nível, as crianças podem executar todas as tarefas relativamente bem, até muito bem.

Escala

0 – Nunca ou raramente.
1 – Faz, mas não muito bem (cerca de 25% do tempo).
2 – Faz relativamente bem (cerca de 75% do tempo).
3 – Faz muito bem (sempre ou quase sempre).

Pré-Escola/Jardim de Infância

( ) Consegue completar uma tarefa de 5 minutos (talvez com supervisão).
( ) Consegue se sentar em círculo (15-20 minutos).
( ) Consegue ouvir a leitura de um ou dois livros de imagens seguidos.

Fundamental I (6 a 11 anos idade)

( ) Consegue passar 20-30 minutos fazendo lições de casa.
( ) Consegue completar uma tarefa de 15-20 minutos.
( ) Consegue se sentar durante uma refeição de duração normal.

Fundamental II (11 a 15 anos idade)

( ) Consegue passar 30-60 minutos fazendo lições de casa.
( ) Consegue completar tarefas de 30-60 minutos (talvez com um intervalo).
( ) Consegue permanecer em prática esportiva, culto religioso, etc. entre 60-90 minutos.

Ensino Médio (15 a 17 anos idade)

( ) Consegue passar 60-90 minutos fazendo lições de casa (talvez com um ou mais intervalos).
( ) Tolera compromissos familiares sem reclamar, se entediar ou criar encrenca.
( ) Completa tarefas que levam até duas horas (talvez com intervalos).

Fonte: *Inteligente mas Disperso* de Peg Dawson e Richard Guare. nVersos, 2022.

Fortalecer a atenção sustentada em situações diárias

- *Supervisione.* Normalmente as crianças conseguem trabalhar por mais tempo quando há alguém junto delas, incentivando ou dando lembretes sobre as tarefas. Você pode ler um livro ou fazer algum trabalho burocrático

enquanto seu filho faz a lição de casa, estando, portanto, pronto para ajudá-lo, ao mesmo tempo, em que usa esse momento de maneira produtiva;
- *Aumente a atenção aos poucos.* Cronometre o tempo que seu filho consegue se dedicar a uma tarefa, lição ou outro trabalho, sem precisar de intervalos. Após estabelecer essa base, programe um temporizador para 2 a 3 minutos a mais que a base e desafie a criança a trabalhar até ouvir o alarme;
- *Use algum aparelho que mostre quanto tempo passou.* Pode ser um relógio de mesa ou de pulso, ou até um *software*;
- *Use um recurso sonoro*, que ajude a criança a não se perder. Pode ser um sistema de toques eletrônicos em intervalos aleatórios. Ao ouvi-los, a criança pergunta a si mesma: "Será que eu estava prestando atenção?".
- *Deixe a tarefa interessante.* Seja um desafio, um jogo ou uma gincana;
- *Use sistemas de incentivos.* As recompensas devem ser poderosas, frequentes e variadas. Por exemplo, você pode dar pontos por uma tarefa concluída, ou por terminar dentro de um prazo específico;
- *Diga à criança o que ela vai ganhar quando completar a tarefa.* Alterne entre atividades preferidas e não preferidas;
- *Elogie a criança por persistir na tarefa.* Em vez de voltar sua atenção no momento em que a criança se afasta da tarefa (repreendendo-a ou mandando-a voltar), mostre-se atento e faça um elogio enquanto ela a estiver fazendo.

Negociações delicadas: como reduzir distrações na hora da lição de casa

Andy está no 7º ano e sempre ocupado. Joga futebol no time da escola e em outro time. Além disso, começou a tocar baixo com alguns amigos e gostaria de formar uma banda.

Bem que gostaria de ter notas boas, mas em comparação com suas outras atividades, a maioria das lições de casa é muito chata. Sempre reserva um tempo depois do jantar para fazer as lições; embora comece na hora certa, se distrai facilmente. Por um lado, deixa o computador ligado e quando recebe mensagens instantâneas dos amigos se perde em conversas. Acaba voltando ao trabalho, mas se levanta para comer um petisco, ou ouve a televisão e assiste alguma comédia. Habitualmente, Andy termina a lição, mas a qualidade do trabalho varia. Seu horário de dormir é cada vez mais tarde, porque seu ritmo de trabalho é ineficiente, e o pai sempre lhe dá uma bronca por não ir para a cama em uma hora razoável. Andy acha que estudar para as provas é o pior de tudo. Na noite anterior a um teste, ele começa estudando, mas dali, a 10 ou 15 minutos, conclui que "o que não sabe, não vai aprender" naquele tempo, e volta às mensagens de texto, videogames ou outra coisa. Seus pais ficam muito frustrados. Pensaram em tirar o computador dele, ou obrigá-lo a largar o baixo, mas sabem que isso desencadeará uma briga enorme. Temem que tais atitudes só piorem as coisas.

Depois dos boletins de aproveitamento escolar, os pais de Andy se reúnem com os professores e a orientadora, falando-lhes de sua preocupação. Os pais e a orientadora decidem se reunir com Andy e formular um plano. Na reunião, a orientadora diz a Andy que ela e os professores sentem que ele pode ter desempenho muito melhor nos estudos, e o garoto concorda. Analisando as distrações, os dois concordam que a número 1 é o computador, e a segunda, a televisão. A orientadora lembra a família de que, para alunos no Ensino Médio, recomenda-se o uso do computador quando a lição de casa terminar. Andy, porém, usa seu computador para fazer parte das lições. Ele propõe deixar uma mensagem de "ocupado" no computador até as 19:30, como ponto de partida, e os pais concordam. Como ele já reserva tempo para a lição de casa, aceita montar uma "agenda" para completar uma tarefa ou parte dela antes de ter um intervalo. Andy acha que intervalos de 10 minutos darão certo e ele quer usar um alerta visível no computador, a fim de não se perder. Para estudar antes das provas, irá se reunir com cada um dos professores e, juntos, desenvolverão um esquema de estudos de cada matéria, incluindo o tempo estimado e uma lista de itens. O jovem determina para si próprio uma meta de notas "razoáveis" para o próximo relatório de aproveitamento, de modo que seus pais e os professores avaliem suas estratégias. Semanalmente, os pais enviarão *e-mails* aos professores, com o intuito de checar se há lições atrasadas ou não feitas. Andy concorda que os pais o "lembrem" duas vezes à noite se está seguindo o plano; e eles, por sua vez, aceitam a frase-lembrete sugerida pelo filho.

Passo 1: Definir o comportamento desejado

Habilidade executiva abordada: Atenção sustentada.
Comportamento específico desejado: Andy completará suas tarefas e estudará para atingir boas notas.

Passo 2: Elaborar uma intervenção

Que suportes ambientais estarão disponíveis para ajudar a alcançar o objetivo?

- Tempo limitado de acesso ao computador;
- Relógio visível na tela do computador;
- Cronograma para conclusão de tarefas;
- Anotações de professores para estudo;
- Dois lembretes dos pais;
- *Feedback* semanal dos professores.

Que habilidade específica será ensinada, quem a ensinará e que procedimento será usado?

Habilidade: Atenção sustentada nas lições de casa.

Quem ensinará a habilidade? Pais e professores.

Procedimentos:

- Andy usará o computador para socializar e jogar após às 19:30;
- Andy montará um cronograma para as atividades;
- Ele se permitirá intervalos de 10 minutos;
- Ele se encontrará com professores para estabelecer um plano de estudo;
- Os pais podem ajudá-lo duas vezes por noite;
- *Feedback* semanal dos professores sobre o desempenho.

Que incentivos serão necessários para motivar a criança a usar/praticar a habilidade?

- *Feedback* positivo sobre desempenho dos professores.

Chaves do sucesso

- *Não faça mudanças significativas no plano até seu filho demonstrar melhora em um bimestre ou, preferencialmente, em dois. É comum esse plano funcionar no início, deixando pais e professores crentes que o problema foi resolvido. Mas, se você abandonar o plano ou se vigiar menos, o desempenho de seu filho provavelmente cairá, ainda que devagar, aos níveis anteriores. Todos, então, concluirão que a intervenção não deu certo;*
- *Mantenha um nível de monitoramento reduzido, porém, presente no decorrer de um ano. Pode ser difícil insistir no plano quando as coisas parecem estar indo muito bem, mas é só com esse tempo de reforço que muitas crianças mantêm uma melhora considerável em sua atenção sustentada.*

Cooperação entre pais e professores para diminuir distrações na escola

Ellen não consegue completar suas tarefas do 2º ano. O problema começou no 1º, quando os alunos começaram a fazer suas lições sentados nas carteiras. A professora fez certos arranjos, diminuindo a carga de trabalho, porque Ellen era, sem dúvida, uma menina brilhante que entendia muito bem a matéria, embora nem sempre conseguisse fazer as lições. A professora do 2º ano não tinha tanta paciência, e a dificuldade de Ellen começou a incomodá-la. No fim do primeiro período de notas, a professora trouxe a questão ao encontro entre pais e mestres. "Ellen é uma criança muito sociável", disse. "Acompanha tudo o que acontece na aula e quer ajudar outros alunos quando eles têm dificuldade, mas o problema é que não consegue fazer as próprias lições muito bem".

Pouco depois, a professora começou a mandar Ellen levar para casa lições que não tinha completado em aula, instruindo-a a terminar como lição de casa. Agora a mãe passa muito tempo ajudando a menina a fazer as lições. O dia é cansativo para as duas. A mãe de Ellen sente que a lição de casa diária, normalmente 10 minutos de Matemática e 10 de Ortografia, são normais, mas, quando duas ou três folhas não terminadas se acumulam a essa carga, Ellen surta, se frustra e começa a chorar. A menina diz que tenta terminar na aula, porém acaba se ocupando de outras coisas. Sua mãe decide tomar uma providência.

Ellen e a mãe se reúnem com a professora. Conversam sobre o problema e a mãe diz que em casa o desempenho da garota é melhor quando divide o trabalho em partes menores e tem um temporizador para acompanhá-la. A professora explica que o tempo máximo em que Ellen se concentra na aula é de 5 a 10 minutos, quando, então, se distrai. Acha que poderia dividir o trabalho da menina em blocos, mas teme que mesmo assim ela se distraia. A mãe de Ellen sugere fazer uma lista mostrando blocos de Leitura, Matemática, Linguagem e Arte. Assim que ela terminar uma parte do bloco, entrega à professora. A professora a elogia por terminar o trabalho e Ellen marca na lista como feito. Em seguida, a professora atribui a segunda parte e pede que ela programe o temporizador. Se terminar antes das outras crianças e a professora perceber que o trabalho está aceitável, Ellen pode se dedicar a uma atividade preferida em uma lista escolhida por ela mesma. Como costuma se distrair socializando durante a hora da lição, Ellen concorda em se sentar em outro local se a professora mandar. Se o trabalho não terminar, usará seu tempo livre no resto do dia para completá-lo, que pode ser em casa. Ellen e sua mãe bolam um sistema que oferece um adesivo para cada dia em que o trabalho for completado na aula. Poderá, então, escolher de uma lista de atividades "especiais", quando tiver determinada quantidade de adesivos.

Passo 1: Definir o comportamento desejado

Habilidade executiva abordada: Atenção sustentada.

Comportamento específico desejado: Ellen completará a lição em aula dentro de um período de tempo específico.

Passo 2: Elaborar uma intervenção

Que suportes ambientais estarão disponíveis para ajudar a alcançar o objetivo?

- O trabalho será dividido em blocos menores;
- Temporizador e lembretes;
- Lista de checagem dos blocos das tarefas;
- Dicas do professor.

Que habilidade específica será ensinada, quem a ensinará e que procedimento será usado?

Habilidade: Atenção sustentada para trabalhar em aula e completar as lições.

Quem ensinará a habilidade? A professora e a mãe.

Procedimento:

- A professora concorda em dividir a tarefa em blocos menores de 5 minutos;
- Ellen e a mãe compram um temporizador pequeno para a escola;
- A professora lembra Ellen de programar o temporizador no começo da lição;
- A professora e Ellen criam uma lista de checagem para cada material e as lições em blocos;
- Ellen leva a lição à professora assim que termina. A professora elogia o trabalho e Ellen marca na lista como feito;
- A professora passa o trabalho seguinte a Ellen e diz para ela programar o temporizador;
- Se Ellen terminar cedo, pode escolher uma atividade favorita de uma lista;
- Se o problema for a socialização, a professor manda Ellen se sentar em outro local;
- As lições não concluídas na aula devem ser terminadas em casa;
- Ellen ganha adesivos em casa por tarefas concluídas e pode escolher a partir de uma lista de atividades especiais quando tiver uma determinada quantidade de adesivos.

Que incentivos serão necessários para motivar a criança a usar/praticar a habilidade?

- Elogio da professora;
- Gráfico indicando o progresso em tarefas completadas no tempo certo;
- Atividades preferidas na classe por terminar logo as lições;
- Adesivos e atividades especiais em casa.

Chaves do sucesso

- Seu filho deve se sentar no mesmo lugar na sala de aula todos os dias, assim o professor saberá que, se ele não estiver lá, é porque se distraiu. Já usamos esse sistema em escolas públicas por muitos anos e vemos que o sucesso depende, em grande parte, da atenção do professor (ou assistente, se houver um na aula) em manter o sistema de lembretes e checagem. A única maneira de tornar esse esquema prático é fazer o aluno se sentar no mesmo local na sala de aula;
- Use, impreterivelmente, um sistema de incentivos porque é a criança que precisa administrar elementos como a programação de um temporizador;
- Tente não usar sempre o tempo livre para completar o trabalho. Essa estratégia pode ser eficaz, mas se acontecer com frequência, reúna-se com o professor para determinar onde o plano falhou.

15
Ensinar inicialização de tarefas

A inicialização de tarefas é a capacidade de iniciar projetos ou atividades sem adiamentos indevidos, de maneira eficiente e oportuna. Os adultos têm tantas obrigações que parece óbvio acharmos que todos são bons nessa habilidade, pois precisamos ser. Entretanto, nosso trabalho com adultos mostra que o desenvolvimento dessa habilidade executiva não é fácil para algumas pessoas, e muitos adultos costumam adiar até o último minuto tarefas que não apreciam dentre outras coisas que precisam fazer. Essa atitude em nada difere da criança que só faz a lição de casa depois de jogar videogame, ou deixa a lição mais desagradável para o fim da noite. Se você e seu filho têm problemas com procrastinação e deixam as coisas para a última hora, use as sugestões no Capítulo 3 para melhorar as chances de sucesso no trato dessa fraqueza.

Como se desenvolve a inicialização de tarefas

No contexto das habilidades executivas, a inicialização de tarefas não se aplica a tarefas que queremos fazer, mas apenas aquelas que achamos desagradáveis, aversivas ou entediantes – as quais precisamos *nos forçar* a fazer. Não esperamos de crianças em idade pré-escolar que comecem sozinhas esse tipo de trabalho. O que fazemos é incentivá-las a realizar a tarefa e, na sequência, supervisionamos o trabalho (pelo menos no começo).

Nossas primeiras tentativas, como pais, é fazer com que as crianças iniciem tarefas de uma maneira mais independente por meio das rotinas, principalmente a matinal e a da hora de dormir. Ensinar seu filho que certas coisas devem ser feitas no mesmo horário todos os dias e na mesma sequência é o primeiro passo. Em seguida, após um período de incentivos e lembretes (cuja duração varia de uma criança para outra), a criança internaliza a rotina e se torna mais propensa a realizá-la sem ajuda, ou em reação a um lembrete simples do tipo "comece agora".

Embora demore muito até se desenvolver, a inicialização de tarefas é uma habilidade importante, que as crianças precisam ter na escola e depois dela. Dar a elas tarefas apropriadas ao seu nível de desenvolvimento é uma das melhores maneiras de começar o ensino da inicialização de tarefas. Começar na Pré-Escola ou na creche ajuda as crianças a aprenderem que às vezes precisam deixar de lado o que querem fazer em troca de algo que deve ser feito, apesar de não ser divertido; prepará-las para a escola e para a participação em atividades extracurriculares, que, de vez em quando, exigem que as atividades preferidas sejam trocadas por outras coisas, como deveres.

No questionário a seguir, você pode avaliar onde seu filho se classifica no caminho do desenvolvimento, com base nos tipos de tarefas que as crianças são capazes de executar sozinhas. Essa escala lhe dará uma visão mais apurada que as escalas no Capítulo 2 quanto ao uso que seu filho faz dessa habilidade.

Qual é o nível de seu filho na inicialização de tarefas?

Use a escala a seguir para classificar como seu filho se sai em cada uma das tarefas listadas. Em cada nível, as crianças podem executar todas as tarefas relativamente bem, até muito bem.

Escala

0 – Nunca ou raramente.
1 – Faz, mas não muito bem (cerca de 25% do tempo).
2 – Faz relativamente bem (cerca de 75% do tempo).
3 – Faz muito bem (sempre ou quase sempre).

Pré-Escola/Jardim de Infância

( ) Segue a orientação de um adulto logo que a ouve.
( ) Para de brincar para seguir a instrução de um adulto.
( ) Consegue se preparar para dormir sempre na mesma hora com um único lembrete.

Fundamental I (6 a 11 anos de idade)

( ) Consegue se lembrar e seguir rotinas de um ou dois passos (escovar dentes, pentear os cabelos depois do café da manhã).
( ) Começa a trabalhar em uma lição na aula logo após a instrução do professor.
( ) Começa as lições de casa no horário combinado com um único lembrete.

Fundamental II (11 a 15 anos de idade)

( ) Consegue seguir uma rotina de três a quatro passos já praticada.
( ) Consegue fazer três a quatro tarefas seguidas na aula.
( ) Segue um horário de lição de casa já estabelecido (talvez com um lembrete).

Ensino Médio (15 a 17 anos de idade)

( ) Consegue montar e seguir uma agenda noturna para lições de casa, com procrastinação mínima.
( ) Começa as tarefas nos horários combinados (ex.: logo depois da escola); talvez precise de um lembrete escrito.
( ) Deixa de lado uma atividade divertida quando se lembra de uma obrigação combinada.

Fonte: *Inteligente mas Disperso* de Peg Dawson e Richard Guare. nVersos, 2022.

Ensinar inicialização de tarefas em situações diárias

- *Reforce os lembretes para inicializar tarefas o dia todo.* Incentive seu filho a iniciar cada tarefa necessária e o elogie por começar imediatamente, ou use um sistema de incentivo com pontos, para passar a valer 3 minutos após

você alertá-lo e depois serão trocados por uma recompensa. Claro que você precisa ficar com a criança tempo suficiente para garantir que comece a tarefa. E talvez deva checar de vez em quando se a tarefa está em andamento;
- *Dê um estímulo visual para seu filho começar a tarefa.* Pode ser um lembrete por escrito, colocado na mesa da cozinha, que ele vê ao chegar da escola;
- *Divida tarefas difíceis em partes pequenas e manejáveis.* Se a tarefa for muito longa ou complicada, peça ao seu filho que faça apenas uma parte por vez; com isso, ele estará mais animado para iniciar;
- *Solicite ao seu filho que determine quando ou como a tarefa será feita.* Isso dará a ele uma sensação maior de liberdade e controle de todo o processo, exercendo um efeito marcante em sua capacidade de começar algo sem reclamar ou precisar de vários lembretes;
- *Outra maneira de dar à criança maior liberdade no processo é deixar que decida como quer ser lembrada da tarefa* (por exemplo, um alarme, um temporizador, ou um evento natural como "logo depois do jantar").

Melhor agora que depois: como acabar com a procrastinação nas tarefas

Jack, de 7 anos de idade, tem um irmão com 3 anos de idade e uma irmã com 10 anos de idade; é, portanto, o filho do meio. Seus pais trabalham em tempo integral, e o avô normalmente precisa viajar a trabalho. Com três crianças em casa, e a mãe sendo a única cuidadora, os pais de Jack esperam que as crianças se encarreguem de tarefas apropriadas às suas idades. Como o irmãozinho de Jack tem só 3 anos idade, as tarefas ficam sob a responsabilidade dos outros dois. Quando a irmã, Emily, entende o que deve fazer, não precisa de lembretes frequentes para começar algo. Com Jack, a história é outra. Quase sempre precisa ser lembrado de fazer as coisas. Por exemplo: é tarefa dele tirar a louça depois do jantar e guardar os brinquedos antes da hora de dormir. A mãe precisa repreendê-lo constantemente e, às vezes, só reage quando ela fica zangada e ameaça lhe tirar o computador. Quando Jack finalmente começa algo, desde que entenda o que deve fazer, vai até o fim. Mas fazer o menino começar é pior que arrancar um dente. Em uma recente reunião de pais, ficou claro que Jack tem a mesma dificuldade nas aulas, principalmente com tarefas que exijam muito esforço, embora ele seja inteligente. A professora tem dado a Jack "sinais de inicialização", o que o ajuda.

Os pais de Jack, sabendo que as exigências só aumentarão conforme ele ficar mais velho, decidem que está na hora de lidar com a questão. Seguindo a ideia da professora, conversam com Jack sobre os sinais de inicialização para duas de suas tarefas: arrumar a mesa e guardar os brinquedos. A fim de incentivá-lo, dizem que ele pode decidir, dentro dos limites, quanto tempo levará para iniciar uma tarefa, mas deve escolher entre algumas opções dadas. Jack usa um relógio com mostrador vermelho que indica quanto tempo falta. Os três concordam que pode haver 5 minutos de atraso para arrumar a mesa e 10 minutos para guardar os brinquedos. No começo, os pais lembrarão Jack, dando-lhe o relógio. O garoto quer, ele mesmo, marcar o tempo que passou e começar a tarefa; os pais concordam. Como incentivo extra, a cada cinco dias que Jack iniciar as tarefas na hora certa ganha "passe livre", ou seja, pode pular uma tarefa naquele dia. Se não iniciar uma tarefa até 2 minutos depois do alarme, irá interromper qualquer outra atividade enquanto não terminá-la.

De início, os pais de Jack às vezes precisam incentivá-lo para começar, assim que soa o alarme, mas de um modo geral, veem uma melhora na inicialização de tarefas do filho. Dali a um mês, Jack não precisa mais do temporizador para arrumar a mesa depois do jantar. Eles continuam usando-o para guardar os brinquedos, embora os pais notem que quando lhe dizem que faltam 15 minutos até a hora de dormir, ele começa a guardá-los imediatamente.

Passo 1: Definir o comportamento desejado

Habilidade executiva abordada: Inicialização de tarefas.

Comportamento específico desejado: Jack iniciará duas tarefas após determinado tempo com um lembrete.

Passo 2: Elaborar uma intervenção

Que suportes ambientais estarão disponíveis para ajudar a alcançar o objetivo?

- Jack terá um temporizador com alarme para começar;
- Os pais lembrarão o garoto de usar o temporizador.

Que habilidade específica será ensinada, quem a ensinará e que procedimento será usado?

Habilidade: Inicialização de tarefas domésticas.

Quem vai ensinar a habilidade? Pais.

Procedimento:

- Jack e seus pais escolhem tarefas para praticar a habilidade;
- Jack escolhe os horários para começar as tarefas;
- Jack escolhe e os pais compram um temporizador para marcar o início;
- Antes de cada tarefa, os pais mostram o temporizador, lembrando o garoto de se ater à passagem do tempo;
- Jack monitora o tempo e, quando o alarme soa, ele começa a tarefa;
- Se a tarefa não começar até 2 minutos depois do alarme, Jack interrompe outras atividades até terminá-la.

Que incentivos serão necessários para motivar a criança a usar/praticar a habilidade?

- Os pais não precisam mais dar broncas;
- Jack ganha "passe livre" a cada cinco dias de inicialização na hora certa.

Chaves do sucesso

- *Seja persistente no período inicial de construir hábitos.* Quando essa intervenção falha, geralmente é porque o sistema não foi seguido com rigor nas primeiras semanas;
- *Não hesite em retomar o uso dos lembretes e do temporizador por algumas semanas se seu filho parar de iniciar as tarefas durante um mês ou mais.* Às vezes, as crianças precisam ser lembradas novamente de algumas tarefas e de como funciona o acordo;
- *Se perceber a necessidade de lembretes ou repreensões constantes, limite o tempo no computador ou outro privilégio.*

Formando a base para o sucesso no Ensino Médio e na faculdade: chega de procrastinação com as lições de casa

Terça-feira, quase 16:30 e Colby, aluno do 8º ano, acabou de chegar em casa após uma atividade esportiva. Ele carrega sua mochila pesada até o quarto e a joga na cama. Sabe que precisa olhar no caderno para ver que lições terá de fazer, mas resolve verificar antes se seus amigos enviaram mensagens. Promete a si mesmo que será só uma olhadinha, e de repente se lembra de que não anotou qual seria a lição de Matemática. Liga o computador e as mensagens logo aparecem. Um amigo lhe pergunta se quer jogar *online* com seu grupo. Colby resolve jogar por meia hora e, depois, começar as lições de casa. Por volta das 17:30, sua mãe lhe pergunta sobre as lições e diz que vão jantar dentro de mais ou menos uma hora. O menino garante à mãe que terminou a maior parte das lições no período de estudo e agora só falta completar a tarefa de Estudos Sociais.[14]

Às 18:30, o pai olha no relógio e diz a Colby que o jantar está pronto. Vendo o menino no videogame, pergunta, impaciente, quando ele fará as lições. Colby, no mesmo tom irritado, diz que só precisa responder a algumas perguntas de Estudos Sociais e fará isso após o jantar. O pai não diz nada,

---

14. Estudos Sociais: Matéria da grade curricular nos Estados Unidos; no Brasil, ela se divide em temas abordados nas matérias de Sociologia, História e Geografia. No período da Ditadura Militar (1964-1985), também existia essa frente, só que com o nome de Estudos Sociais. [N.T.]

pois não está a fim de brigar naquela noite, mas sente-se cada vez mais frustrado, porque as notas do filho não condizem com sua capacidade. Parece que Colby sempre subestima a quantidade de trabalho escolar que precisa fazer e o tempo necessário para completá-lo; por outro lado, superestima o tempo disponível para outras atividades. Para o pai de Colby, é evidente que o garoto tem problemas com a memória de trabalho e a administração de tempo.

Depois do jantar, Colby termina uma das perguntas de Estudos Sociais e está começando a outra quando seu amigo telefona. Dali a meia hora, o pai, exasperado, insiste que desligue o telefone e termine a lição. Passam-se 10 minutos, ele desliga e volta à tarefa. Colby alterna entre os Estudos Sociais e as mensagens instantâneas, e termina a terceira pergunta pouco antes das 21:00. Sentindo-se feliz com o trabalho que fez, assiste a um episódio de *South Park*, depois lê uma revista de *snowboarding* já deitado na cama. Está quase pegando no sono quando se lembra da lição de Matemática que não fez. Decide tratar disso amanhã, porque tem o horário de almoço antes da Matemática. Os pais de Colby, vendo que o filho passou mais uma noite envolvido em qualquer atividade menos com a lição de casa, preocupam-se com suas notas do bimestre.

Dali a algumas semanas, Colby recebe a má notícia no relatório de aproveitamento, com notas de 7,5 e uma vermelha nas principais matérias. Ele e os pais se reúnem com a orientadora e o professor representante dos grupos do 8º ano. Embora Colby tenha uma média acima dos 90%, a orientadora informa que notas ruins repetidas poderão excluí-lo das classes com honra ao mérito no Ensino Médio. Suas notas de testes surpresa foram baixas porque não leu a matéria, mas o pior é a entrega atrasada de lições – ou a não entrega. O jovem resolve melhorar, contudo a orientadora, o professor e os pais duvidam dessa intenção, que nunca funcionou no passado. Colby reconhece isso e concorda em experimentar outras opções.

As tentativas dos pais de monitorar seu trabalho eram vistas por Colby (geralmente são) como "amolação", terminando sempre em brigas. A orientadora sugere que outra pessoa cumpra esse papel, uma espécie de mentor ou instrutor. Colby gostaria de tentar e identifica um professor do ano anterior com que ele pensa que poderia trabalhar melhor[15]. A conselheira tem um plano para esse monitoramento e o professor concorda quando Colby o consulta. Os dois se reúnem por 10 minutos no fim de cada dia de aula, a fim de planejar um modo de o garoto fazer as lições de casa à noite; e ao menos duas noites nas quatro primeiras semanas, o instrutor (professor) verifica, por

---

15. Nesta obra, os autores chamam esse professor de "instrutor". Contudo, aqui no Brasil, podemos dizer que esse professor oferece aulas de reforço ou é um auxiliar de classe (professor auxiliar). [N.T.]

meio de mensagens de texto, se o garoto está seguindo o plano. Colby e seu instrutor também discutem as tarefas atrasadas ou não feitas, bem como seu desempenho atual segundo os professores, tudo por *e-mail*. No fim do semestre, as notas de Colby melhoram para 8, 8,5 e até 9. Ele e o instrutor resolvem estabelecer uma meta de só ter notas 9 ou mais no bimestre seguinte.

Passo 1: Definir o comportamento desejado

Habilidade executiva abordada: Inicialização de tarefas.

Comportamento específico desejado: Colby completará as lições de casa na hora certa, em 90% das tarefas passadas, sem intervenção dos pais.

Passo 2: Elaborar uma intervenção

Que suportes ambientais estarão disponíveis para ajudar a alcançar o objetivo?

- Colby terá um instrutor;

- Colby se reunirá com o instrutor três vezes por semana, além de contato por telefone/*e-mail*, conforme a necessidade;

- Os professores darão *feedback* semanal a Colby e seu instrutor sobre lições não feitas ou atrasadas.

Que habilidade específica será ensinada, quem a ensinará e que procedimento será usado?

Habilidade: Inicialização de tarefas para lições de casa, sem lembretes dos pais.

Quem ensinará a habilidade? Instrutor/professor.

Procedimento:

- Colby escolherá um instrutor;

- Colby e o instrutor definirão metas para as notas do próximo bimestre;

- Com ajuda do instrutor, Colby definirá o que atrapalha seus objetivos;

- Colby e o instrutor farão reuniões diariamente, no começo, e Colby decidirá quanta lição tem, quanto tempo leva e quando fará as tarefas;

- Colby e o instrutor devem rever o trabalho da noite anterior, bem como o *feedback* dos professores;

- Colby e o instrutor conversarão por telefone ou mensagem de texto pelo menos três vezes por semana, para monitorar progresso.

Que incentivos serão necessários para motivar a criança a usar/praticar a habilidade?

- Colby terá notas melhores e poderá entrar na classe de honra ao mérito em pelo menos duas matérias;

- Colby e seus pais diminuirão as brigas por causa de lição de casa em até 75%.

Chaves do sucesso

- *Encontre um professor capaz de trabalhar com o seu filho e disposto a fazer um contato breve, porém diário (10 minutos e por mensagem de texto), mantendo o hábito durante alguns meses.* Qualquer profissional ligado ao ensino pode fazer isso.
- *Adote um sistema de recompensas e consequências se você tiver um instrutor dedicado, mas seu filho não seguir o acordo.* Já vimos crianças evitarem o instrutor ou fugirem às responsabilidades, às vezes porque a deficiência em determinada habilidade é severa, ou simplesmente porque ninguém o está vigiando quando é hora de trabalhar.
- *Certifique-se de que o professor recebe um retorno de como seu filho está seguindo o plano.* Quando o professor não sabe se o desempenho melhorou ou piorou, ele pode não perceber que o aproveitamento da criança está comprometido.
- *Se você tentou as táticas anteriores e seu filho ainda não melhorou, pense em trocar de professor.* Às vezes, todo mundo faz tudo certo, mas a relação entre o estudante e o instrutor não tem aquela química que motiva ou ensina a criança a habilidade necessária.

16
Promover, planejar e priorizar

A habilidade executiva de planejamento/priorização se refere à capacidade de criar um mapa do caminho até uma meta ou a completude de uma tarefa, bem como a habilidade para tomar decisões quanto ao que é importante. Nós, adultos, usamos essa habilidade todos os dias para tarefas curtas, como preparar uma refeição, e longas, como lançar um novo projeto no trabalho ou reformar a casa. Se você não consegue identificar prioridades, segui-las e criar linhas do tempo para completar projetos de múltiplas fases, talvez seja o que se chama de pessoa que "vive o momento". Talvez você conte com aqueles que são bons de planejar, para que o auxiliem a alcançar suas metas. Nesse caso, as sugestões no Capítulo 3 podem ajudar você a auxiliar o seu filho, que tem a mesma fraqueza.

Como se desenvolvem as habilidades de planejamento e priorização

Quando as crianças são muito novas, nós é que assumimos o papel de planejador para elas. Definimos uma tarefa com uma série de passos e incentivamos a criança a seguir cada um, seja a arrumação de um quarto ou a preparação da mala para uma viagem de férias ou acampamento de verão. Pais sábios deixam seus filhos acompanharem o processo de planejamento no papel, criando listas de checagem para que as sigam. Embora essas listas sejam, na verdade, para nós, quando as crianças nos veem fazendo uma lista para organizar tarefas, servimos de modelo de um comportamento desejável que, se tivermos sorte, elas imitarão. Listas escritas também reforçam o significado do planejamento, dando às crianças a oportunidade de ver como é um plano específico.

O planejamento se torna mais vital na infância tardia. É essencial na escola, quando são atribuídos às crianças trabalhos de longo prazo, com múltiplos passos, começando por volta do 4º ou 5º ano. Quando os professores apresentam esses projetos, no geral, os subdividem em tarefas menores e ajudam os estudantes a criar linhas do tempo, incluindo prazos. Os professores reconhecem que planejar não é natural para as crianças e, sozinhas, muitas adiarão a tarefa até o último minuto. A inclusão de prazos intermediários força os alunos a completar trabalhos maiores em partes pequenas, em uma sequência lógica – a essência do planejamento.

Quando as crianças chegam ao Ensino Médio, devem desempenhar essa função com mais independência; e, ao fim da escola, tal expectativa se estende para além das tarefas escolares, abrangendo coisas como ocupações nas férias e prazos para se inscrever nos vestibulares. Claro que alguns adolescentes são melhores nisso do que outros.

O segundo elemento incluído nessa habilidade executiva, priorização, segue um padrão semelhante. Nas primeiras fases da vida de nossos filhos, nós (e seus professores) decidimos quais são as prioridades e os encorajamos a lidar com as maiores primeiro. Entretanto, além das altas prioridades que a maioria dos adultos compartilha – fazer lição de casa antes de se sentar diante da TV, por exemplo – a liberdade que os pais dão a seus filhos para priorizar o uso de seu tempo depende mais de valores pessoais que do desejo de imbuir as crianças de habilidades de priorização. O nosso mundo é altamente competitivo, e está cheio de crianças cujo tempo "livre" é permeado de aulas de dança, música, esportes, arte, ou estudos religiosos, porque os pais – e às vezes, os próprios filhos – acreditam que é essencial se tornarem conquistadores. Vemos também pais no lado oposto da moeda, que pensam que "criança deve ser criança" e, portanto, não incentivam seus filhos a programar seus horários. Ou se tornam autossuficientes muito cedo, porém essas crianças podem desperdiçar muito tempo com televisão e videogames. Naturalmente, cada família tem o direito de promover as esperanças e os sonhos que desejam para as conquistas de seus filhos. Mas como o objeto primordial do aperfeiçoamento das habilidades executivas de seu filho é oferecer a ele o necessário para se tornar independente, percebemos que isso funciona melhor quando os pais ajudam ativamente a criança a decidir quais são as prioridades nos primeiros anos e, aos poucos, passam a responsabilidade para ela quando fica mais velha.

Qual é o nível de desenvolvimento das habilidades de planejamento de seu filho?

Use a escala a seguir para classificar como seu filho se sai em cada uma das tarefas listadas. Em cada nível, as crianças podem executar todas as tarefas relativamente bem, até muito bem.

Escala

0 – Nunca ou raramente.

1 – Faz, mas não muito bem (cerca de 25% do tempo).

2 – Faz relativamente bem (cerca de 75% do tempo).

3 – Faz muito bem (sempre ou quase sempre).

Pré-Escola/Jardim de Infância

( ) Consegue terminar uma tarefa ou atividade antes de começar outra.
( ) É capaz de seguir uma rotina ou plano breve desenvolvido por outra pessoa.
( ) Consegue completar um trabalho simples de arte com mais de um passo.

Fundamental I (6 a 11 anos de idade)

( ) Consegue realizar um projeto de dois ou três passos (ex.: artes, construção) elaborado pela própria criança.
( ) Consegue bolar uma forma de ganhar/guardar dinheiro para um brinquedo não caro.
( ) Consegue fazer uma lição de casa de dois ou três passos, com ajuda (ex.: resumo de livro).

Fundamental II (11 a 15 anos de idade)

( ) Consegue planejar uma atividade especial com um amigo (ex.: ir ao cinema).
( ) Consegue bolar uma forma de ganhar/guardar dinheiro para uma compra mais cara (ex.: um videogame).
( ) Consegue realizar um trabalho escolar de longo prazo, com a maioria dos passos determinados por outra pessoa (professor ou pais).

Ensino Médio (15 a 17 anos de idade)

( ) Faz pesquisa na internet, para a escola ou algo de seu interesse.
( ) Faz planos para atividades extracurriculares ou atividades de verão.
( ) Consegue realizar um trabalho escolar de longo prazo, com ajuda de adultos.

Fonte: *Inteligente mas Disperso* de Peg Dawson e Richard Guare. nVersos, 2022.

Incentivar o planejamento e a priorização em situações diárias

- *Crie planos para o seu filho bem cedo.* Use a frase: "Vamos fazer um plano" e anote o plano em uma série de passos. Melhor ainda, faça uma lista de checagem para que a criança, mesmo muito nova, marque cada passo terminado;

- *Envolva o seu filho no processo de planejamento o quanto for possível,* desde que você já tenha sido o modelo. Pergunte: "O que precisa fazer primeiro? E depois?", e assim por diante, e anote cada passo conforme ele os dita;

- *Use coisas que a criança quer fazer como pontos de partida para ensinar habilidades de planejamento.* Sem dúvida, as crianças são mais dispostas a se esforçar no planejamento de uma casa na árvore que na arrumação do guarda-roupa, mas os mesmos princípios se aplicam em ambos os casos;

- *Incentive a priorização,* perguntando a seu filho o que precisa ser feito primeiro. Faça perguntas como: "Qual é a coisa mais importante para você fazer hoje?". Também pode forçar o assunto, segurando as atividades preferidas para mais tarde, depois de cumpridas as prioridades (por exemplo, "você pode assistir aos desenhos depois de terminar a lição de casa" ou "pode jogar videogame quando acabar de lavar a louça").

Linhas do tempo e prazos: como lidar com projetos de longo prazo

Max, 13 anos de idade, é um bom aluno que nunca teve problemas com lição de casa, até começarem os trabalhos de longo prazo no 5º ano. No início, entrava em pânico e temia a tarefa do dia em que era passada até a data de entrega. As crises emocionais eram previsíveis, sempre que a mãe perguntava como o trabalho estava indo. Com o tempo, Max parou de contar à mãe sobre os trabalhos, e ela só descobria ao ler o relatório de aproveitamento ou quando recebia um bilhete do professor, informando que Max não tinha feito o trabalho ou estava incompleto. Notou que o desempenho do filho era melhor quando os professores dividiam a tarefa em subtarefas menores e mandavam os alunos entregarem cada uma em datas específicas. Também descobriu que Max fazia tudo menos o trabalho de longo prazo, e quando lhe perguntava por quê, sempre tinha um motivo que fazia sentido: "Preciso terminar minha lição de Matemática porque o professor vê no começo da aula", ou "Tenho uma prova sobre este conto na aula de amanhã, e preciso terminar de ler. Você não quer que eu vá mal na prova, quer?".

Por fim, a mãe de Max percebeu que o obstáculo do filho era não saber se planejar para um trabalho em longo prazo. Entendeu também que, se determinado componente do trabalho fosse complicado demais, isso dificultava todo o resto. A mãe convenceu Max a deixar que o ajudasse, prometendo-lhe que, se os dois planejassem direito, o trabalho não seria tão pesado para ele. Usando uma linha do tempo, idealizada por um dos professores para um trabalho que Max terminou sem grandes dificuldades, identificaram os passos necessários para uma tarefa de Estudos Sociais que devia estar pronta em três semanas. A cada passo identificado, a mãe de Max lhe pedia que calculasse o nível de dificuldade, em uma escala de 1 a 10, com 1 sendo "fácil" e 10, "praticamente impossível". Os dois concordaram que a meta seria cada passo ficar no nível 3 ou menos. Para que o planejamento fosse um pouco mais atraente, a mãe incluiu incentivos. Sempre que o garoto completasse um passo no dia combinado, ganharia 3 pontos. Se terminasse antes do prazo combinado, ganharia 5 pontos. Já fazia algum tempo que Max queria um videogame, mas era caro e ele não conseguira guardar dinheiro suficiente, embora bastasse economizar a mesada para isso. Max e a mãe concordaram quanto ao valor monetário de cada ponto, de modo que poderia aumentar suas economias e comprar o videogame.

Uma única vez foi suficiente para o processo do incentivo se concretizar. A mãe de Max ficou feliz ao constatar que cada vez que os dois desenvolviam um plano, o filho se encarregava de uma parte cada vez maior.

Passo 1: Definir o comportamento desejado

Habilidade executiva abordada: Planejamento.
Comportamento específico desejado: Aprender a planejar e executar trabalhos escolares de longo prazo.

Passo 2: Elaborar uma intervenção

Que suportes ambientais estarão disponíveis para ajudar a alcançar o objetivo?

A mãe ajudará a desenvolver um plano e supervisionará a implementação (lembretes, instruções).

Que habilidade específica será ensinada, quem a ensinará e que procedimento será usado?

Habilidade: Dividir um trabalho de longo prazo em subtarefas definidas em uma linha do tempo.
Quem ensinará a habilidade? A mãe de Max.
Procedimento:

- Fazer uma lista de passos necessários para completar o trabalho;
- Avaliar a dificuldade de cada passo (com uma escala de 1-10);
- Revisar qualquer passo que Max considere mais difícil que 3 na escala, tornando-o mais fácil;
- Definir uma linha do tempo para cada passo;
- Incentivar Max a completar cada passo.

Que incentivos serão necessários para motivar a criança a usar/praticar a habilidade?

- Pontos por ter completado cada passo (e bônus por completar antes do tempo);
- Pontos convertidos em dinheiro para Max poder comprar um videogame que há tempos deseja.

Chaves do sucesso

- *Não hesite em solicitar ajuda do professor se sentir que você não possui a habilidade para começar essa intervenção, ou se o plano falhar. Para esse plano funcionar, você precisa ajudar o seu filho a planejar e, na sequência, monitorá-lo para ter certeza de que o planejamento é realista e as linhas do tempo estão sendo seguidas. Precisará da ajuda do professor na elaboração de tarefas e linhas do tempo. Às vezes, os professores sentem que suas instruções bastam. Enfatize, então, que essa é uma área de habilidade fraca e que o desempenho anterior indica que seu filho precisa de tarefas mais específicas e curtas, com monitoramento e feedback.*

Como se forma uma pessoa sociável: planejar de antemão e se reunir com amigos

Alice está no 2º ano, tem 7 anos idade, é uma menina ativa e sociável. Na vizinhança não mora nenhuma criança dessa idade; por isso, para ela fazer amigos fora da escola, alguém precisa visitá-la ou ela deve visitar alguém.

A mãe tem prazer em levá-la de carro quando não está trabalhando, transportando os outros filhos à aula de teatro, ao futebol e ou cuidando de outras responsabilidades. O problema é que Alice não pensa se os amigos estão livres para brincar, ou se sua mãe está disponível antes de marcar um encontro com eles. Ela se levanta no sábado ou domingo de manhã e resolve convidar uma amiguinha. Mas, geralmente, as amigas já estão ocupadas e a mãe tem outras obrigações e não pode levar Alice de carro a lugar nenhum. A menina fica emburrada, reclamando que não tem o que fazer. Quando volta para a escola na segunda-feira, as amigas começam a falar do que fizeram no fim de semana e Alice se sente excluída. A mãe vive lhe dizendo que ela precisa planejar com antecedência. Alice concorda, mas nunca se lembra disso.

A mãe sugere que as duas pensem numa solução juntas, e ajuda Alice no processo do planejamento com uma série de perguntas: "Se você quisesse convidar sua amiga Jane para vir aqui, o que precisaria fazer?". Alice responde: "Perguntarei a ela na escola se quer vir". "Precisa de permissão para isso?". "Sim, primeiro pergunto a você", responde à menina. "E se ela disser que vem, o que acontece?". "Ela vem". "E ela também precisa de permissão?". "Ah, esqueci que ela tem que perguntar pra mãe primeiro". "Se a mãe deixar, o que você precisa decidir em seguida?". As duas continuam com esse esquema e desenvolvem uma sequência do planejamento; e, com o auxílio da mãe, Alice faz uma lista.

A princípio, a mãe precisa lembrar Alice no começo da semana de pensar em uma atividade para o fim de semana, levando em conta também os horários da mãe e os compromissos de suas amigas. Com a prática, Alice consegue planejar eventos sociais e até se tornar uma "organizadora de eventos" entre os amigos.

Passo 1: Definir o comportamento desejado

Habilidade executiva abordada: Planejamento.
Comportamento específico desejado: Alice definirá os passos para o planejamento de atividades fora da escola com amigos(as) alguns dias antes do fim de semana.

Passo 2: Elaborar uma intervenção

Que suportes ambientais estarão disponíveis para ajudar a alcançar o objetivo?

- Os pais farão perguntas e darão sugestões para os passos do planejamento;
- A lista dos passos é finalizada;
- A mãe incentiva Alice a começar o processo de planejamento.

Que habilidade específica será ensinada, quem a ensinará e que procedimento será usado?
Habilidade: Planejamento de atividades.
Quem ensinará a habilidade? A mãe.
Procedimento:

- Alice e a mãe conversam sobre os passos de um planejamento da visita de uma amiga;
- A partir desse processo, a mãe ajuda Alice a desenvolver uma lista escrita de passos a serem seguidos;
- A mãe lembra Alice de começar o processo antes do fim de semana.

Que incentivos serão necessários para motivar a criança a usar/praticar a habilidade?

- Alice consegue controlar sua agenda social e consegue se enturmar melhor com os colegas.

Chaves do sucesso

- *Descubra se seu filho tem habilidades relativamente boas para inicializar tarefas e dar prosseguimento antes de aplicar um plano assim.* Se o plano escrito não der certo, será preciso incentivar e direcionar bem mais para que a criança comece. Consulte os Capítulos 14 e 15 para ver se deseja tentar algumas ideias que impulsionem a inicialização de tarefas e a atenção sustentada da criança;
- *Observe se o problema de marcar encontros com outras crianças não é o fato de seu filho tentar amizade com alguém que não combina com ele.* Em nosso exemplo, é possível que algumas crianças combinem melhor com Alice que outras. Nesse caso, uma conversa com a professora revelaria muita coisa. Pergunte-lhe quais colegas considera uma boa parceria para Alice, e quais não seriam;
- *Outra opção para impulsionar as oportunidades sociais de seu filho, e ao mesmo tempo aperfeiçoar o planejamento, é experimentar atividades regulares e recorrentes nos fins de semana.* Esportes, teatro, dança e outros programas oferecem oportunidades sociais de uma maneira organizada, estruturada, que induzem indiretamente habilidades de planejamento, enquanto possibilitam que a criança passe um tempo previsível com os colegas fora da escola.

17
Incentivar a organização

Organização significa a capacidade de estabelecer e manter um sistema de arrumar e localizar objetos importantes. Para nós, adultos, os benefícios das habilidades organizacionais são óbvios. Um sistema que nos ajude a saber onde estão as coisas e manter em ordem a casa e o ambiente de trabalho elimina a perda de tempo procurando objetos, ou arrumando tudo na hora de trabalhar com algo. Graças a essa habilidade, nos tornamos muito mais eficientes. O que, por sua vez, nos deixa menos estressados. Há uma razão para nos sentirmos mais à vontade quando o ambiente à nossa volta tem certo grau de ordem e organização. Infelizmente, segundo nossa experiência, pessoas com uma habilidade executiva organizacional fraca (e há muitas assim!) acham muito difícil melhorar suas capacidades. Por isso, é absolutamente vital que os pais ajudem seus filhos a desenvolver habilidades organizacionais desde muito cedo. Damos algumas dicas no Capítulo 3 para ensinar seu filho a ser organizado, caso você tenha uma fraqueza semelhante.

Como se desenvolvem as habilidades organizacionais

Esse padrão já deve ser conhecido. Primeiro, proporcionamos aos nossos filhos sistemas organizacionais. Oferecemos as estruturas necessárias para arrumar o quarto e a sala de brinquedos, estantes de livros, caixas de brinquedos e cabides para a lavanderia. Também supervisionamos as crianças na manutenção das arrumações. Isso significa que não arrumamos o quarto delas nem deixamos que façam tudo sozinhas. Pais e filhos trabalham nisso juntos, com os pais subdividindo a tarefa "Tudo bem, primeiro vamos levar as roupas sujas para a lavanderia", "Agora, vamos guardar as bonecas na prateleira de bonecas" etc. Estabelecemos regras do tipo: "Não comer nada no quarto" e "Pendure o casaco assim que chegar da rua". Mas, de início, não esperamos que as crianças se lembrem sempre de seguir todas as regras; presumimos que precisam de lembretes, e nas raras ocasiões em que elas seguem as regras sem necessitar de um lembrete, ganham abundantes elogios.

Aos poucos, diminuímos o monitoramento passo a passo e a supervisão, bastando um incentivo no começo e uma checagem no fim para garantir que a criança fez tudo. Isso não significa que os lembretes não sejam necessários de vez em quando – e o uso judicioso de suspensão de privilégios também tem vantagens.

Para avaliar as habilidades organizacionais de seu filho em comparação com sua faixa etária, complete o questionário a seguir.

Qual é o nível de desenvolvimento das habilidades organizacionais de seu filho?

Use a escala a seguir para classificar como seu filho se sai em cada uma das tarefas listadas. Em cada nível, as crianças podem executar todas as tarefas relativamente bem, até muito bem.

Escala

0 – Nunca ou raramente.
1 – Faz, mas não muito bem (cerca de 25% do tempo).
2 – Faz relativamente bem (cerca de 75% do tempo).
3 – Faz muito bem (sempre ou quase sempre).

Pré-escola/Jardim de Infância

( ) Guarda roupas limpas ou usadas no lugar certo (talvez precise de um lembrete).
( ) Guarda os brinquedos nos locais certos (com lembretes).
( ) Arruma a mesa depois de comer (talvez com lembretes).

Fundamental I (6 a 11 anos de idade)

( ) Dobra ou guarda suas roupas, equipamentos esportivos nos locais certos (talvez com lembretes).
( ) Tem lugares específicos no quarto para seus pertences.
( ) Não perde bilhetes de autorização nem outros bilhetes que vêm da escola.

Fundamental II (11 a 15 anos de idade)

( ) Consegue guardar pertences nos lugares certos no quarto e outras partes da casa.
( ) Traz os brinquedos para dentro de casa no fim do dia ou depois de usá-los (talvez com lembrete).
( ) Mantém em ordem os materiais para lição de casa e outras tarefas.

Ensino Médio (15 a 17 anos de idade)

( ) Mantém em ordem os cadernos escolares.
( ) Não perde equipamentos esportivos/aparelhos eletrônicos.
( ) Deixa organizada a área de estudo em casa.

Fonte: *Inteligente mas Disperso* de Peg Dawson e Richard Guare. nVersos, 2022.

Incentivar a organização em situações diárias

Há duas maneiras de ajudar as crianças na boa organização:

1. Aplicar um sistema;

2. Supervisionar a criança – provavelmente todos os dias – no uso do sistema. Como isso seria um trabalho intenso para os adultos, e muitas crianças com problemas organizacionais têm pais com essas mesmas dificuldades, recomendamos começar aos poucos. Identifique quais áreas são mais importantes e trabalhe com uma por vez. Por questão de praticidade, a prioridade número um talvez seja o trabalho escolar, incluindo a organização de cadernos e mochilas, bem como a arrumação do espaço para estudos. Armários e gavetas devem ser menos importantes.

Elabore o esquema organizacional com cuidado, envolvendo seu filho o quanto puder. Se você e a criança resolverem que uma escrivaninha bem arrumada é uma prioridade, leve-a a uma loja de suprimentos de escritório e compre porta-lápis, cestos de papel, fichários e pastas. Depois de montada a escrivaninha da forma desejada, inclua como parte da rotina antes de dormir remover dela o que não precisa estar lá. No começo, sua supervisão e monitoramento serão necessários; mas, aos poucos, bastarão lembretes e uma checagem no fim. Pode ser útil tirar uma foto do espaço quando arrumado pela primeira vez, assim a criança terá um modelo com que comparar seu trabalho. O último passo no processo pode ser seu filho ver a foto e sentir até que ponto a escrivaninha está igual ao padrão de organização.

Um alerta para pais com fortes habilidades executivas de organização: caso seu filho lhe pareça desleixado, tente modificar suas expectativas, ou pelo menos sua definição de "organizado o suficiente". Constatamos que muitas crianças desorganizadas não percebem a bagunça à sua volta. Talvez nunca satisfaçam os padrões de organização dos pais porque não enxergam a desordem que tanto os perturba. Mais uma vez, a dica da foto ajuda; porém, antes de tirá-la, combine com a criança qual é o padrão aceitável.

Para maiores detalhes que ajudem seu filho a ser mais organizado, recomendamos o livro *The Organized Student*, de Donna Goldberg.

Caos controlado: como fazer as crianças guardarem as coisas no lugar certo

Havia três crianças entre as idades de 9 e 14 anos de idade na família de Rose, e todas tinham o hábito irritante de deixar seus pertences no lugar onde os usaram. Largavam moletons e equipamentos esportivos na cozinha, brinquedos espalhados pela sala, e roupas sujas no banheiro, depois do banho à noite. A senhora Rose sabia que essa bagunça a deixava de mau humor quando chegava em casa do trabalho e queria descansar um pouco antes de começar o jantar. Resolveu, então, convocar uma reunião de família para buscar uma solução.

Começou a reunião descrevendo o problema e o efeito que causava nela. Todos falaram, em seguida, sobre como as crianças podiam criar o hábito de recolher suas coisas e se seria útil instituir recompensas ou penalidades. O marido Rose sugeriu que as crianças ficassem de castigo sem poder sair, cada vez que fizessem a bagunça, mas os outros acharam que seria muito duro. As crianças sugeriram um pagamento por guardar as coisas, mas não pareceu justo aos pais e eles não acreditavam que daria certo. Por fim, acertaram um esquema de recompensa e penalidade. O acordo seria o seguinte: no começo de cada semana, o pai colocaria R$ 25 em um pote, tudo em moedas. As crianças teriam que guardar todos os seus pertences até as 17:00, todos os dias, quando a mãe chegava do trabalho. Qualquer objeto fora do lugar entre esse horário e a hora de dormir resultaria em uma moeda a menos no pote. O objeto, então, seria colocado em um contêiner de plástico na lavanderia, sem poder ser tocado por 24 horas. Se fosse algo que a criança precisaria (como uma lição de casa e um equipamento esportivo), ela poderia "comprá-lo" de volta com parte de sua mesada. No fim da semana, a família contaria o dinheiro restante no pote e resolveria como usá-lo.

Rose deixou uma lousa branca no meio da mesa da cozinha, com um lembrete do prazo das 17:00. Nessa lousa, escreveu os nomes dos filhos e, assim que terminassem suas tarefas, colocariam uma marca no nome. Também colocou um despertador ao lado do lembrete, e a primeira criança que chegasse da escola o programaria para tocar às 16:30. Assim que tocasse, as crianças iriam interromper o que estavam fazendo e arrumariam as coisas. Em pouco tempo, os filhos perceberam que, se dividissem as tarefas entre si, tudo iria ficar pronto mais rápido. Esse método também possibilitava que um soubesse o que o outro precisava fazer e cobrasse, caso não fosse feito. Além disso, à noite, as crianças observavam o que estava fora de lugar e lembravam-se mutuamente de guardar.

Passo 1: Definir o comportamento desejado

Habilidade executiva abordada: Organização.
Comportamento específico desejado: Guardar pertences nos lugares certos.

Passo 2: Elaborar uma intervenção

Que suportes ambientais estarão disponíveis para ajudar a alcançar o objetivo?

- Lembrete diário e despertador na mesa da cozinha quando as crianças chegarem da escola.

Que habilidade específica será ensinada, quem a ensinará e que procedimento será usado?

Habilidade: Organização.

Quem ensinará a habilidade? Os pais.

Procedimento:

- Programar um despertador para 16:30 quando a primeira criança chegar da escola;
- Processo de arrumação começa às 16:30 todos os dias;
- As crianças arrumam suas coisas e põem uma marca ao lado de seus nomes na lousa branca.

Que incentivos/penalidades serão necessários para motivar a criança a usar/praticar a habilidade?

- Recompensa monetária no fim da semana; perda de R$25,00 a cada objeto fora do lugar;
- Perda de acesso ao objeto por 24 horas (oportunidade de comprar de volta o privilégio usando dinheiro da mesada);
- Decisão em grupo de como usar o dinheiro.

Chaves do sucesso

- *Se o sistema for complexo demais ou não der certo, simplifique.* Principalmente se você também é desorganizado, esse sistema pode ser muito complicado de seguir. Nesse caso, determine o horário de guardar as coisas antes da hora de dormir, confiscando na lavanderia o objeto fora de lugar pelo menos por um dia, deixando qualquer objeto ser recuperado com a mesada. Também pode usar a recompensa monetária individualmente, com cada criança que guardar suas coisas recebendo o dinheiro no fim do dia.
- *Faça desse trabalho um projeto conjunto, caso você também possua problemas de organização.* Por exemplo, você arruma a cozinha e sua mesa de trabalho enquanto seu filho organiza as coisas dele.

Uma frente unida e organizada: como ajudar as crianças mais velhas a desenvolver seu potencial

Devon é um aluno brilhante de 14 anos de idade. Porém, há mais tempo do que ele consegue se lembrar, tem dificuldades na organização e vive se esquecendo onde guardou seus objetos. Depois que começou o Ensino Médio ficou pior. Ele tem mais coisas para organizar na escola e fora dela, e os pais e professores gostariam que cuidasse melhor de seus pertences, sozinho. Assim, todos são menos propensos do que antes a ajudá-lo a se organizar, procurar as coisas, ou substituí-las quando não as encontra.

Até recentemente, seus pais e professores adotavam a abordagem de deixar o garoto sofrer as consequências de sua desorganização. Se ele perdesse os equipamentos esportivos, não podia jogar; se perdesse a lição de casa, tinha uma nota vermelha; se perdesse algum objeto pessoal, precisaria ganhar dinheiro para comprar outro. Embora observassem melhoras ocasionais, as consequências óbvias não resolviam o problema. As notas de Devon caíam, os treinadores se irritavam e ele perdia coisas das quais gostava, como o iPod. Devon ficava desanimado e se sentia cada vez mais incompetente. Por fim, os pais reconheceram que o jovem simplesmente não sabia como resolver o problema e estava na hora de lhe oferecerem outro tipo de ajuda.

Logo ficou claro que a tarefa seria grande, exigindo esforços combinados de Devon, de seus pais e dos professores. Resolveram lidar com duas áreas: lição de casa, porque o problema impactava suas notas, e o quarto, pois ele precisava de espaço útil para se manter organizado. Para a primeira área, queriam um sistema relativamente simples. A professora-monitora concordou em verificar com o garoto, logo de manhã, se trouxera a lição feita, e à tarde, se havia anotado quais eram as próximas tarefas e se tinha os materiais. Os pais entregavam à professora uma lista de checagem que ela daria para Devon usar e ela própria rubricar (ver lista na sequência). Devon era muito atencioso com os deveres escolares; portanto, seus pais só precisariam ver se as lições estavam guardadas na pasta de lições de casa e se a pasta estava na mochila.

Matéria	Lição de casa entregue	Próxima lição anotada	Materiais na mochila
Inglês			
Estudos Sociais			
Ciências			
Matemática			
Espanhol			

Arrumar o quarto era mais complicado. O próprio Devon escolheu trabalhar nisso, pois sentia que, se seu quarto fosse organizado e mantido assim, seria mais fácil localizar seus pertences. Embora ele e os pais já tivessem tratado da arrumação do quarto antes, não tinham um plano sistemático nem muito compromisso com a tarefa.

Devon e os pais concordaram que, em vez de seguir suas sugestões ou esquemas, seria melhor se o menino criasse um plano próprio, solicitando a ajuda dos pais, caso se atrapalhasse. Primeiro, fez um inventário do quarto e decidiu em quais categorias cada item se encaixava (camisas, calças, equipamentos esportivos etc.). Os pais verificaram o que tinham na casa para guardar as coisas das diversas categorias e o que mais Devon precisaria para organizar tudo e, em seguida, compraram o que faltava. Apesar de perceber os benefícios das etiquetas nas caixas e organizadores, Devon não queria que seus amigos as vissem quando os visitassem. Então, os pais concordaram em usar etiquetas removíveis com velcro.

Devon armazenou coisas que não usava, mas que não queria jogar fora; e os pais trabalharam com ele, no início, ajudando-o a organizar todo o quarto. Fizeram uma lista com uma sequência que podia seguir na hora de arrumar tudo e tiraram fotos que servissem de modelo para comparação posterior do real com o ideal.

O jovem compreendeu que evitar a bagunça era vital. Seus pais concordaram em dar-lhe alguns lembretes no começo, mas ele próprio teve a ideia de programar o computador para alertá-lo da arrumação ao menos uma vez por dia. A verdadeira chave do sucesso, porém, era a checagem por parte dos pais em dias alternados, antes da escola ou uma hora depois de ele acordar nos fins de semana, para determinar se precisava arrumar alguma coisa. Se sim, isso seria feito antes de o menino usar o computador para contato os amigos.

Como se esperava, no decorrer dos meses, embora Devon não tenha mantido o padrão original de organização, seu quarto ficou consideravelmente mais arrumado que antes do sistema, e os pais diminuíram os lembretes para uma vez por semana. O sistema para lições de casa também melhorou muito, mas todos concordaram que a verificação da professora à tarde e a checagem dos pais em casa deveriam continuar.

Passo 1: Definir o comportamento desejado

Habilidade executiva abordada: Organização.

Comportamento específico desejado: Devon organizará as tarefas dadas pela professora, os materiais necessários e as lições de casa que deve entregar. Quanto ao quarto, arrumará tudo de acordo com categorias de objetos.

Passo 2: Elaborar uma intervenção

Que suportes ambientais estarão disponíveis para ajudar a alcançar o objetivo?

- Pastas para lições de casa;
- Lista de checagem de tarefas e materiais;
- Monitoramento dos pais e da professora;
- Fotos do quarto como modelo;
- Caixas e organizadores com etiquetas;
- Lista de sequência da arrumação;
- Lembretes dos pais e do computador.

Que habilidade específica será ensinada, quem a ensinará e que procedimento será usado?

Habilidade: Organizar lições de casa e o quarto.

Quem ensinará a habilidade? Professora e pais.

Procedimento:

- A professora verifica a anotação de tarefas, materiais necessários e lições colocadas na pasta;
- Os pais checam a pasta para ver se a lição de casa foi guardada;
- Materiais no quarto são guardados de acordo com categorias;
- Caixas e organizadores recebem etiquetas;
- É usada uma lista com a sequência da arrumação;
- Os pais monitoram. Os pais e o computador dão lembretes.

Que incentivos serão necessários para motivar a criança a usar/praticar a habilidade?

- Notas melhores com a entrega do trabalho em dia;
- Acesso rápido aos pertences.

Chaves do sucesso

- *Para aumentar as chances de sucesso, comece com uma única tarefa.* Contamos a história de Devon por dois motivos: mostrar os diferentes cenários/tarefas que podem ser afetados por uma má organização e demonstrar a elaboração de estratégias para abordá-las. Mas, se formos realistas, o uso de todas ao mesmo tempo seria um trabalho intenso para o seu filho, e também para você e os professores. Então, escolha uma – por exemplo, organização das lições de casa –, ponha o sistema em prática e, dali a um mês, escolha outra tarefa.

18
Instigar o gerenciamento de tempo

Gerenciamento de tempo é a capacidade de calcular quanto tempo há disponível, como alocá-lo e como permanecer dentro dos limites de tempo e prazos. Também envolve o sentido de que o tempo é importante. Provavelmente, conhece pessoas adultas que são ótimas na administração de tempo e outras que não são. Indivíduos com essa habilidade forte cumprem as obrigações sem atrasos, conseguem estimar quanto tempo determinada tarefa leva, e dão ritmo ao trabalho de acordo com o tempo disponível (acelerando, se necessário). Geralmente não dão um passo maior que a perna, em parte porque essas pessoas têm um senso real do que são capazes de realizar. Adultos que são fracos nessa habilidade encontram dificuldades para seguir uma agenda, vivem cronicamente atrasados e fazem erros de cálculo ao estipular quanto tempo leva determinada atividade. Se você tem esses problemas, veja as sugestões no Capítulo 3, e ajude o seu filho que possui a mesma fraqueza.

Como se desenvolve o gerenciamento de tempo

Sabemos que as crianças pequenas não administram bem o tempo e, por isso mesmo, nós o fazemos por elas. Incitamos essas crianças a se arrumarem para a escola ou creche, por exemplo, dando-lhes o que julgamos ser tempo suficiente para completar certas tarefas. Ou dizemos a que horas precisam começar a se arrumar para dormir, assim teremos tempo para ler uma historinha depois que vestem o pijama, escovam os dentes e tomam banho. Se um evento especial for planejado, calculamos quanto tempo levará até todos se arrumarem e incentivarmos as crianças a fazer o que devem fazer para que a família não se atrase. Como o ritmo de cada criança varia, ajustamos os planos e incentivos de acordo com esse fator.

Pouco a pouco, passamos essas responsabilidades para nossos filhos. Quando aprendem a ver as horas (por volta do 2º ano), podemos lembrá-los de olhar o relógio até se tornarem mais autônomos. Quando o dia tem eventos previsíveis, como prática esportiva ou programas de televisão, ajudamos nossos filhos a planejar o tempo em torno desses eventos. Ao insistirmos que as crianças terminem a lição de casa ou as tarefas domésticas antes de uma atividade esportiva ou de algum programa de TV, estamos ajudando-as a aprenderem como se planeja o tempo.

Às vezes, os jovens travam no Ensino Médio porque as demandas ao redor de seu tempo aumentam, enquanto os pais costumam diminuir o monitoramento e a supervisão. E a quantidade de obrigações aumenta tanto quanto o número de distrações. Como encaixar a lição de casa quando você quer jogar videogames, mandar mensagens, usar a internet, escutar músicas novas e assistir seus programas de TV favoritos? Não é à toa que os jovens de hoje experimentam multitarefas! Para alguns, as tentações são grandes demais; e nesses casos devemos entrar em cena e ajudá-los a administrar o tempo com mais eficácia.

No fim do Ensino Médio, muitos jovens se tornam hábeis em manejar opções e obrigações e planejam seu tempo com mais competência. Quando os filhos não dominam tal habilidade, isso pode ser a causa de atritos crescentes entre pais e adolescentes, porque estão em uma idade na qual resistem aos direcionamentos e orientações dos pais.

Como são as habilidades de gerenciamento de tempo de seu filho?

Use a escala a seguir para classificar como o seu filho se sai em cada uma das tarefas listadas. Em cada nível, as crianças podem executar todas as tarefas relativamente bem ou até muito bem.

Escala

0 – Nunca ou raramente.
1 – Faz, mas não muito bem (cerca de 25% do tempo).
2 – Faz relativamente bem (cerca de 75% do tempo).
3 – Faz muito bem (sempre ou quase sempre).

Pré-Escola/Jardim de Infância

( ) Consegue completar rotinas diárias sem enrolar (com incentivos/lembretes).
( ) Consegue acelerar e terminar algo mais cedo se tiver um motivo para isso.
( ) Consegue terminar uma tarefa pequena dentro dos limites de tempo (ex.: guardar brinquedos antes de ligar a TV).

Fundamental I (6 a 11 anos de idade)

( ) Consegue completar uma tarefa curta dentro de limites de tempo estipulados por um adulto.
( ) Planeja tempo suficiente para completar uma tarefa antes do prazo (talvez com assistência).
( ) Consegue completar uma rotina matinal dentro dos limites de tempo (talvez com a prática).

Fundamental II (11 a 15 anos de idade)

( ) Completa rotinas diárias em limites de tempo razoáveis sem assistência.
( ) Consegue ajustar os horários de lição de casa para poder se dedicar a outras atividades (ex.: começar mais cedo se há uma reunião dos escoteiros).
( ) Consegue iniciar trabalhos de longo prazo com bastante antecedência, reduzindo correrias depois (talvez precise de ajuda para isso).

Ensino Médio (15 a 17 anos de idade)

( ) Consegue terminar as lições de casa antes da hora de dormir.
( ) Toma decisões corretas quanto a prioridades, quando o tempo é limitado (ex.: ir para casa depois da escola para terminar um trabalho, em vez de brincar com os amigos).
( ) Consegue dividir um trabalho de longo prazo em vários dias.

Fonte: *Inteligente mas Disperso* de Peg Dawson e Richard Guare. nVersos, 2022.

Instigar o gerenciamento de tempo em situações diárias

- *Sem exageros, mantenha uma rotina diária previsível em sua família.* Quando as crianças se levantam e vão para a cama quase sempre no mesmo horário, e as refeições são servidas mais ou menos também nos mesmos horários, elas crescem com o sentido de que o tempo é uma progressão ordeira de um evento para o outro. Isso facilita o planejamento de tempo de antemão, em meio aos eventos agendados (como refeições e hora de dormir);
- *Converse com seus filhos sobre quanto tempo leva para alguém fazer coisas* como tarefas domésticas, arrumação do quarto, ou uma lição de casa. Esse é o começo do desenvolvimento das habilidades para calcular tempo – um componente vital da administração de tempo;
- *Planeje uma atividade de fim de semana ou um dia de folga que envolva vários passos.* Trabalhar com o seu filho nas habilidades de planejamento também incentiva a administração de tempo, pois o planejamento requer que vocês desenvolvam linhas do tempo para completar as tarefas. Quando você conversa com a criança a respeito do "plano do dia" e quanto tempo levará até completar uma atividade, ela aprende acerca do tempo e da relação tempo e tarefas. Esse tipo de planejamento pode até ser divertido, se você escolher uma atividade agradável, como passar o dia com um amigo. Peça ao seu filho que calcule quanto tempo levará o almoço, o passeio no parque ou na praia, a parada para o sorvete a caminho de casa, e assim por diante. As lições aprendidas serão particularmente significativas para seu filho, se ele compreender que vocês conseguiram fazer tudo o que queriam no dia porque planejaram o tempo com antecedência;
- *Use calendários e agendas para suas rotinas e incentive seu filho a fazer o mesmo.* Algumas famílias colocam um calendário grande em um lugar central, onde as atividades individuais e familiares são afixadas. Isso tem o efeito de deixar o tempo visível para a criança;
- *Compre um relógio que possa ser programado* para mostrar visualmente quanto tempo a criança tem para trabalhar. Pode ser também no formato de pulso ou até um *software*.

Sair de casa na hora certa: como administrar rotinas matinais

Garret, de 7 anos de idade, é o caçula dos quatro meninos da família e sempre quis desesperadamente acompanhar seus irmãos mais velhos.

Quer ser independente e, quando era mais novo, sua fala favorita era "eu faço sozinho". Garret parece entender o conceito de tempo. Sabe ver as horas e tem uma boa noção de quando começam seus programas favoritos na televisão. Entretanto, parece que não tem o senso de urgência. Isso causa problemas em casa e na escola. Em casa, aprontar-se para sair pode ser um desafio. Embora a situação seja pior se o destino for um lugar para onde Garret não quer ir (por exemplo, uma consulta médica), ele demora para se arrumar mesmo para suas atividades preferidas (passear no parque aquático, por exemplo). Para apressar o menino, seus pais ou um dos irmãos estão sempre chamando a sua atenção. Isso funciona, mas é fonte de crescente frustração para os membros da família. Ele não tem problemas de aprendizado, mas normalmente é o último a terminar o trabalho. A professora notou que Garret é mais eficiente quando precisa terminar uma tarefa para, logo em seguida, se dedicar a uma atividade preferida, como o recreio.

Os pais decidem que Garret já tem idade para aprender algumas habilidades básicas de administração de tempo. Refletem que, se precisa aprender a terminar tarefas dentro de um limite de tempo, deverá antes saber que tarefas são esperadas dele. Já que sair de casa é uma dificuldade, os pais resolvem se concentrar nas tarefas necessárias para o menino se arrumar. Pode ser desde a rotina matinal completa (acordar, se vestir, tomar café, escovar os dentes etc.), até algo simples como calçar os sapatos. Como essa rotina inclui a maioria das tarefas de "se arrumar" e Garret é lento, os pais decidem começar por aí.

Aproveitando-se do desejo de Garret de ser "grande" e independente, eles conversam com o filho sobre uma agenda de tarefas para as manhãs. Tentam vender-lhe o plano, explicando que, se conseguir cumprir as tarefas na hora, não vão mais lhe dar bronca. Garret não se interessa muito, até que os dois informam que poderá ganhar prêmios com o plano. Então ele passa a achar divertido manter a agenda, que consiste em imagens e palavras, porque precisa "representar" cada cena (levantar-se, tomar o café da manhã, escovar os dentes etc.). Os pais basicamente o deixam decidir a ordem das tarefas na agenda. Criam uma tira de velcro de modo que a ordem das imagens possa ser alterada e as imagens, removidas. O plano é que, a cada tarefa terminada, Garret tire a imagem e a coloque no bolso rotulado "feito", na parte inferior da agenda. Em vez de lhe sugerir um horário fixo para começar, em duas manhãs concordam em cronometrá-lo e usar o resultado para saber quanto tempo precisa até o término. Montam uma caixa de prêmios, com brinquedinhos baratos e guloseimas, como chiclete, e colocam uma foto dela no fim da agenda. Para aumentar suas chances de sucesso, os pais resolvem que, na primeira ou nas duas primeiras semanas checarão com o menino duas vezes na agenda, como uma forma de lembrete. Depois de combinar com a escola, insistem que, se Garret for lento no cumprimento da agenda e se atrasar para a escola por causa disso, terá que compensar o tempo no recreio ou depois da aula.

Com o uso desse sistema, Garret se torna mais eficiente e independente nas rotinas do período matutino. Para os outros momentos de "se arrumar", os pais usam uma míni versão do plano com uma ou duas imagens, o temporizador e um esquema de pontos.

Passo 1: Definir o comportamento desejado

Habilidade executiva abordada: Administração de tempo.
Comportamento específico desejado: Garret completará suas tarefas matinais dentro de um limite de tempo.

Passo 2: Elaborar uma intervenção

Que suportes ambientais estarão disponíveis para ajudar a alcançar o objetivo?

- Agenda de imagens/palavras com imagens removíveis;
- Temporizador;
- Incentivo dos pais duas vezes no uso da agenda;
- A professora apoia o plano se Garret chegar atrasado à escola.

Que habilidade específica será ensinada, quem a ensinará e que procedimento será usado?

Habilidade: Organizar lições de casa e o quarto.
Quem ensinará a habilidade? Professora e pais.
Procedimento:

- Garret e os pais montam uma agenda visual/escrita;
- Garret coloca atividades na ordem que quiser;
- Os pais o cronometram de manhã, com um temporizador;
- Os pais checam o uso da agenda duas vezes;
- Garret tira uma imagem a cada atividade terminada;
- Garret escolhe um prêmio de dentro da caixa de prêmios, se cumprir a agenda no tempo combinado;
- Se Garret se atrasar para a escola, compensa em seu tempo livre.

Que incentivos serão necessários para motivar a criança a usar/praticar a habilidade?

- Garret pode escolher um prêmio simples da caixa de prêmios se completar as tarefas no tempo certo.

> **Chaves do sucesso**
>
> - Conte, ainda que por cima, o número de lembretes de que a criança precisa e observe a melhor localização (na entrada ou no fim da escada, por exemplo) para que os lembretes funcionem. Duas vezes talvez não sejam suficientes. Pode-se usar mais lembretes até o seu filho se acostumar a fazer as tarefas no tempo combinado. Embora seja um pouco chato manter esse tipo de registro, pelo menos você poderá ver o progresso e ter uma ideia do tempo necessário até desacostumar a criança dos lembretes. Sem essa noção de progresso, os pais sentem que o sistema não funciona e voltam às broncas.

Distorções do tempo: aprendendo quanto tempo leva uma tarefa

Os pais de Nathan sempre apreciaram a natureza tranquila do filho, que está no 8º ano, em contraste acentuado com sua irmã, que entra em pânico sempre que precisa estudar para uma prova. Mas, desde que ele começou o Ensino Médio, os pais se preocupam com sua tendência cada vez maior de adiar a lição de casa até perto da hora de dormir, apressando-se para terminá-la ou nem isso. Os problemas se agravam quando tem trabalho de longo prazo para fazer, pois deixa para fazer tudo até o dia anterior à entrega. Com o passar do tempo, a mãe de Nathan percebeu que parte do problema é que ele não tem ideia de quanto tempo as coisas levam para ser feitas. Se acha que pode fazer uma redação em meia hora, leva duas; e um trabalho que – pensa o garoto – pode ser terminado em duas horas, leva cinco ou seis. Os pais tentam repetidamente explicar a Nathan que sua habilidade para calcular o tempo é fraca, mas, mesmo quando ele reconhece que sua última redação levou duas horas, diz que, agora, como sabe o que escreverá e tem um esboço mental do assunto, tem certeza de que a terminará no máximo em uma hora.

Depois de muitas brigas entre os pais repetindo que não possui noção de tempo e Nathan respondendo, em outras palavras, "larguem do meu pé", os pais resolveram arrumar outro meio de lidar com o problema.

Em uma noite de sábado, quando ele não tinha planos de se divertir com os amigos, os pais de Nathan saíram com ele para jantar e propuseram que, quando chegasse em casa depois da aula, fizesse uma lista de lições de casa para aquela noite e calculasse quanto tempo cada uma levaria. Em seguida, com base em seus cálculos, escolheria a hora para começar, desde que não terminasse depois das 21:00. Se atrasasse mais de 20 minutos, no dia seguinte começaria as lições às 16:30. Se suas estimativas estivessem corretas, poderia determinar quando fazer a lição no dia seguinte.

Também combinaram que o garoto reservaria tempo para estudar antes das provas e trabalhar um pouco nas tarefas de longo prazo, pelo menos duas ou três noites por semana, a menos que a lição de casa do dia levasse mais de duas horas. Nathan concordou com o plano, porque achava que aquilo provaria que seus pais estavam enganados; até passou algum tempo no computador criando uma planilha para registrar seus dados. Disse à mãe que enviaria a planilha por *e-mail* assim que preenchesse seu planejamento diário. Concordaram que ela verificaria o planejamento e o horário em que, segundo Nathan, sua lição de casa estaria pronta.

Nas duas primeiras semanas, a mãe de Nathan precisou lembrá-lo de fazer o planejamento e enviá-lo por *e-mail*. O jovem logo aprendeu que não era tão bom em estimativas como se achava. Mas, como detestava começar a lição de casa assim que chegasse da escola, aos poucos aperfeiçoou sua capacidade de calcular quanto tempo levaria. Algumas vezes, quando mostrou aos pais as lições prontas, eles viram que o trabalho estava mal feito, provavelmente na tentativa de terminar no horário combinado. Conversaram sobre um esquema de penalidades, alertando o filho de que isso aconteceria se a falta de capricho se tornasse grave. Nathan, então, se corrigiu, pelo menos a ponto de os pais resolverem não recorrer às penalidades.

Passo 1: Definir o comportamento desejado

Habilidade executiva abordada: Administração de tempo.
Comportamento específico desejado: Nathan aprenderá a calcular corretamente o tempo necessário para completar lições de casa em um limite de tempo específico todas as noites.

Passo 2: Elaborar uma intervenção

Que suportes ambientais estarão disponíveis para ajudar a alcançar o objetivo?

- Horários para começar e terminar lições de casa;
- Planilha para estimativas de tempo de trabalho;
- Checagens da mãe.

Que habilidade específica será ensinada, quem a ensinará e que procedimento será usado?
Habilidade: Administração de tempo.
Quem ensinará a habilidade? Pais e o próprio Nathan.
Procedimento:

- Nathan fará uma lista de lições de casa e o tempo estimado para terminá-las, anotando na planilha e enviando à mãe;
- Com base nessas estimativas, ele decidirá o horário de começar a fazer as lições;
- O trabalho terminará até as 21:00, e se ele atrasar mais de 20 minutos, começará mais cedo no dia seguinte;
- Nathan reservará tempo para estudar antes das provas e se comprometerá a trabalhar nas tarefas de longo prazo duas ou três vezes por semana.

Que incentivos serão necessários para motivar a criança a usar/praticar a habilidade?

- Nathan poderá administrar seu tempo sem interferência ou advertência dos pais.

Chaves do sucesso

- *Sua vigilância é vital nos estágios iniciais da intervenção, porque a maioria das crianças sente que alguns elementos do plano exigem muito esforço e, por essa razão, se esquecem dele ou o evitam;*
- *Peça aos professores que verifiquem a quantidade e qualidade do trabalho de seu filho.* Conforme elaborado, esse plano exige relatórios corretos por parte da criança. Em nossa experiência, o modo mais eficaz de impedir o fracasso do plano é requisitando *feedback* dos professores, provavelmente por *e-mail*. Os relatórios devem ser enviados a você, com cópia para seu filho.

19
Encorajar a flexibilidade

A habilidade executiva da flexibilidade se refere à capacidade de rever planos diante de obstáculos, imprevistos, novas informações ou erros. Implica uma adaptabilidade a condições mutáveis. Adultos flexíveis conseguem ter uma tolerância maior. Quando os planos precisam mudar no último minuto devido a variáveis fora de seu controle, essas pessoas se ajustam rapidamente para resolver os problemas e cuidar do reajuste emocional necessário (como, por exemplo, vencer sentimentos de decepção ou frustração). Os adultos inflexíveis, por outro lado, são aqueles que "surtam" quando as circunstâncias mudam de forma inesperada. Pessoas que convivem com os inflexíveis, sejam eles adultos ou crianças, despendem maior energia e planejamento para reduzir o impacto das mudanças inesperadas sobre o familiar inflexível. Se você é mais inflexível (ou apenas um pouco mais) que seu filho, as sugestões no Capítulo 3 ajudarão a compensar essa fraqueza de ambos, auxiliando-o a orientar seu filho da maneira ideal.

Como se desenvolve a flexibilidade

Ninguém espera que os bebês sejam flexíveis com coisa alguma. Por isso, nos adaptamos às necessidades deles, os alimentamos quando têm fome e os deixamos dormir quando cansados. Desde muito cedo, contudo, os pais começam a introduzir mais ordem e previsibilidade, assim não precisarão ignorar o ritmo do mundo exterior para satisfazer as necessidades do bebê. Aos 6 meses, a maioria dos bebês segue os horários de dormir da família (isto é, dormir à noite o máximo possível). Por fim, quando a comida sólida entra em cena, moldamos os horários de refeições para os bebês se alinharem melhor com os horários da família.

No desenvolvimento das crianças até a fase de começar a andar e, depois, a idade Pré-Escolar, esperamos que elas sejam flexíveis em variadas situações – e a maioria é. Elas precisam, por exemplo, se acostumar com babás, entrar na Pré-Escola, passar a noite na casa da avó. Também queremos que se ajustem a mudanças inesperadas de rotinas, que lidem com decepção e encarem frustrações, criando o mínimo de encrenca. Todas essas situações exigem flexibilidade, e algumas crianças lidam melhor com isso que outras. Para a maioria das crianças com dificuldade nessa área, os pais percebem que, embora demorem um pouco para se ajustar às novidades, isso acaba acontecendo; e quando ocorre uma situação semelhante no futuro, o tempo de ajuste é menor. Em algum momento entre os 3 e 5 anos de idade, a maioria das crianças já aprendeu a administrar situações novas e eventos inesperados, sem se afetar ou se recuperando logo quando se aborrece.

Seu filho é flexível?

Use a escala a seguir para classificar como seu filho se sai em cada uma das tarefas listadas. Em cada nível, as crianças podem executar todas as tarefas relativamente bem, e até muito bem.

Escala

0 – Nunca ou raramente;
1 – Faz, mas não muito bem (cerca de 25% do tempo);
2 – Faz relativamente bem (cerca de 75% do tempo);
3 – Faz muito bem (sempre ou quase sempre).

Pré-escola/Jardim de Infância

( ) Ajusta-se a mudanças de planos ou rotinas (talvez sendo avisado antes);
( ) Recupera-se logo de decepções pequenas;
( ) Dispõe-se a compartilhar brinquedos com outros.

Fundamental I (6 a 11 anos de idade)

( ) Brinca bem com outros (não precisa mandar, compartilha etc.);
( ) Tolera redirecionamento da professora se não estiver seguindo instruções;
( ) Ajusta-se facilmente a situações não planejadas (ex.: professor substituto).

Fundamental II (11 a 15 anos de idade)

( ) Não "empaca" com as coisas (ex.: decepções, erros etc.);
( ) Consegue "mudar de marcha" quando os planos mudam por causa de circunstâncias imprevista;
( ) Consegue fazer lições de casa "abertas" mais abstratas (talvez com assistência).

Ensino Médio (15 a 17 anos de idade)

( ) Adapta-se a diferentes professores, regras de classe e rotinas;
( ) Dispõe-se a se adaptar à situação do grupo quando um colega é inflexível;
( ) Dispõe-se a se adaptar ou aceitar os interesses de um irmão mais novo (ex.: deixar que o irmão escolha um filme).

Fonte: *Inteligente mas Disperso* de Peg Dawson e Richard Guare. nVersos, 2022.

Encorajar a flexibilidade em situações diárias

Se o seu filho tiver problemas sérios com a flexibilidade, você precisará enfatizar as modificações ambientais, principalmente no começo do trabalho dessa habilidade. Jovens inflexíveis acham difícil lidar com situações novas, transições de uma circunstância para outra e mudanças inesperadas de plano ou horário. Portanto, algumas mudanças ambientais úteis são:

- Reduzir o inusitado da situação, não introduzindo muitas mudanças de uma só vez;
- Seguir horários e rotinas sempre que possível;
- Avisar com antecedência o que acontecerá;
- Dar à criança um roteiro para lidar com a situação: ensaiar a situação antes e rever com a criança o que pode acontecer e como ela poderá usar o roteiro;
- Reduzir a complexidade da tarefa. Crianças inflexíveis, no geral, entram em pânico quando acham que não conseguirão se lembrar de tudo ou fazer o que esperam delas. Subdividir as tarefas e pedir que cumpram um passo por vez é uma ação que reduz o pânico;
- Dê escolhas à criança. Para algumas delas, a inflexibilidade surge quando sentem que alguém tenta controlá-las. A chance de escolha devolve a elas parte do controle. Claro que você terá que respeitar a opção escolhida; portanto, pense com cuidado nas opções que pretende oferecer.

À medida que seu filho inflexível ganha maturidade, você pode usar as seguintes estratégias para encorajar uma flexibilidade maior:

- *Examine ao lado dele a situação que produz ansiedade,* dando-lhe apoio máximo no início, assim ele não se sentirá "abandonado" na hora de lidar com a tarefa. Com o sucesso, a confiança de seu filho cresce, e seu apoio pode diminuir gradualmente. Essa abordagem é, de fato, usada pelos pais o tempo todo com o intuito de ajudar os filhos a se adaptarem a situações que causam ansiedade. Se seu filho nunca foi a uma festa de aniversário e está apreensivo com a ideia, não o deixe lá, só retornando para pegá-lo dali a duas horas. Entre na casa com ele, permaneça um pouco, até ele se sentir à vontade, e então, devagar, afaste-se e saia da festa. Se a criança tem medo de entrar no mar, entre com ela, segurando-a pela mão e garantindo que não vai soltá-la até que se sinta segura. Em outras palavras, dê suporte físico, esteja presente no começo e, aos poucos se afaste, enquanto a criança desenvolve um nível de conforto e confiança para lidar com a situação sozinha. O segredo é (você já ouviu) *oferecer o apoio mínimo necessário para a criança se sentir bem*;
- *Use histórias sociais que abordam situações em que a criança é, previsivelmente, inflexível.* Essas histórias sociais, desenvolvidas por Carol Gray como um meio de ajudar crianças com autismo a compreender informações sociais e lidar melhor com interações, podem ser usadas também para ajudar crianças

com habilidades executivas fracas. São narrativas curtas que incluem três tipos de frases: (1) descritivas, que apresentam os elementos-chave da situação social; (2) perspectivas, que descrevem as reações e sentimentos dos outros na situação; e (3) diretivas, que identificam estratégias que a criança pode usar para negociar com sucesso a situação. Para mais informações acerca das histórias sociais, visite o *site* de Carol Gray: <https://carolgray-socialstories.com/>;

• Ajude a criança a desenvolver uma estratégia para lidar com situações em que sua inflexibilidade causa muitos problemas. Podem ser medidas simples como contar até dez, afastar-se da situação até a cabeça esfriar e depois voltar e pedir que uma pessoa específica intervenha;

• Consulte algumas estratégias do livro *O que fazer quando você tem muitas manias: um guia para as crianças superarem o TOC*, publicado no Brasil pela editora Artmed, de Dawn Huebner. Apesar de escrito para crianças com uma forma extrema de inflexibilidade, que é o transtorno obsessivo-compulsivo (TOC), o livro oferece boas descrições de como se sente uma pessoa inflexível, além de ótimas estratégias para lidar com isso. Pais e filhos deveriam lê-lo juntos, assim como os outros livros da autora. A idade-alvo é entre 6 e 12 anos de idade.

A cavaleira solitária: uma adolescente tentando controlar todos os seus planos

Anna tem 14 anos de idade e está no 9º ano escolar. Sempre se dá melhor com as coisas quando sabe de antemão o que deve fazer e que eventos e atividades estão programados. Não é raro ter uma crise quando se vê diante de mudanças inesperadas de planos. Como é mais velha hoje, Anna tem mais oportunidades de fazer os próprios planos e tomar decisões. Seus pais veem os prós e contras disso. A grande vantagem é que há bem menos conflitos entre eles porque têm participação menor nas decisões. A desvantagem é que Anna vive fazendo planos sem consultar os pais, embora tais decisões exijam o consentimento e o envolvimento deles. Por exemplo, nos últimos dois meses, convidou amigas para dormir em casa, planejou uma festa e combinou com uma amiga de visitarem um fliperama. Em nenhum desses casos, pediu permissão aos pais e explodiu quando disseram que não poderia fazer o que queria, ou deveria lhes dar mais detalhes. Os pais de Anna também veem nela a mesma reação emocional quando se esquecem de avisar (um ou dois dias antes) sobre uma consulta com médico ou dentista. Quando Anna entrou na adolescência, as explosões se tornaram mais intensas, com a menina gritando, jogando as coisas, e dizendo aos pais que os odiava. Dependendo do comportamento, seus pais a colocam de castigo, mas isso não resolveu o problema. A questão toda gira em torno de Anna planejar o uso de seu tempo, sem levar em conta que outras pessoas podem ter intenções diferentes. Uma vez tomada a decisão, os planos dos outros representam uma mudança inesperada, e ela reage negativamente, como sempre fez.

Em um momento de calmaria, Anna e os pais conversam e concordam que não gostam de como as coisas estão indo. Anna diz que gostaria de mais liberdade para suas escolhas. Os pais querem que ela considere os interesses deles, e passam algumas regras que Anna deverá seguir antes de planejar suas atividades. Cientes de que ela se dá melhor com rotinas e expectativas previsíveis, os dois propõem o seguinte:

• Nos dias depois da escola em que Anna não tiver uma atividade marcada (como aula de teatro ou consulta), ela pode escolher uma de suas atividades "regulares" – biblioteca, casa de uma amiga e jogo na escola. Deverá ligar para a mãe e dizer para onde vai e como. Ao chegar, telefonará de novo, avisando que está tudo bem. Se o destino for a casa de uma amiga, sua mãe conversará com a mãe dessa amiga. De lá, não poderá sair sem permissão, e a mãe a buscará ou ela deverá informar a mãe quem a levará para casa. Se não seguir essas regras, perderá esse privilégio (isto é, a chance de fazer uma de suas atividades regulares) por uma semana;
• De atividades especiais, como bailes, passeios no shopping, noite na casa de uma amiga e festas, Anna não pode participar a menos que obtenha permissão, que só será dada se ela disser para onde vai, com quem, por quanto tempo e qual a forma de transporte. Também deve dizer quem será o adulto presente e os pais confirmarão com essa pessoa;
• Sendo a comunicação um elemento-chave desse plano, os pais de Anna concordam em lhe dar um telefone celular, e ela se compromete em não usá-lo nas aulas;
• Para atividades ou compromissos marcados para Anna, os pais a avisarão no momento em que agendarem, além de lembrá-la dois dias antes da data;
• Ao menos duas vezes por semana, Anna e os pais reexaminarão o plano e decidirão se é necessário fazer alguma mudança.

Além de elaborar esse plano, os pais de Anna lhe explicarão por que é importante ter essas informações. Ela sente que os cuidados dos dois são um exagero, mas concorda em experimentar o plano.

Passo 1: Definir o comportamento desejado

Habilidade executiva abordada: Flexibilidade.

Comportamento específico desejado: Anna informará os pais se escolher uma atividade permitida, ou pedirá a permissão deles antes de combinar com alguém qualquer coisa que não seja acertada com os pais antes.

Passo 2: Elaborar uma intervenção

Que suportes ambientais estarão disponíveis para ajudar a alcançar o objetivo?

- Anna terá uma lista de atividades "pré-aprovadas".
- Os pais darão a ela um telefone celular.
- Os pais avisarão Anna com antecedência, quando houver compromissos.

Que habilidade específica será ensinada, quem a ensinará e que procedimento será usado?
Habilidade: Anna aprenderá a levar em conta os interesses dos outros antes de fazer seus planos, e aceitará que estes tenham limites.
Quem ensinará a habilidade? Os pais.
Procedimento:
- Anna pode escolher atividades de uma lista que não necessita de permissão adiantada, e dirá aos pais o que escolheu.
- Atividades fora da lista sempre exigem que Anna obtenha permissão adiantada.
- Anna se comunicará com os pais através de um celular que eles lhe darão.
- Os pais avisarão Anna com antecedência sobre qualquer obrigação/compromisso que marcarem para ela.
- Anna e os pais se reunirão duas vezes por semana para avaliar o plano.

Que incentivos serão necessários para motivar a criança a usar/praticar a habilidade?

- Anna terá maior controle/escolha de algumas atividades;
- Será avisada com antecedência sobre os compromissos;
- Ganhará um telefone celular.

Chaves do sucesso

- *Faça o possível para manter o acordo original e aplicar as consequências.* Não é raro um jovem de 14 anos de idade testar os limites desse plano, não telefonando ou telefonando tarde e ainda esboçando um plano experimental para deixar a cargo dos pais. O esquecimento pode ser acidental ou intencional. Pode ser difícil endurecer quando isso acontece, porque é natural que você queira dar à criança mais chances ou deseje evitar um escândalo. Mas, se não houver coerência, essa intervenção não levará seu filho nem você a lugar algum.

Lidar com mudanças nas rotinas

Manuel tem 5 anos de idade e frequenta a creche à tarde, a mãe o pega às 14:30 todos os dias. Ele sempre foi um menino de hábitos. Seus pais, que não são naturalmente organizados, aprenderam que rotinas regulares e espaços organizados são importantes para Manuel. Fazer com que o menino experimente atividades novas é um ato de muita paciência, e se sua primeira experiência com algo for negativa, ele não tenta de novo. Quando começou a tombar com a bicicleta assim que tiraram as rodinhas de apoio, recusou-se a andar novamente, embora seu pai o segurasse. Na escola, demorou um pouco, mas agora brinca com os colegas e parece se divertir. Entretanto, em outras situações sociais com colegas ou adultos, Manuel se esconde atrás da mãe ou do pai. A volta da escola à tarde, às vezes é um problema sério para o garoto e a mãe. Na maioria dos dias, seguem uma rotina regular. A mãe o pega e os dois param para um lanchinho em um restaurante próximo. Ela coloca uma música que ele gosta de ouvir e os dois seguem para casa, onde ele terminará o lanchinho. Se o tempo está bom, Manuel brinca no quintal; do contrário, se diverte com brinquedos em um cômodo. Qualquer mudança no decorrer dessas tardes – parar no banco, pegar a irmã na escola ou levá-la a alguma atividade – faz Miguel chorar e jogar as coisas, e ele fica amuado durante algumas horas. Embora a mãe compreenda sua necessidade de rotina, está cansada dessas crises emocionais. Ela sabe que, quando ele crescer, nem a família nem o resto do mundo acomodarão suas rotinas e, por esse motivo, os pais precisam encontrar estratégias que aumentem sua tolerância a mudanças.

A questão toda parece ser que Manuel se fixa com um plano ou resultado, logo que a mãe o pega na escola. Ela tenta acostumá-lo com sequências diferentes na volta para casa. Sabe que surpresa não é o forte dele; então, dá a seguinte ideia: "Manuel, às vezes, depois que pego você na escola, a gente para e compra um lanchinho. Outras vezes, preciso fazer alguma coisa antes de irmos para casa, tipo parar no banco ou buscar Maria. Geralmente, sei que vou fazer isso na noite anterior. Quer que eu avise você? Posso avisar ou a gente pode montar uma agenda com figuras". Manuel preferiria não mudar nada, mas a mãe está decidida, e ele escolhe o plano das figuras. Resolvem tirar fotos. Mas, para começar, com a ajuda da irmã, Manuel faz desenhos do carro, da casa, do banco, da escola de Maria, e de Maria jogando futebol, porque esses são os lugares-comuns. Eles plastificam as imagens e colocam velcro no verso. A mãe de Manuel começa a mudar a rotina dois dias por semana e, depois, três dias. Todas as noites a mãe e Manuel conversam sobre a agenda para o dia seguinte, e o menino arruma as imagens em um "horário". Antes de ele ir para a escola, os dois olham a agenda e a levam consigo no carro, para depois da escola. A princípio, Manuel protesta quando é um dia diferente, mas os protestos são suaves em comparação com antes. Com o passar do tempo, a mãe acrescenta outras atividades e Manuel parece ter cada vez menos dificuldade com essas mudanças depois da escola, desde que saiba antes o que acontecerá. A mãe consegue passar o momento do aviso para a manhã, antes de saírem para a escola. O objetivo é, por fim, dar a Manuel o plano ou agenda na hora que o pega, pois assim o planejamento para o dia dela pode ser flexível.

Passo 1: Definir o comportamento desejado

Habilidade executiva abordada: Flexibilidade.
Comportamento específico desejado: Manuel participará de mudanças de planos após a mãe pegá-lo na escola sem ter crises emocionais.

Passo 2: Elaborar uma intervenção

Que suportes ambientais estarão disponíveis para ajudar a alcançar o objetivo?

- Manuel tem imagens de possíveis atividades depois da escola;
- A mãe avisa Manuel do plano na noite anterior;
- A mãe revê a agenda pela manhã e a leva quando buscar Manuel.

Que habilidade específica será ensinada, quem a ensinará e que procedimento será usado?
Habilidade: Flexibilidade com mudanças de plano.
Quem ensinará a habilidade? A mãe.
Procedimento:

- A mãe diz a Manuel que haverá mudanças de planos e pergunta se ele quer ser avisado antes;
- São feitas imagens de diferentes atividades;
- Para cada dia, dependendo do plano, as imagens são colocadas em um "horário" na agenda;
- A agenda é examinada na noite anterior, de manhã e à tarde, assim que Manuel entra no carro;
- Com o tempo, são acrescentadas outras atividades/mudanças.

Que incentivos serão necessários para motivar a criança a usar/praticar a habilidade?

- Não há incentivos específicos neste plano.

Chaves do sucesso

- *Não espere que o seu filho seja flexível quanto às mudanças na intervenção!* Lembre-se de que você está lidando com uma criança que tem grande dificuldade com mudanças nas rotinas diárias. Quando esse novo sistema está em andamento, ele também pode ser tornar uma expectativa fixa para a criança. Isso significa que, se não usá-lo, talvez enfrente uma crise emocional em torno das mudanças na própria intervenção. Qualquer mudança no plano deve ser examinada com a criança, para ela saber o que acontecerá;
- *Prepare-se para acrescentar à intervenção mudanças não anunciadas.* Às vezes, não se pode prever uma mudança com muita antecedência, mas a criança precisa aprender a lidar com isso também. Quando seu filho demonstrar certa capacidade de encarar mudanças de plano com equanimidade, diga-lhe que, de vez em quando, poderão ocorrer alterações imprevisíveis. Em seguida, comece a introduzir mudanças de última hora na agenda, de preferência mudanças das quais a criança deverá gostar, como parar para um sorvete, no início. Aos poucos, introduza outros tipos de mudanças.

20
Aumentar a persistência orientada por metas

Persistência orientada por metas significa definir uma meta e se esforçar para alcançá-la sem desvios por interesses concorrentes. Sempre que nos empenhamos na direção de um objetivo de longo prazo estamos exibindo essa habilidade. Uma jovem de 25 anos de idade que resolve participar de uma maratona e treina o ano todo mostra uma persistência orientada por metas. O vendedor que deseja ser gerente e se oferece para fazer tarefas extras na loja, demonstrando ter a motivação para crescer, também tem uma persistência orientada por metas. E os casais que diminuem despesas com diversão e passeios, a fim de economizar e dar entrada em uma casa, também exibe a mesma habilidade executiva. Se você muda constantemente de meta por causa de novos interesses, ou não acha importante aperfeiçoar seu desempenho com o tempo, pode sofrer de uma deficiência na habilidade da persistência orientada por metas, e talvez possa utilizar as sugestões do Capítulo 3 para maximizar os próprios esforços de ajudar seu filho com a mesma fraqueza.

Como se desenvolve a persistência orientada por metas

Embora a persistência orientada por metas seja uma das últimas habilidades executivas desenvolvidas, desde a mais tenra idade de seu filho você o encoraja no desenvolvimento dela – mesmo sem perceber. Seja ao ajudar o pequeno muito novo a montar um quebra-cabeça ou a criança de 5 anos de idade a andar de bicicleta, toda vez que ela é incentivada a prosseguir, mesmo em algo muito difícil, impulsiona a persistência orientada por metas. Do mesmo modo, quando convence o seu filho que o domínio de novas habilidades requer tempo, prática e esforço, e o elogia por não desistir de uma coisa desafiadora, você o ajuda a valorizar essa habilidade executiva. Perceptivelmente, as crianças aprendem a ideia da persistência por meio de esportes ou da aprendizagem de um instrumento musical, mas também é possível ensinar persistência quando você lhe passa tarefas. No começo, as tarefas domésticas, por exemplo, são curtas e ocupam um espaço pequeno (como guardar a escova de dentes ou dobrar roupas). Conforme a criança fica mais velha, reconhecemos naturalmente que ela é capaz de executar tarefas mais longas, executadas em espaços maiores (arrumar o quarto, varrer folhas secas, passear com o cão etc.).

Dar mesada ao seu filho e ajudá-lo a aprender a economizar para adquirir objetos desejados é outra maneira de ensiná-lo a desenvolver a persistência orientada por metas. No 3º ano, a maioria das crianças já aprendeu a guardar pelo menos um pouco de dinheiro com o intuito de obter algo que querem comprar. No Ensino Médio, a maioria já conhece o conceito de persistência orientada por metas ao menos o suficiente para praticar um esporte ou instrumento musical, ou tomar decisões de como se empenhar para ter boas notas na escola. Quando estão terminando o Ensino Médio, os jovens começam a compreender que o desempenho diário na escola pode afetar resultados como, por exemplo, a escolha da faculdade, e já são capazes de dar passos maiores para alterar seu comportamento com a intenção de alcançar objetivos de longo prazo.

Para avaliar a persistência orientada por metas de seu filho em comparação com sua faixa etária, complete o questionário a seguir, que se baseia na avaliação mais simples no Capítulo 2.

Seu filho tem persistência orientada por metas?

Use a escala a seguir para classificar como seu filho se sai em cada uma das tarefas listadas. Em cada nível, as crianças podem executar todas as tarefas relativamente bem, até muito bem.

Escala

0 – Nunca ou raramente.
1 – Faz, mas não muito bem (cerca de 25% do tempo).
2 – Faz relativamente bem (cerca de 75% do tempo).
3 – Faz muito bem (sempre ou quase sempre).

Pré-Escola/Jardim de Infância

( ) Orienta outras crianças nas brincadeiras ou nos jogos de faz de conta.
( ) Procura assistência para resolução de conflito em torno de um objeto desejado.
( ) Experimenta mais de uma solução para alcançar uma meta simples.

Fundamental I (6 a 11 anos de idade)

( ) Persiste em uma tarefa desafiadora para alcançar uma meta, como, por exemplo, construir algo difícil com Lego.
( ) Retorna a uma tarefa mais tarde, se for interrompido.
( ) Trabalha em um projeto desejado por várias horas ou dias.

Fundamental II (11 a 15 anos)

( ) Consegue economizar boa parte da mesada para comprar algo que deseja.
( ) Consegue seguir uma agenda para se aperfeiçoar na prática de uma habilidade desejada (esporte, instrumento) – talvez com lembretes .
( ) Mantém um *hobby* por vários meses.

Ensino Médio (15 a 17 de idade)

( ) Capaz de aumentar os esforços para melhorar o desempenho (ex.: estudar mais para ter notas mais altas).
( ) Dispõe-se a se envolver em tarefas difíceis para ganhar dinheiro.
( ) Dispõe-se a praticar para aperfeiçoar uma habilidade sem precisar de lembretes.

Fonte: *Inteligente mas Disperso* de Peg Dawson e Richard Guare. nVersos, 2022.

Aumentar a persistência orientada por metas em situações diárias

Embora esta seja uma das últimas habilidades executivas a se desenvolver plenamente, você pode seguir certos passos enquanto seu filho ainda é muito novo, ajudando-o no desenvolvimento da persistência orientada por metas:

- *Comece muito cedo, passando tarefas bem curtas nas quais a meta esteja visível* (em termos de tempo e espaço). Ofereça assistência para a criança completar a tarefa e elogie-a por conseguir. Por exemplo, um dos primeiros brinquedos que as crianças mais apreciam é o quebra-cabeça. Comece com quebra-cabeças de poucas peças e, se a criança apresentar dificuldade, dê dicas, apontando para a peça que falta e o lugar onde deve ser posta;
- *Quando ajudar o seu filho a expandir e visar metas mais distantes, comece com algo com o qual a criança queira trabalhar.* Ela terá muito mais interesse em fazer construções complicadas com Lego do que arrumar o chão do quarto. Encoraje-a, dê algumas dicas, ofereça assistência (a ajuda mínima necessária para que ela obtenha sucesso) e, em seguida, elogie-o pela persistência;
- *Prometa à criança algo de interesse dela, que ganhará assim que terminar a tarefa.* Isso será um incentivo para persistir em tarefas que não são muito divertidas, como as obrigações domésticas. Se a força de vontade de seu filho for muito baixa, providencie uma recompensa depois de ele completar parte da tarefa;
- *Aumente aos poucos o tempo necessário para alcançar as metas.* No início, devem durar poucos minutos, menos de meia hora. A duração pode aumentar até a criança poder persistir mais tempo a caminho da meta ou da recompensa. Para ajudá-la a postergar a gratificação por alguns minutos até alguns dias, dê à criança um retorno concreto quanto ao seu progresso em direção à meta. Marcadores, peças de quebra-cabeça, partes coloridas de um desenho – tudo isso pode ser usado para representar progresso;
- *Lembre a criança de seu objetivo.* Se está guardando dinheiro para um brinquedo, ponha uma imagem do brinquedo na parede do quarto da criança ou na porta da geladeira. Lembretes visuais geralmente são mais eficazes que verbais. Os lembretes verbais em sua maioria são interpretados como amolação por adolescentes de pavio curto!;
- *Use tecnologia para providenciar lembretes.* Um exemplo são os *post-it* que aparecem na área de trabalho do computador logo que ele é ligado; existem também programas de "contagem regressiva", como nos computadores Macintosh;

- *A recompensa usada como incentivo pela persistência orientada por metas deve ser algo que o seu filho realmente quer e ainda não tem.* Se o seu filho adora videogames, por exemplo, e possui três aparelhos diferentes, duas dúzias de *games* e pode jogar sempre que quiser, não ficará motivado a postergar a gratificação ou persistir até conseguir uma coisa que já tem de sobra.

Quem desiste nunca tem autoconfiança: como ajudar uma criança a persistir no trabalho e na diversão

Samuel, de 5 anos de idade, está no Jardim de Infância. É um menino curioso, que gosta de tentar coisas novas, mas abandona logo todas as atividades quando perde o interesse ou porque são difíceis demais. Abandona as tarefas de "trabalho", como obrigações domésticas e atividades escolares, mas também as diversões como videogames e atividades atléticas (bater/pegar uma bola, andar de bicicleta). A irmã de Samuel de 3 anos de idade, por outro lado, persiste até conseguir o que deseja, o que deixa os pais ainda mais preocupados com o filho. Será que essa falta de persistência o deixará mais passivo e menos aberto para novas atividades? Ele já parece menos confiante hoje do que quando era mais novo.

Os pais de Samuel querem ajudá-lo, mas nem os incentivos no decorrer de uma atividade nem a insistência para que termine têm impacto duradouro. Gostariam de elaborar um plano com ele, mas precisam de informações adicionais. Quando Samuel inicia uma atividade, suas expectativas são muito altas? Depois que começa, a meta parece distante demais? Após conversar com Samuel sobre algumas atividades que deixou de lado, os pais percebem que ambos os fatores estão presentes. Após perder a bola algumas vezes no beisebol, por exemplo, o menino simplesmente desistiu de jogar.

O pai oferece ajuda, com Samuel concordando em não desistir e, em vez de bater na bola, apenas tocar, além de menos tempo de prática (5-10 minutos). Samuel e o pai fazem um gráfico no computador para registrar o desempenho do garoto em cada dia de treino. Parece que gostou do plano e os pais já repararam que às vezes pratica sozinho. Adquire confiança suficiente até para praticar um pouco com os amigos.

Os pais de Samuel experimentam um plano semelhante para uma tarefa doméstica: lavar a louça. Como o menino não gosta dessa obrigação, os pais diminuem a tarefa, no início (só o prato e copo que ele usar), e oferecem um incentivo (pontos) para cada prato ou copo além desses. Aumentam a demanda aos poucos e deixam o incentivo fácil de ganhar. Dali a um mês, Samuel está pondo todos os pratos e copos na lava-louça e ganhando as recompensas. Os pais adotam essas abordagens como uma estratégia geral para ensinar esforço e persistência ao filho, sempre que ele achar desafiadora uma atividade ou tarefa.

Passo 1: Definir o comportamento desejado

Habilidade executiva abordada: Persistência orientada por metas.
Comportamento específico desejado: Samuel aperfeiçoará sua persistência em tarefas preferidas e também nas não preferidas.

Passo 2: Elaborar uma intervenção

Que suportes ambientais estarão disponíveis para ajudar a alcançar o objetivo?

- Demandas fáceis e metas curtas, também fáceis de alcançar;
- Progresso acompanhado em um gráfico simples;
- Apoio dos pais para desenvolver a habilidade.

Que habilidade específica será ensinada, quem a ensinará e que procedimento será usado?
Habilidade: Alcançar metas ou completar tarefas seguindo passos.
Quem ensinará a habilidade? Os pais de Samuel ensinarão a habilidade e Samuel começará a praticar sozinho.
Procedimento:

- Os pais de Samuel trabalham com o filho na definição de metas alcançáveis e demandas de tarefas;
- Samuel concorda em ter uma agenda de treino e critérios.

Que incentivos serão necessários para motivar a criança a usar/praticar a habilidade?

- *Feedback* positivo, indicando que os objetivos de desempenho estão sendo alcançados;
- Gráfico para mostrar que o progresso é visível e concreto;
- Pontos que culminam em recompensa por completar tarefas.

Chaves do sucesso

- *Se o seu filho evita a atividade porque não obtém sucesso logo de cara, passe a ele a tarefa antes de uma atividade preferida.* É fácil perceber que o fato de Samuel cuidar da louça antes de usar o computador ou assistir a TV é um incentivo para cumprir a obrigação antes. Mas o mesmo se aplica ao esporte. Só porque é uma atividade recreativa, não significa que seja divertida para uma criança que tem dificuldade de persistir em prol de uma meta. Essas crianças perdem a paciência rapidamente.

Guardar dinheiro

Sob o ponto de vista de seus pais, Jared, de 9 anos de idade, é o tipo de criança que deseja "tudo na hora". Não tem paciência e fica logo frustrado quando precisa esperar ou se esforçar na direção de um objetivo. Por exemplo, quer ser tão bom em *skateboarding* quanto o seu melhor amigo, embora tenha começado depois e não pratique muito. Guardar o dinheiro da mesada ou de presente de aniversário é particularmente complicado, pois, assim que o recebe, quer ir a uma loja e gastá-lo. O resultado é que vive sem dinheiro e sempre pede aos pais que comprem algo para ele, ou que "emprestem" o dinheiro até o dia da mesada. Ensinar ao menino que, por receber mesada, ele precisa aprender a se virar melhor com o dinheiro é muito difícil; por isso, os pais adotaram uma política de "nada de empréstimo", exceto em casos específicos. Querem que o filho aprenda a seguir um plano para alcançar uma meta, ainda que de curto prazo.

Jared quer um videogame. No passado, os pais diziam que poderia comprar um, desde que economizasse dinheiro. Embora tenha tentado, não passou uma semana sem gastar suas economias em algo mais imediato. Apesar da preocupação por ter videogames em casa, os pais de Jared acham que esse desejo do filho pode ser um meio de ensiná-lo a alcançar uma meta. Potencialmente, o garoto aprenderia a trabalhar pelo sistema e pelos vários jogos que deseja. Mas para que o plano de economizar funcione, Jared precisa ver progresso no caminho até sua meta, e logo. Os meros R$ 5,00 que ganha dos pais por semana não resolvem. Como seu aniversário está próximo, o dinheiro que ganhará dos pais, de outros parentes e dos amigos pode dar um "grande aumento" em seus fundos. Mesmo assim, os pais sabem que ele precisa enxergar um progresso palpável na direção do objetivo de comprar um videogame.

Os dois resolvem, então, ajudar o menino a desenvolver um plano para comprar o videogame se ele estiver mesmo interessado. A conversa mostra que está. Os pais propõem que, se Jared estiver disposto a reservar todo o dinheiro do aniversário para o jogo, provavelmente dali a cinco ou seis semanas poderá fazer a compra, adicionando o dinheiro à mesada. Jared se sente meio incomodado com isso, porque sabe que não terá presentes na festa de aniversário. Sugere que os quatro amigos que convidou tragam presentes e usará o dinheiro que ganhar dos pais e parentes para o jogo, juntando com a mesada. Os pais ainda temem que ele perca o foco de sua meta. Combinam, então, de arrumar uma foto do videogame e plastificá-la. Em seguida, cortarão a foto em pedaços, como um quebra-cabeça, cada peça correspondendo a um pagamento de R$ 5,00. Com o dinheiro do aniversário, Jared terá um bom começo, completando uma parte grande do quebra-cabeça e, a cada semana, outra peça será acrescentada à sua mesada. Dez semanas depois de seu aniversário, Jared completa o quebra-cabeça e compra o aparelho. Ambos gostam desse esquema e o usam para outras metas de longo prazo.

Passo 1: Definir o comportamento desejado

Habilidade executiva abordada: Persistência orientada por metas.

Comportamento específico desejado: Jared conseguirá guardar dinheiro para comprar o videogame dez semanas depois de seu aniversário.

Passo 2: Elaborar uma intervenção

Que suportes ambientais estarão disponíveis para ajudar a alcançar o objetivo?

- Jared e os pais construirão um quebra-cabeça de uma foto que, quando completado, significará que alcançou sua meta para comprar o videogame;
- Os pais de Jared o lembrarão de que cada vez que ganhar R$ 5,00 pode "comprar" outra peça do quebra-cabeça;
- A cada semana, Jared e os pais olharão quanto do quebra-cabeça foi completado.

Que habilidade específica será ensinada, quem a ensinará e que procedimento será usado?

Habilidade: Alcançar uma meta de curto prazo por meio de planejamento e economia.

Quem ensinará a habilidade? Os pais

Procedimento:

- Jared e os pais definirão um objetivo concreto, usando um quebra-cabeça feito de uma foto;
- Os pais de Jared o ajudarão a criar uma linha do tempo para que ele enxergue o fim;
- Jared começará o plano em um momento (seu aniversário) que lhe permita dar um bom salto em direção à meta;
- Jared e os pais checarão formalmente o andamento do quebra-cabeça todas as semanas, e os pais serão "líderes de torcida", encorajando-o cada vez que ele "comprar" outra peça do quebra-cabeça;
- Ao menos a cada duas semanas, os pais levarão Jared à loja para jogar o modelo do videogame que ele está tão perto de comprar.

Que incentivos serão necessários para motivar a criança a usar/praticar a habilidade?

- Jared terá um videogame de sua escolha, que, de outra forma, não conseguiria comprar;
- Os pais usarão um sistema semelhante para compra de outros jogos que Jared queira.

> **Chaves do sucesso**
>
> - *Lembre-se de que o horizonte do tempo de uma criança é muito mais curto que o seu.* Para um plano assim funcionar, o fim deve ser visível *para a criança*. Portanto, não tenha uma ambição desmedida na hora de ensinar essa habilidade. É irrealista esperar que a criança economize por muitos meses ou use todos os seus recursos para economizar;
> - *Lembre-se: aprender a economizar exige prática contínua e persistente.* Saiba que precisará usar os sistemas de economia por um período longo.

21
Cultivar a metacognição

Metacognição é a capacidade de se distanciar e ver a si mesmo de fora, do alto, em determinada situação. Inclui automonitoramento e autoavaliação: "Como estou indo?" ou "Como me saí?". Adultos que possuem essa habilidade conseguem medir uma situação problemática, levar em conta diversas informações e tomar decisões corretas de procedimento. São também capazes de ponderar o que fizeram e decidir por mudanças, no futuro, se necessário. Já as pessoas sem essa habilidade podem deixar passar ou ignorar informações importantes (em especial, indicativos sociais) e tomam decisões ruins, com base no "instinto" no lugar de uma análise criteriosa dos fatos. Se você acha que vive metendo os pés pelas mãos, se arrepende de suas decisões e nem sempre consegue avaliar o sucesso de seus esforços, siga os procedimentos sugeridos no Capítulo 3 para ajudar o seu filho a superar a fraqueza nessa mesma habilidade.

Como se desenvolve a metacognição

A metacognição é um conjunto complexo de habilidades e começa a se desenvolver no primeiro ano de vida, quando os bebês aprendem a organizar suas experiências, separando e classificando, já aptos a reconhecer relações de causa e efeito. Essas habilidades expandem quando a criança começa a andar, uma fase em que todos os mecanismos usados para controlar as experiências (ordem, rotina, ritual) são importantes para as crianças. Na Pré-Escola, a ênfase passa da exploração para o domínio. Nessa idade, as crianças começam a reconhecer que outras pessoas têm experiências sensoriais diferentes e passam a identificar as emoções dos outros e a imitá-los. Pouco depois, entre os 5 e 7 anos de idade, elas começam a reconhecer que as outras pessoas têm pensamentos e sentimentos distintos e já conseguem fazer interpretações rudimentares do intento (se alguém as feriu de propósito ou sem querer). No meio da infância, a perspectiva metacognitiva se amplia consideravelmente. Nessa fase, as crianças não só têm uma compreensão mais profunda dos próprios pensamentos, sentimentos e intenções, mas sabem também que esses pensamentos, sentimentos e intenções são observados pelos outros. É por isso que os jovens no Ensino Médio ficam tão preocupados com suas ações e as convenções se tornam uma prioridade para eles. Eles ainda não aprenderam que o fato de que outras pessoas *podem* pensar neles de uma forma que pareça intrusiva não significa que realmente sejam intrusivas! No fim do Ensino Médio, esses jovens conseguem se distanciar e se autoavaliarem de uma melhor forma, uma vez que os blocos de construção da metacognição se acumulam e fazem sentido.

Para avaliar a metacognição de seu filho, em comparação com sua faixa etária, complete o questionário a seguir que se baseia na avaliação no Capítulo 2.

Qual é o nível de desenvolvimento da metacognição de seu filho?

Use a escala a seguir para classificar como o seu filho se sai em cada uma das tarefas listadas. Em cada nível, as crianças podem executar todas as tarefas relativamente bem, até muito bem.

Escala

0 – Nunca ou raramente.
1 – Faz, mas não muito bem (cerca de 25% do tempo).
2 – Faz relativamente bem (cerca de 75% do tempo).
3 – Faz muito bem (sempre ou quase sempre).

Pré-Escola/Jardim de Infância

( ) Consegue fazer ajustes pequenos em um trabalho de construção ou quebra-cabeça, se a primeira tentativa falhar.
( ) Encontra um uso diferente (mas simples) de uma ferramenta para resolver um problema.
( ) Dá sugestões a outras crianças de como consertar algo.

Fundamental I (6 a 11 anos de idade)

( ) Consegue mudar o comportamento em resposta ao *feedback* dos pais ou professor.
( ) Observa o que acontece com os outros e muda o comportamento, de acordo.
( ) Consegue verbalizar mais que uma solução para um problema e tomar a melhor decisão.

Fundamental II (11 a 15 anos de idade)

( ) Consegue prever o resultado de uma ação e fazer os ajustes necessários (ex.: para evitar problemas).
( ) Consegue articular várias soluções para problemas e explicar a melhor.
( ) Gosta do componente de resolução de problemas nos trabalhos escolares ou videogames.

Ensino Médio (15 a 17 anos de idade)

( ) Avalia corretamente o próprio desempenho (ex.: em evento esportivo ou trabalho escolar).
( ) Consegue ver o impacto de seu comportamento sobre os colegas e fazer ajustes (ex.: para se encaixar em um grupo ou evitar provocações).
( ) Consegue realizar tarefas que exigem capacidade de abstração.

Fonte: *Inteligente mas Disperso* de Peg Dawson e Richard Guare. nVersos, 2022.

Cultivar a metacognição em situações diárias

Há dois grupos de habilidades metacognitivas que podem ajudar seu filho a se desenvolver. Um deles envolve a capacidade da criança de avaliar o próprio desempenho em uma tarefa, como uma obrigação doméstica ou lição de casa, e também de fazer mudanças com base nessa avaliação. O segundo grupo envolve a capacidade de avaliar situações sociais, tanto o comportamento da própria criança quanto às reações e o comportamento dos outros.

Para ajudar seu filho a desenvolver habilidades relacionadas ao desempenho em tarefas, experimente o seguinte:

- *Faça elogios específicos para elementos-chave do desempenho.* Por exemplo, se quiser ensinar o seu filho a ser minucioso, elogie-o nestes termos: "Gostei de como você guardou todos os bloquinhos na caixa", ou "Gostei quando você olhou embaixo da cama para ver se havia roupa suja lá";
- *Ensine seu filho a avaliar o próprio desempenho em uma tarefa.* Depois de terminar a lição de casa de Ortografia, que exige o uso da palavra soletrada em uma frase, pergunte: "Acha que foi bem? Gostou de como ficou a folha com o exercício?". Dê também sugestões breves, específicas para uma melhora, de preferência começando pelo positivo: "Você escreveu frases muito boas, mas as palavras às vezes saem das margens. Experimente colocar o dedo na folha, marcando a margem e não escrevendo a partir daquele ponto". Ao dar *feedback* e sugestões, não julgue, pois a crítica ofusca tudo;
- *Peça à criança que identifique uma coisa terminada.* Se a tarefa de seu filho é lavar a louça, peça que descreva o que significa isso (nenhuma louça na pia, tudo guardado em gavetas ou armários). Talvez seja bom anotar a descrição e colocar em local de destaque para a criança se lembrar;
- *Ensine uma série de perguntas que as crianças podem fazer a si próprias diante de situações problemáticas.* Por exemplo: "Qual é o problema que preciso resolver?", "Qual é o meu plano?", "Estou seguindo o plano?", "Como me saí?".

Para ajudar seu filho a aprender a interpretar situações sociais, experimente o seguinte:

- *Faça um jogo de adivinhação para ensinar seu filho a ler expressões faciais.* Muitos jovens com problemas nessa habilidade não sabem ler expressões faciais nem interpretar sentimentos. Uma forma de ensinar essa habilidade é convertê-la em um jogo, no qual tanto os pais quanto os filhos fazem expressões com o rosto e cada um tem que adivinhar que sentimento o outro tenta transmitir. Outra maneira é assistir a um programa na TV e tirar o som, tentando adivinhar os sentimentos das pessoas pela expressão facial e a linguagem do corpo (tente gravar para repetir cenas com o som e verificar as hipóteses);
- *Ajude as crianças a reconhecer como o tom de voz muda o sentido do que é falado.* Dizem que 55% da comunicação é expressão facial, 38% tom de voz e só 7%

as palavras faladas. Dê ao seu filho etiquetas para diferentes tons de voz (brincadeira, sarcasmo, choramingo, zanga) e peça que os use para identificar os tons da própria voz, bem como das vozes dos outros;
- *Fale sobre os indicadores dos sentimentos das pessoas que podem ser notados quando tentam esconder os sentimentos.* Aparecem sinais sutis (comprimir os lábios indicando raiva, mexer nas coisas indicando ansiedade)? Faça disso um jogo de detetive;
- *Peça a seu filho que identifique como as ações dele podem afetar os sentimentos das pessoas.* Esse exercício ensina a linguagem dos sentimentos e as relações de causa e efeito.

Chega de ser "sabe-tudo": como ensinar seu filho a escutar

Yoshi, 11 anos, é a mais velha das três crianças na família. É uma aluna ponderada. Sempre teve boa memória e sempre gostou de ler e assistir a programas informativos na TV, como nos canais Discovery e Animal Planet. Como resultado de suas habilidades e interesses, Yoshi adquiriu muita informação e se tornou uma espécie de "especialista júnior" em uma variedade de assuntos. Seus pais e parentes encorajam isso e lhe pedem informações, às vezes. Ela gosta de compartilhar sua riqueza de informações com os outros, aprecia esse papel de especialista e os elogios que de vez em quando recebe dos adultos. Mas não sabe onde está o limite. Vive corrigindo os outros ou ignorando o que dizem, sempre dominando a conversa. Em casa, essa atitude se tornou uma grande fonte de conflitos com os dois irmãos mais novos. Seus pais agora percebem que, ao exibir seus conhecimentos, Yoshi às vezes cria problemas. Seus amigos mais próximos estão cansados da sabe-tudo; e na escola esse comportamento já causou conflitos na sala de aula. Yoshi às vezes nota as reações das pessoas aos seus comentários ou correções, mas acha que é problema delas. Os pais se preocupam com a cisão que o comportamento da filha mais velha está criando na família, bem como entre ela e os colegas.

Quando os dois abordam a questão com ela, Yoshi insiste que não está fazendo nada de "errado" e só tenta ser útil às pessoas. Mas no decorrer da conversa, admite que se preocupa, pois, às vezes sente que as pessoas não gostam dela.

É complicado ajudá-la, porque falar sobre o que sabe é automático para Yoshi. Ela sugere, então, que podiam começar a trabalhar nisso em casa, já que acontece muito com seus irmãos, principalmente, na hora das refeições. Os pais sugerem, e ela concorda, que o primeiro passo é escutar em vez de falar. O segundo, por enquanto, seria aceitar o que as pessoas dizem sem corrigi-las.

Para começar o plano, Yoshi concorda em praticar o hábito de ouvir, sendo a última a falar à mesa, depois que os irmãos e os pais falarem. Quando ela se manifestar, pode pedir aos outros mais informações a respeito do assunto e/

ou parabenizá-los. Também pode discorrer sobre suas atividades e interesses. Yoshi e os pais bolam um esquema em que quando começa a corrigir ou "dar palestra", eles lhe dão um sinal. Antes de começar, a família se reúne e Yoshi explica que está tentando a mudança e diz o que fará.

No início, Yoshi acha difícil seguir o plano e acaba ficando em silêncio durante as refeições. Com o tempo, porém, e a ajuda dos pais como modelos de elogios e perguntas, consegue fazer o mesmo e interagir sem correções ou conselhos. Usa também as mesmas estratégias com os amigos e os colegas da escola. Sente-se à vontade para expor o plano à professora e esta concorda em fazer um sinal quando começar a dominar uma conversa ou criticar os outros. Como agora ela não é mais uma sabe-tudo, os colegas e as outras pessoas se tornaram mais propensos a pedir informações e sua opinião.

Passo 1: Definir o comportamento desejado

Habilidade executiva abordada: Metacognição.

Comportamento específico desejado: Escutar mais, palestrar menos e corrigir menos as conversas.

Passo 2: Elaborar uma intervenção

Que suportes ambientais estarão disponíveis para ajudar a alcançar o objetivo?
- Outras pessoas na família falarão primeiro;
- Os pais e a professora darão sinal se ela começar a falar demais ou corrigir;
- Os pais e a professora serão modelos de como ouvir e se comportar de maneira aceitável em conversas.

Que habilidade específica será ensinada, quem a ensinará e que procedimento será usado?
Habilidade: Em uma interação social, escutar antes de falar e demonstrar interesse pelo que os outros têm a dizer.
Quem ensinará a habilidade? Pais, a professora e os amigos.
Procedimento:
- Yoshi é a última a falar nas refeições em família;
- Os comentários de Yoshi serão para pedir informações ou parabenizar os outros pelos que dizem;
- Os pais dão sinal se ela começa a falar demais ou corrigir;
- Yoshi imita o comportamento verbal dos pais;
- Yoshi tenta essas técnicas na escola e com os amigos.

Que incentivos serão necessários para motivar a criança a usar/praticar a habilidade?
- Os pais e a professora parabenizam Yoshi por sua habilidade em escutar;
- Os amigos recebem bem Yoshi e os comentários negativos cessam.

> **Chaves do sucesso**
>
> - Como o comportamento de seu filho não pode ser sempre monitorado, uma alternativa para acompanhar seu progresso se faz necessária. Uma possibilidade é pedir que lhe diga, mais tarde (ainda que de maneira informal), quais foram as situações em que escutou os irmãos ou amigos sem interromper ou corrigir, e dê exemplos específicos. Outra possibilidade é que a criança combine com um amigo confiável que lhe dê um sinal quando começar a dominar a conversa;
> - Ao ajudar a criança na avaliação de seu desempenho, lembre-se de que o que é importante para você nem sempre é para ela. A melhor maneira de lidar com isso é acertar uma média. O padrão visado não deve ser a perfeição, mas um grau de qualidade com o qual a criança se sinta à vontade. Assim como os adultos resolvem dedicar mais tempo e esforço para algumas tarefas que para outras, as crianças precisam ter essa permissão também – nem toda lição de casa será uma obra-prima e nem toda interação social, um triunfo.

Aprendendo a avaliar o desempenho

Cory tem 14 anos, está no 9º ano escolar e sua irmã tem 10 anos. As duas crianças convivem basicamente com a mãe e só veem o pai uma noite por semana e em fins de semana alternados. A mãe trabalha o dia todo e as crianças dividem as tarefas domésticas. Cory cuida da irmãzinha alguns dias depois da escola. Ele toca trompete em uma banda e trabalha dez horas por semana em um mercadinho da vizinhança, recolhendo os carrinhos.

Cory se considera motivado e esforçado, mas é um aluno de aproveitamento regular. Desde que começou o Ensino Fundamental, sente-se cada vez mais frustrado, porque acha que todo o seu esforço não compensa. Na escola, suas notas não refletem o fato de que ele faz as lições de casa sem precisar de lembretes e sempre estuda para as provas. No trabalho, é confiável, mas não tem aumento desde que começou, e o gerente às vezes lhe diz que deve ser mais atento. Em casa, cumpre suas tarefas e se dispõe a ajudar. Desde muito novo, porém, a mãe precisa verificar o trabalho do garoto e, de vez em quando, complementar ou refazer alguma coisa que ele julgava ter terminado.

A fraqueza de Cory sempre foi não verificar o próprio trabalho. Quando era pequeno, essa questão não era tão importante, porque os pais e professores o monitoravam de perto. Mas agora que é mais velho, precisaria conferir o que faz, sem supervisão. A mãe lhe dá exemplos concretos de como a inconstância afeta a qualidade de seu trabalho, desde passar o aspirador sem muito capricho até não reler as redações para a escola. Cory sempre se dispõe a aceitar esse tipo de parecer e se corrigir; portanto, o que precisa é determinar de antemão o que deve ser checado e, depois, monitorar, não esperando que alguém lhe diga que a tarefa não está bem feita.

Com o aspirador de pó como exemplo, a mãe de Cory pede que o garoto pense na tarefa e crie uma lista de "começar/terminar" para uma tarefa minuciosa. Quando acaba, os dois examinam a lista e a mãe sugere um passo adicional, que fará parte da lista de Cory; o garoto compreende a ideia e procura seu gerente no mercadinho e lhe pergunta como poderia ter um desempenho melhor no trabalho. O gerente se dispõe a ajudar e os dois combinam que, a cada duas semanas, seu trabalho será checado para determinarem se está certo. Na escola, a situação é um pouco mais complicada por causa da quantidade de matérias e da variedade de trabalho. Cory e a mãe se reúnem com a equipe de professores e ele explica o que gostaria de fazer. Juntos, examinam seu relatório de aproveitamento e as notas, a fim de descobrir em que áreas os problemas acontecem com mais frequência. A partir dessa informação, os professores veem que as tarefas de redação são as mais problemáticas. A professora de inglês sugere que se reúnam para conversar, já que é a área dela. Depois, pede que faça uma lista de tarefas para as redações e concorda em reexaminá-la com Cory antes de ele começar a escrever, também decide ler o rascunho e determinar se o menino monitorou o trabalho e seguiu a lista de tarefas. Com as listas nessas áreas diversas, a revisão dos textos antes de fazer as tarefas e a presença de uma pessoa (professora, gerente etc.) para avaliar seu monitoramento, Cory consegue melhorar o seu desempenho em tudo. A partir desse processo, percebe que, ao receber um retorno de que precisa ser mais cuidadoso e atento, terá de seguir um plano semelhante para a referida tarefa.

Passo 1: Definir o comportamento desejado

Habilidade executiva abordada: Metacognição.
Comportamento específico desejado: No decorrer de tarefas específicas, Cory avaliará seu desempenho, de acordo com um padrão dado para aquela tarefa, esforçando-se para seguir esse padrão.

Passo 2: Elaborar uma intervenção

Que suportes ambientais estarão disponíveis para ajudar a alcançar o objetivo?

- Mãe/gerente/professores determinarão os padrões (em uma lista) para tarefas específicas, cada um em sua área;
- Mãe/gerente/professor darão um retorno a Cory sobre seu desempenho.

Que habilidade específica será ensinada, quem a ensinará e que procedimento será usado?

Habilidade: Cory aprenderá a avaliar e, se necessário, corrigir seu desempenho até cumprir o padrão determinado para aquela tarefa.

Quem ensinará a habilidade? Mãe/gerente/professor determinarão o padrão e darão um retorno sobre o desempenho.

Procedimento:

- Em companhia de adultos, Cory escolhe uma série de tarefas para monitoramento e aperfeiçoamento;
- Os adultos determinam um padrão aceitável de desempenho para essas tarefas;
- Cory examina as expectativas antes de começar a tarefa;
- Cory faz as tarefas, monitora seu desempenho e os adultos dão um retorno quanto ao cumprimento do padrão;
- Se necessário, Cory corrige o desempenho.

Que incentivos serão necessários para motivar a criança a usar/praticar a habilidade?

- Retorno positivo dos adultos sobre o desempenho.
- Notas melhores na escola e desempenho melhor no trabalho que gera aumento de salário.

Chaves do sucesso

- *Não tente abordar muitos comportamentos diferentes de uma só vez.* Limite a intervenção para uma ou duas, no começo. Provavelmente será melhor lidar com uma área por vez, como as tarefas em casa ou na escola, não as duas ao mesmo tempo;
- *Dê à criança um retorno específico sobre comportamentos característicos que devem ser mudados.* Este plano tem boas chances de sucesso se a criança estiver motivada e aceitar o retorno dos outros, mas mesmo assim pode fracassar se você disser algo do tipo: "Você precisa tomar mais cuidado" ou se o professor disser: "Estude mais" ou quando o chefe do jovem aprendiz repreender: "Preste atenção ao que está fazendo". A criança precisa de instruções concretas, como: "Verifique as seis fileiras de carrinhos que os fregueses vão pegar e também a área de devolução".

22
Quando o que você faz não basta

Para crianças com fraquezas graves nas habilidades executivas, talvez as estratégias e abordagens dos pais não sejam suficientes. Se você experimentou as estratégias e sugestões até agora apresentadas neste livro e não teve muito sucesso, ou se os conselhos para resolução de problemas dos Capítulos 11 ao 20 não ajudaram, é bom examinar mais de perto o problema.

Quando o plano feito em casa não funciona, sugerimos um exame mais apurado da intervenção para garantir que os elementos-chave necessários estão sendo usados. Como já mencionamos, a atenção a detalhes é essencial, bem como boa dose de esforço. Embora pareça uma dica simplista, é importante revisar rapidamente cada passo do plano.

Em uma consulta conosco faríamos as seguintes perguntas:

Qual é o problema específico que você quer abordar? Por exemplo, seu filho chora com qualquer mudança de plano? Ele gasta dinheiro assim que o recebe? Perde as coisas todo dia ou não sabe onde as guardou? Você definiu o problema de uma forma bem específica para ser capaz de julgar o sucesso ou o fracasso? A descrição do comportamento deve ser exata a ponto de você, seu filho e qualquer outra pessoa envolvida não terem dúvida de que o comportamento ocorreu. Descrições com as palavras *sempre, nunca, tudo, o tempo todo* e *coisas assim* são generalizadas demais. Outro exemplo: "Kim vive perdendo suas coisas", "Jack está sempre atrasado" e "Tyler não consegue seguir instruções" não oferecem informações suficientes para abordar o problema e nem para avaliar o sucesso do plano. A especificação do quê (por exemplo, o que a criança perde), quando (em que momentos o comportamento acontece e causa complicações) e onde (em que situações isso acontece) ajuda a definir melhor o problema. Mesmo que o comportamento ocorra em outras situações, a chave do sucesso é escolher um ponto de partida específico (lembre-se, "passos de formiga" – ou passos de bebê).

Qual é o seu padrão para julgar se o problema melhorou e que comportamento será desejado? Uma mudança total de comportamento não só é muito difícil, mas praticamente impossível, pelo menos em curto prazo; por isso, recomendamos que você seja realista em suas expectativas. Faça uma lista de duas ou três situações específicas em que o problema ocorre, defina o que deseja mudar nelas e especifique o que gostaria que seu filho fizesse. Alguns exemplos: (1) reclama de mudanças, mas as aceita sem crises emocionais; (2) guarda pelo menos 30% da mesada; (3) só pede sua ajuda para encontrar objetos perdidos duas vezes por semana. É importante começar com pequenas melhorias e trabalhá-las, em vez de esperar que o problema seja completamente resolvido. Passos pequenos em direção ao objetivo devem ser considerados um sucesso.

Levando em conta a idade de seu filho, as habilidades que ele possui hoje e o esforço necessário para ele fazer o que você espera, suas expectativas são realistas? Cuidado com a resposta: se disser, com certa dose de exasperação: "Quando eu tinha essa idade, nunca tive esse problema" ou "Toda criança da idade dele lida com essa situação sem se desesperar", talvez suas metas para a criança sejam altas demais. Volte à pergunta anterior: "O que pode ser considerada evidência de uma melhora?".

Que suportes ambientais você disponibilizou? Por exemplo, você tem um indicador visual para assinalar que uma mudança de planos está chegando? Quando seu filho recebe dinheiro, há um lugar disponível para guardá-lo? Caixas e gavetas para guardar objetos têm imagens específicas ou etiquetas escritas?

Que habilidade específica você tenta ensinar? Assim como na definição do problema, é necessário ter clareza quanto ao comportamento que deseja ensinar. Embora incentivemos começar pela identificação da habilidade executiva em foco, essas habilidades são ensinadas no contexto de comportamentos mais específicos. Nos exemplos anteriores, talvez queira ensinar seu filho a reconhecer e reagir de forma aceitável a um símbolo de mudança, a economizar o dinheiro e colocá-lo logo no banco ou a guardar os brinquedos nos locais apropriados.

Quem é responsável por ensinar a habilidade, qual é o procedimento e com que frequência é praticado? Principalmente nos estágios iniciais de ajuda no aperfeiçoamento das habilidades executivas de seu filho, o peso é muito maior para a pessoa que ensina a habilidade do que para a criança. Nosso trabalho de pai e mãe seria muito mais fácil se o que os psicólogos chamam de *aprendizado* funcionasse em uma tentativa para as habilidades que queremos desenvolver em nossos filhos. Na verdade, a maioria dos comportamentos importantes que esperamos de nossos filhos quando é hora de viverem suas vidas de forma mais independente exige muito tempo de prática. Incluiu isso em seu plano?

Que incentivos são usados para motivar seu filho a aprender a nova habilidade/novo comportamento e usá-los quando a situação exigir? Percebemos que usualmente esse é o passo que falta no plano. Recompensas valiosas para o seu filho podem ser um incentivo poderoso para convencê-lo a experimentar o plano e sinalizar o sucesso. Quando a criança aprende a habilidade, incentivos naturais como a aprovação e o elogio dos pais podem ser suficientes para manterem essa habilidade. Não vemos a recompensa como um "suborno", mas alguns pais não se sentem à vontade com isso. Se você é assim, use uma das atividades preferidas de seu filho e permita-lhe acesso a ela se a criança demonstrar o comportamento desejado.

Se você acha que abordou essas questões e desenvolveu um plano razoável, específico e com suportes e incentivos, ainda há outros fatores a levar em conta se o plano não funciona.

- *A constância com que o plano é seguido.* Vivemos ocupados e nem sempre é fácil ou conveniente alertar a criança de uma mudança de planos, ou monitorá-la para ver se está guardando o dinheiro e seus objetos pessoais. Lapsos ocasionais acontecem e nem por isso o plano fracassa. Por outro lado, se a estratégia for seguida apenas de forma intermitente, *com certeza* fracassará. Você dificilmente verá mudanças no comportamento de seu filho e, portanto, não terá motivação para continuar com o plano. A criança sentirá que para você aquilo não é importante e se esforçará menos, voltando aos comportamentos antigos. Por essas razões, os planos devem ser relativamente simples e caber nos seus limites de tempo;

- *A constância dos adultos que usam o plano.* Seja um dos pais, ou um irmão mais velho, ou um professor que usa o plano ou parte dele, essa pessoa precisa seguir os elementos-chave; do contrário, o plano falha. Conhecemos uma mãe que queria implementar um plano econômico usando a mesada, mas o marido não concordava porque, quando criança, não recebia dinheiro dos pais e, por isso, não achava certo as crianças receberem. A mãe suspendeu o plano até conseguir convencer o marido dos benefícios de seu filho economizar para metas futuras. Mas, se tivesse aplicado sozinha a medida, certamente surgiriam discussões com o parceiro. Se várias pessoas compartilham da responsabilidade de cuidar de uma criança, todas devem discutir o plano e acertar o papel de cada uma desde o início. Se há estratégias para lição de casa, materiais escolares, livros etc, pais e professores precisam definir o que esperar uns dos outros, a frequência da comunicação e como esta será feita, e, na maioria dos casos, o método de comunicação não pode envolver a criança, pois a criança é notoriamente má informante;

- *Quanto tempo o plano será usado.* Não há regras rígidas para a duração de um plano. Se for realista – ou seja, se seguir a maioria dos critérios anteriores – deve ser aplicado pelo menos entre 14 e 21 dias. Parece pouco, mas em nossa experiência vemos pais experimentando planos pelo período de 4-5 dias e, de repente, perderem a constância. Você também pode cair nessa tentação por dois motivos: se não notar a mudança, a falta de uma compensação imediata pode dificultar a persistência do esforço; por outro lado, talvez ocorra uma melhora quase imediata, os pais pensam que alcançaram o que esperavam e diminuem o monitoramento. Nesse caso, a mudança não dura e dali a algumas semanas o velho padrão retorna. Para se manter firme, passe alguns minutos no fim de cada dia de aplicação do plano classificando sua própria aderência ao projeto usando uma escala de cinco pontos (1, *Pisei na bola hoje*, até 5, *Segui 100%!*).

Como sei se meu filho não consegue ou não quer? Talvez seja preguiçoso! Em todos os nossos anos de prática profissional, conhecemos pouquíssimas crianças que chamaríamos de preguiçosas. Algumas são desmotivadas, outras duvidam da própria capacidade, ou sentem que tentar e fracassar é pior do que não tentar, ou ainda preferem passar o tempo fazendo coisas divertidas em vez tediosas ou difíceis. A pergunta vital aqui não é se a criança não consegue ou não quer, e sim como fazê-la vencer qualquer obstáculo que a impeça de adquirir proficiência em tarefas ou de completá-las. O modo de ajudá-las a superar esses obstáculos, normalmente envolve a seguinte combinação: modificar a tarefa para que não pareça tão desafiadora, ensinar o passo a passo para completar a tarefa e supervisionar a criança enquanto os segue, e incluir um incentivo que faça o trabalho e o esforço valerem a pena. Se você fizer tudo isso, seu filho será inteligente, mas não disperso.

Ajuda profissional

Enfim, você fez tudo o que pôde e ainda não vê uma melhora significativa. E agora? Sem dúvida, algumas crianças têm problemas tão sérios com habilidades executivas que os pais não conseguem abordar sozinhos. Se acha que seu filho é assim, é possível procurar os serviços de um profissional; por exemplo, um psicólogo, um assistente social ou orientador de saúde mental. O título é menos importante do que a orientação. Recomendamos consultar um especialista que use a abordagem comportamental ou cognitivo-comportamental e com experiência em orientação parental.

A abordagem comportamental foca na identificação de desencadeadores ambientais específicos que contribuem para o comportamento problemático (chamados de *antecedentes*), bem como as reações ao comportamento (chamadas de *consequências*). Esse profissional auxilia os pais a alterar os *antecedentes* ou as *consequências*, ou ambos. Os terapeutas cognitivo-comportamentais podem usar um método semelhante, mas abordam também o que as crianças e seus pais pensam a respeito do problema e ensinam a encará-lo de outra maneira (por exemplo, dando-lhes estratégias do tipo "fale com você mesmo" e relaxamento, além de técnicas de interrupção de pensamentos). Não recomendamos terapeutas que usam a terapia tradicional de apenas conversar ou terapia de relacionamento, porque acreditamos que as crianças e seus pais se beneficiam quando aprendem habilidades específicas e estratégias, sendo possível lidar com problemas causados por déficits nas habilidades executivas.

A importância dos testes

Os pais de crianças com problemas severos nas habilidades executivas costumam nos perguntar se deveriam aplicar algum teste em seus filhos. Não somos grandes defensores desse instrumento para identificar habilidades executivas fracas, porque os testes desenvolvidos para avaliar essas habilidades, no geral, não se correlacionam com o que os pais e professores sabem sobre a criança sendo avaliada. Entretanto, estas são algumas situações nas quais um teste seria útil[16]:

- Se você acha que o seu filho precisará de suporte adicional na escola, uma avaliação pode fornecer a documentação necessária de que há um problema a ser abordado;
- Se pensa que pode haver problemas de aprendizagem (como uma deficiência ou um transtorno de atenção) que podem ser identificados através de uma avaliação;
- Se acha que talvez existam outras explicações para o comportamento preocupante, sugerindo opções de tratamento. Transtornos psicológicos como transtorno bipolar, ansiedade, depressão, transtorno obsessivo-compulsivo (TOC) impactam as habilidades executivas. Existem tratamentos para esses problemas (incluindo o uso de medicação e abordagens terapêuticas

---

16. A Lei nº 13.935/19 tornou obrigatória a oferta dos serviços de psicologia educacional e serviço social em escolas da rede pública. No entanto, essa lei foi promulgada recentemente e ainda está em processo de implementação nas escolas. [N.T.]

específicas), e um diagnóstico exato apontaria a direção de uma intervenção apropriada.

Se você quiser uma avaliação que inclua uma análise das forças e fraquezas nas habilidades executivas de seu filho, os profissionais que realizam esse tipo de trabalho são psicólogos, neuropsicólogos e psicólogos escolares. Se os problemas forem sérios a ponto de prejudicar o desempenho na escola, saiba que as escolas são obrigadas a oferecer esse tipo de avaliação[17]. (Veja no capítulo seguinte o que é considerado desempenho escolar prejudicado.)

Além de qualquer "teste" usado pelo avaliador, seja de QI ou aproveitamento o especialista deve recorrer a uma escala para classificar o nível das habilidades executivas (por exemplo, o Inventário de Classificação Comportamental da Função Executiva, ou BRIEF, na sigla em inglês), além de coletar informações, geralmente por meio de uma entrevista detalhada com os pais sobre como os problemas nas habilidades executivas se manifestam no cotidiano da criança. O benefício de coletar esse tipo de informação é, naturalmente, o desenvolvimento de intervenções, que, afinal de contas, é o propósito básico de uma avaliação.

Uma palavra a respeito da medicação

A medicação é usada no tratamento de transtornos psicológicos ou de origem biológica como o Transtorno de Déficit de Atenção com Hiperatividade (TDAH), transtorno de ansiedade e transtornos obsessivo-compulsivos. Nesses casos, os medicamentos podem resultar em uma melhora no funcionamento executivo, mas não foram elaborados especificamente para esse fim.

Em diversos estudos conduzidos há muitos anos, a medicação tem se mostrado eficaz no controle de numerosos sintomas associados a TDAH, incluindo distração, dificuldade para completar um trabalho, hiperatividade e controle de impulso. Como as crianças com TDAH trabalham melhor e persistem por mais tempo nas tarefas quando tomam estimulantes, observamos nelas também uma melhora na administração de tempo e na persistência orientada por metas. Os medicamentos para transtornos de ansiedade podem melhorar também o controle emocional quando esses problemas se devem a uma ansiedade latente. Não conhecemos estudos que apontem para habilidades executivas específicas, para podermos determinar se o uso de medicação gera

---

17. No Brasil, as escolas não são obrigadas a oferecerem tal avaliação, mas os docentes, ao notarem um comportamento diferente, podem fornecer um parecer, falar com os responsáveis e sugerir uma avaliação psicológica feita por outro profissional fora da escola.[N.T.]

uma melhora na habilidade em si ou em tarefas que exigem o uso de uma ou outra habilidade.

Os pais que nos procuram na clínica preferem usar intervenções não médicas, a princípio, com o que nós concordamos. O uso de medicamentos pode levar pais e professores a acreditar que só essa intervenção basta; mas acreditamos que o efeito da medicação é maior se combinado com intervenções comportamentais ou psicossociais. Além disso, certas pesquisas sugerem que, quando a medicação é combinada com outras intervenções, ela pode ser administrada em doses mais baixas. Por tudo isso, recomendamos o uso de abordagens como modificações ambientais, relatórios de desempenho casa/escola e sistemas de incentivos antes de recorrer à medicação.

Pode haver momentos, porém, em que o uso de medicamentos se faz necessário. Para crianças com TDAH, há vários sinais que os pais podem observar, sabendo que vale a pena tentar estimulantes. Por exemplo:

- *Quando o transtorno de atenção (principalmente impulsividade ou o nível de atividade motora) está impactando a capacidade da criança de fazer amizades.* O dom de formar relacionamentos sociais na infância é um forte indicador de um temperamento ajustado na vida, e se os problemas de atenção impedem que isso aconteça, a medicação talvez seja necessária;
- *Quando o transtorno de atenção começa a afetar a autoestima.* Crianças com formas mais brandas de TDAH têm consciência de que seus problemas de atenção as deixam distintas na escola (por exemplo, o professor sempre chama sua atenção) ou impede que façam com capricho um trabalho escolar (por exemplo, causando erros desleixados). Quando elas começam a fazer comentários negativos sobre si próprias, isso indica que o transtorno de atenção está afetando sua autoestima, o que pode ser minimizado com o uso de medicamentos;
- *Quando o transtorno de atenção interfere diretamente na capacidade de aprendizado da criança.* Isso pode acontecer de diversas maneiras: (1) têm dificuldade em prestar atenção à aula e, portanto, perdem explicações ou não terminam as lições na sala de aula; (2) ficam tão frustradas que desistem, causando um curto-circuito no aprendizado; (3) não têm paciência para planejar e executar tarefas que não podem ser feitas rapidamente. Observamos esses efeitos na dificuldade de *desacelerar*, quando uma tarefa assim o exige, ou na incapacidade de lidar com problemas de múltiplos passos, pois não conseguem ponderar nos passos necessários para alcançar êxito;
- *Quando a quantidade de esforço exigido da criança para controlar sua distração, impulsividade, ou atividade motora* é grande a ponto de afetar o nível geral de ajuste emocional.

Para jovens com problemas de controle emocional por motivos de depressão ou ansiedade, os pais precisam levar em conta a gravidade do problema antes de decidir pelo uso de medicação. Pesquisas com adultos indicam que a terapia cognitiva-comportamental pode ser tão eficaz no tratamento da ansiedade e da depressão quanto os medicamentos, mas quando, por algum motivo, a terapia não for possível e a depressão ou ansiedade da criança atingirem uma alta escala, a ponto de afetar a qualidade de vida, a medicação será uma escolha válida.

23
Trabalhar com a escola

Crianças com habilidades executivas fracas não têm problemas apenas em casa, mas também na escola. Aliás, são os problemas na escola que levam os pais ao nosso consultório. O mais frustrante para muitos pais que conhecemos é que ambos se esforçam muito em casa para lidar com os problemas, mas não têm controle do ambiente escolar e das situações que surgem lá. Este livro não seria completo se não oferecesse conselhos e orientações de como trabalhar em harmonia com as escolas.

Veja o que aprendemos após anos trabalhando nos problemas de habilidades executivas com pais, professores e alunos. Para que ocorra uma melhora genuína, *todos precisam trabalhar juntos*. Os professores precisam fazer mais pelas crianças com habilidades executivas fracas que pelos outros alunos; você precisa supervisionar e monitorar mais uma criança assim do que as outras sem esses problemas; e as crianças com habilidades executivas fracas devem se esforçar mais do que se esforçariam se essas habilidades tivessem desenvolvimento normal. Descobrimos que as tensões, os conflitos e a infelicidade são mais passíveis de ocorrer quando uma das três partes envolvidas não está fazendo sua parte.

Taticamente, a abordagem não adversa funciona melhor que a culpa ou as acusações em persuadir os professores a mudar seu modo de lidar com uma criança. Partindo da premissa de que todos precisam se esforçar mais, recomendamos que você converse com os professores de seu filho, explicando o problema da forma como o vê, nestes termos: "Poderíamos fazer o seguinte...". Em seguida, faça uma pergunta aberta ao professor: "O que o senhor acha que ajudaria?". Por exemplo, para uma criança com dificuldade para terminar todas as lições de casa e se lembrar de entregá-las, você pode dizer: "Posso verificar o caderno de anotações dele todas as noites, bolar um esboço para a lição de casa com a criança, e supervisionar até terminar e guardar em uma pasta, e depois colocar a pasta na mochila. O que mais podemos fazer para ele não se esquecer de entregar a lição de casa?". Se o professor não acha que é responsabilidade dele dar suporte individual, experimente lhe indicar este livro, ou outro que escrevemos especificamente para educadores (*Executive Skills in Children and Adolescents: A Practical Guide to Assessment and Intervention*). Com a leitura, o professor compreenderá melhor as habilidades executivas e terá ideias de como lidar com o problema na sala de aula.

Eis algumas questões relacionadas à escola que costumam aparecer em nosso trabalho com os pais:

A professora de minha filha acha que se ela tomasse algum remédio todo mundo ficaria mais feliz. Prefiro experimentar outras coisas. Como lido com isso? Nossa resposta à pergunta é direta: a medicação nunca pode ser decisão da escola. Decisões em torno de medicamentos cabem exclusivamente aos pais e ao pediatra. Pode ser mais fácil para os professores ou outros na área da Educação aceitar suas ressalvas quanto a esse uso, se disser algo do tipo: "Preocupa-me dar remédios à minha filha. Sei que têm efeitos colaterais e isso me incomoda. O que eu gostaria de tentar é...". Se explicar aos professores que você se dispõe a fazer sua parte, talvez eles se empenhem mais em fazer a parte deles.

O professor diz que levará em conta os problemas das habilidades executivas de meu filho (como perguntar ao fim da aula se pegou tudo que precisa para a lição de casa, enviar um relatório semanal para eu saber se falta alguma lição), mas se esquece e meu filho acaba não entregando tudo. O que faço? Se o professor tem boa intenção (mas talvez tenha uma habilidade executiva fraca também), mostre empatia: "Sei que o senhor está muito ocupado no fim do dia. Posso fazer alguma coisa para ajudar?". Alguns professores se ressentem de prestar supervisão ou incentivos extras e, se pressionados, a verdade vem à tona: "Acho que seu filho deve cuidar disso sozinho". Sua resposta a esse tipo de comentário pode ser: "Já tentamos e não deu certo. Precisamos fazer algo além de dizer a ele que é o responsável". Há certas medidas que podem facilitar as coisas para os professores. Geralmente, recomendamos que os pais enviem *e-mails* semanais a eles, para saber quais lições estão faltando. É mais fácil responder a um *e-mail* que iniciar um, pois reduz o peso sobre os ombros do professor e torna a comunicação mais manejável. Também conhecemos mães que gostam de ir à escola de seus filhos uma vez por semana, e ajudar na arrumação das carteiras e dos armários. Em nenhum desses casos, os pais ou professores deixam a criança "a ver navios". Pelo contrário, estão aplicando sistemas que ajudam as crianças a serem responsáveis e, ao mesmo tempo, supervisionam seu empenho.

Até que ponto posso esperar que os professores ajudem meu filho a desenvolver habilidades executivas mais eficazes? Percebemos que os professores que mais sustentam o desenvolvimento de habilidades executivas são aqueles que criam rotinas para toda a aula, capazes de ajudar as crianças a desenvolver habilidades como organização, planejamento, memória de trabalho e administração de tempo. Além disso, esses professores incutem instrução em habilidades executivas na matéria que ensinam. Ensinam as crianças a subdividir tarefas de longo prazo e a criar linhas do tempo para o término de cada subdivisão. Acrescentam rotinas para a lição de casa, garantindo que os alunos se lembrem de entregá-las, e rotinas no fim da aula para que não se esqueçam de anotar os deveres e guardar nas mochilas o material necessário. Esses educadores desenvolvem regras de comportamento em sala de aula para ajudar as crianças a controlar seus impulsos e administrar emoções, e reveem em conjunto todas as regras, regularmente, e em momentos oportunos (por exemplo, pouco antes de um convidado falar com a classe, ou pouco antes do recreio).

Lembremos que os professores, assim como qualquer pessoa, também têm pontos fortes e pontos fracos em suas habilidades executivas e, por isso, alguns incorporam essas atividades melhor que outros. Se seu filho tem um professor que não é muito bom nisso, vale a pena procurar outros recursos que não pode oferecer: um auxiliar de classe, um orientador pedagógico, o diretor ou o assistente de diretor etc. Algumas escolas oferecem oficinas para as equipes, nas quais professores, administradores e especialistas se reúnem para discutir estratégias de aprendizagem ou problemas de comportamento de alunos específicos. Você pode solicitar que seu filho seja incluído na pauta e se reunir com os profissionais da escola para conversar sobre possíveis soluções.

Quando os problemas de habilidades executivas sinalizam a necessidade de serviços especiais ou de uma educação especial? A regra geral é que, se as fraquezas nas habilidades de uma criança interferem com seu desempenho na escola, é necessário procurar serviços especiais. Notas baixas são sinais claros de um mau desempenho. Mas salientamos que as notas que não refletem o potencial do aluno, quando ruins e atribuídas a habilidades fracas, indicam a necessidade de suportes adicionais. Tais suportes podem ser oferecidos de maneira informal (como está implícito na resposta à pergunta anterior), mas também podem ser formais por meio da educação especial.

Existem planos para educação especial que não permitem discriminações para crianças com algum tipo de deficiência cognitiva, podendo ser aplicados em salas de aulas convencionais, porém com arranjos para essas crianças. Alguns exemplos são: mais tempo para as provas ou métodos alternativos de testes, lições de casa modificadas, permissão para um intervalo (uma criança com TDAH, por exemplo, pode se levantar e sair da sala por uns instantes) e sistema de notas diversificado (por exemplo, a entrega diária de lição de casa com peso maior que as provas).

As deficiências mais comuns são dificuldade para aprender, transtornos emocionais ou comportamentais, dificuldade na fala, deficiência intelectual, TDAH ou alguma outra condição que afete o aprendizado.

Nos Estados Unidos, uma reestruturação recente das leis[18] para educação especial permite que escolas estaduais e locais tenham a opção de usar o Modelo de Resposta a Intervenção (RTI, na sigla em inglês). É um modelo de avaliação/intervenção que começa com instrução de alta qualidade e suportes comportamentais na sala de aula convencional. Quando as crianças encontram dificuldade nesse ambiente, uma série de intervenções é aplicada, aumentando de intensidade conforme a necessidade das crianças. Esse modelo enfatiza uma educação de alta qualidade, bem como decisões com base em dados para que não haja dúvida quanto ao sucesso de qualquer intervenção.

Acreditamos que essa abordagem supre as necessidades de crianças com déficit nas habilidades executivas. Por exemplo, digamos que Kevin, de 15 anos, vai mal em Geometria porque entrega apenas metade das lições de casa. Suas notas nas provas são boas, em parte porque faz a maior parte das lições, mas perde ou se esquece de entregar, na metade das vezes. O primeiro passo óbvio para ajudar Kevin (que tem problemas de organização e memória de trabalho!) é elaborar sistemas que o impeçam de perder a lição de casa e lembrá-lo na aula de trazer a lição no dia seguinte. Sob os auspícios da educação especial, os pais de Kevin – ou mesmo seu professor de Matemática – pode indicá-lo para uma avaliação, a fim de determinar se possui alguma deficiência. Com o modelo RTI, Kevin, seus pais e o professor podem se reunir e criar uma intervenção que acreditam que funcionará. Sob o princípio de que *todos precisam se esforçar mais*, os pais de Kevin concordam em checar com o filho, todas as noites antes de ir para cama, se guardou a lição de Geometria em uma pasta apropriada (Kevin escolheu uma de cor verde berrante, em uma loja de artigos para escritório). Se o garoto se lembrar de guardar a lição na pasta sem a ajuda dos pais, ganhará pontos, que usará para economizar dinheiro e comprar um videogame que deseja há tempos. O professor de Geometria concorda em instituir um procedimento em que coleta as lições de casa de todos os alunos individualmente, assim que a classe terminar a revisão das lições. Se tais passos resolverem o problema – e por que não, desde que cada pessoa envolvida na intervenção cumpra seu papel –, não há necessidade de prosseguir com o processo de educação especial.

---

18. Modelo de resposta a intervenção que também é utilizado no Brasil, mas de forma muito tímida; no entanto, não existe uma lei como nos Estados Unidos para assegurá-lo e muitos professores fazem por livre iniciativa. [N.T.]

Por outro lado, porém, para quem não entrega a lição de casa porque não entende o material, será preciso elaborar outra intervenção, talvez recorrendo a serviços de educação especial.

Acho que meu filho precisa de um IEP (sigla em inglês para Plano de Educação Individualizada). Como se consegue um IEP para crianças com habilidade executiva fraca? De acordo com a mesma reestruturação recente das leis que regem a educação especial nos Estados Unidos, os IEPs[19] devem incluir metas anuais mensuráveis e uma declaração de como o progresso será medido. Para um aluno com déficit nas habilidades executivas, um IEP incluirá uma descrição da habilidade específica a ser abordada e como esse déficit se manifesta na sala de aula ou em tarefas escolares específicas. O método de medição é atrelado ao comportamento funcional, devendo ser o mais objetivo possível. O progresso pode ser medido de duas formas: (1) pela contagem de comportamentos (por exemplo, o número de vezes que uma criança briga no parquinho); (2) pelo cálculo de uma porcentagem (por exemplo, porcentagem de lição de casa entregue em dia); (3) pela classificação do desempenho, com uma escala de pontos cuidadosamente definidos; ou (4) pelo uso natural de dados ocorrentes como notas de provas, ausências na aula, advertências disciplinares etc.

Veja a seguir o exemplo de um aluno com dificuldade para completar as lições em aula porque demora a começar e não consegue persistir tempo suficiente na tarefa até terminá-la.

Exemplo de metas de um IEP para inicialização de tarefas/atenção sustentada

Meta 1	O aluno completará lições em aula dentro do tempo determinado pelo professor.
Como medir as metas	O professor contará a porcentagem de lições terminadas no tempo certo. Os resultados aparecerão em um gráfico feito pelo aluno e pelo professor no fim do dia.
Meta 2	O aluno começará todas as lições em aula até 5 minutos depois da hora inicial.
Como medir as metas	O professor programará um temporizador no horário inicial. Quando soar o alarme, o professor verifica com o aluno se começou a tarefa. Porcentagens de lições iniciadas na hora certa entrarão em um gráfico feito pelo aluno e pelo professor no fim do dia.

---

19. No Brasil, o Plano de Ensino Individualizado (PEI) toma como base o modelo norte-americano, demonstrado na sequência. [N.T.]

24
O que vem depois?

Vários fatores conspiram para o desafio aos pais e jovens de enfrentar as demandas impostas às habilidades executivas na adolescência. Nessa fase, particularmente no ambiente escolar, a conformidade é mais importante que em épocas anteriores. Os jovens anseiam por ser "normais" ou iguais a todo mundo, e costumam resistir à noção de que algum aspecto de seu desenvolvimento não está indo bem. Os pares se tornam muito mais importantes que os pais em termos de influência sobre atitudes e motivações. Nessa idade, desenvolvem uma capacidade bem maior para o pensamento abstrato; uma forma de "praticarem" essa recém-descoberta habilidade é por meio da discussão e parece que apreciam treinar com os pais. Talvez isso ocorra porque outra tarefa importante do desenvolvimento nesse período é afirmar a própria independência. Quando tal atitude se alia ao conceito adolescente de que o filho sabe mais que os pais, essa idade se torna muito desafiadora para os adultos. É difícil pregar a paciência aos pais de quem entra na adolescência, mas, com a maturidade, a situação melhora.

Outro motivo para a dificuldade exacerbada dos adolescentes com suas habilidades executivas é o fato de as demandas sobre essas habilidades ficarem maiores. Quando os jovens passam pelo Ensino Médio, devem trabalhar independentemente, atentar para responsabilidades e trabalhos mais complexos e planejar e executar trabalhos de longo prazo, como estudar para as provas e completar projetos de múltiplos passos. Ao mesmo tempo, os suportes oferecidos pelos pais e professores a crianças mais novas desaparecem nessa fase, porque se presume que os jovens são capazes de lidar sozinhos com a responsabilidade.

Além disso, os adolescentes costumam resistir à forma de apoio e supervisão que os beneficiava quando eram mais novos. Também essa postura condiz com a tarefa importante do desenvolvimento, que é alcançar independência e se libertar da figura de autoridade adulta. E, por fim, eles têm à sua disposição um grande número de interesses e atividades que competem por seu tempo. Sair com amigos, jogar videogames, usar a internet são atividades muito mais atraentes aos jovens que fazer lição de casa. Adolescentes com habilidades executivas fracas geralmente têm uma mentalidade do tipo "assim já está bom" em relação aos estudos. Isso se acentua quando se deparam com uma gama de atividades interessantes que disputam com a escola.

Temos, então, argumentos suficientes para você trabalhar com seu filho no sentido de aperfeiçoar seus problemas nas habilidades executivas, antes que ele mergulhe fundo em todas as tarefas de desenvolvimento que definem o período posterior da vida. Se perceber que, no decorrer do Ensino Médio, ele demonstra mais trepidação que o normal, eis algumas estratégias apropriadas ao desenvolvimento que você pode usar:

- *Use consequências naturais ou lógicas.* Uma consequência natural de não completar a lição de casa durante a semana é ter de trabalhar no fim de semana, ou seja, perder a oportunidade de sair com os amigos no sábado porque precisa estudar;
- *Torne o acesso a privilégios dependente do desempenho.* Quando os jovens aprendem a dirigir, a possibilidade de usar o carro da família se torna um incentivo poderoso. E também o acesso a todos aqueles aparelhos eletrônicos que os adolescentes adoram pode depender do desempenho deles nos estudos;
- *Disponha-se a negociar e fazer acordos.* Pais inflexíveis – bem como aqueles que não concordam com o uso de incentivos – se privam de motivadores poderosos, que ajudam os jovens a desenvolver habilidades executivas mais eficazes;
- *Trabalhe com habilidades para uma comunicação positiva.* Nada estraga mais uma conversa com um adolescente que humilhações, sarcasmo e a recusa a ouvir seus pontos de vista (mesmo que seu filho entre nesse mesmo padrão de comunicação). Veja a tabela a seguir com uma lista de estratégias eficazes de comunicação.

Estratégias de comunicação

Se sua família faz isto:	Tente fazer isto:
Diz ofensas	Expressar raiva sem magoar.
Humilha	"Estou zangado(a) porque você ..."
Interrompe	Revezar, ser breve
Critica demais	Aponte o bom e o mau
Fica na defensiva	Escutar e discordar com calma
Dá sermões	Ser direito e breve
Não olha para o interlocutor	Olhar nos olhos
Debocha	Sentar-se ereto e mostrar atenção
Fala com sarcasmo	Falar em tom normal
Desvia do assunto	Terminar um assunto, depois abordar outro

Pensa o pior	Não tirar conclusões precipitadas
Revolve o passado	Manter-se no presente
Lê a mente dos outros	Pedir a opinião dos outros
Dá ordens, manda	Pedir com gentileza
Usa o tratamento do silêncio	Dizer o que incomoda
Faz pouco caso de algo	Levar a sério
Nega que fez determinada coisa	Admitir que fez ou explicar que não
Importunar por erros pequenos	Admitir que ninguém é perfeito; ignorar coisas sem importância

Fonte: Robin, A.T. (1998). *ADHD in Adolescents: Diagnosis and Treatment.* Copyright 1998 by The Guilford Press. Reprinted with permission.

Não subestime a influência que você ainda exerce, mesmo que o *feedback* de seu filho indique o contrário.

Peg falando: *Foi tão gratificante para mim quando meu filho mais velho, perto dos 25 anos, reconheceu em um fórum público (uma "fria" patrocinada pela Associação de Psicologia de minha escola estadual) que aprendeu muito bem a administrar seus problemas de atenção com sua mãe e que algumas estratégias que ela lhe ensinou realmente funcionaram! Eu tinha minhas dúvidas, a julgar por seu comportamento quando tinha 17.*

Já que um pouco de sua influência sobre os filhos permanece nessa fase, o que você pode fazer para garantir que ouçam suas sugestões e – mais importante – que esse conselho continue incrementando o desenvolvimento das habilidades executivas e da independência? Enfatizamos neste livro a importância do envolvimento ativo da criança no processo de resolução de problemas. Isso é vital na transição para a idade adulta. Se quer ser um bom professor para seu filho adolescente, você terá de assumir um papel entre pai/mãe e técnico. É uma relação de colaboração e o adolescente é encorajado a procurar alternativas, fazer escolhas e tomar decisões. Sob o ponto de vista dos pais, esse processo de conduzir o jovem a adquirir informação, gerar opiniões e colaborar para decisões pode não parecer eficaz. O objetivo não é uma solução efetiva, gerada pelos pais, embora isso satisfaça a necessidade imediata de pai e filho. O objetivo é os pais oferecerem uma estrutura que o filho, através da experiência repetida, possa usá-la como sendo dele.

Seus filhos ouvirão melhor o que você tem a dizer se puderem falar de suas próprias dificuldades nessa transição para se tornarem adultos. Isso lhe dá a oportunidade de falar sobre problemas gerais, como lidar com orçamento e administração de dinheiro, chegar ao trabalho na hora, frequentar as aulas, enfrentar chefes/colegas difíceis, e assim por diante. Você já deve estar ciente de quais fraquezas executivas de seu filho e situações são as mais problemáticas. Portanto, pode usar a ocasião para plantar uma semente de quais situações serão mais difíceis. A informação terá mais chances de ser ouvida se você apresentá-la de uma maneira casual e deixar que seu filho pondere a respeito, em vez de oferecer-lhe um sermão ou palestra. A lição virá da vida real, e não de suas advertências. Quando surgir a dificuldade ou o fracasso, você resistirá à tentação de dizer "eu te avisei". Se conseguir isso, ainda será possível discutir uma solução possível para o problema.

Quando os filhos saem de casa e dão o passo seguinte no mundo (faculdade, emprego, serviço militar), eles enfrentam alguns desafios imediatos, como orçamentos diários, planejamentos, administração de tempo e dinheiro e controle de impulso diante de novas oportunidades. Ao mesmo tempo, ganham uma vantagem que até então era limitada: a expansão das escolhas. Em toda a sua infância e adolescência, as escolhas foram feitas por eles, e o principal "emprego" sempre foi a escola. Se suas habilidades executivas não suportarem as novas demandas, pouco poderão fazer a respeito. Entretanto, quando terminam a escola e saem de casa, nossos filhos têm um controle bem maior sobre suas escolhas.

Quando os jovens têm consciência de suas habilidades executivas fracas e fortes, começam a se inserir ou se excluir de situações e tarefas com base no bom "encaixe" entre suas habilidades e as demandas. Você pode auxiliar nesse processo conversando com seu filho a respeito de suas forças e fraquezas. Pode também indicar como as habilidades do jovem satisfazem determinadas demandas. Por exemplo, o adolescente com problemas de organização ou administração de tempo, ou falta de atenção a detalhes, terá mais dificuldade para acompanhar seu saldo bancário ou entregar a documentação em dia. Se a fraqueza for flexibilidade, um emprego que exija horários mutáveis ou responsabilidades variadas causará problemas. Dependendo das escolhas ou tarefas assumidas pelo jovem, você terá uma ideia do tipo de suporte que pode dar.

Na transição para a idade adulta, as *experiências* no mundo real têm um impacto muito maior sobre o comportamento que as falas ou repreensões dos pais. No entanto, a liberdade para testar o real pode criar uma sensação de perigo em seu filho e em você. Como já mencionamos neste livro, a geração atual de jovens adultos é muito próxima de seus pais. De forma equivalente, os pais também sentem-se próximos de seus filhos. Por esse motivo, talvez você relute em deixar que a realidade ensine as lições. Empenhamo-nos em impedir que nossos filhos vivam situações desagradáveis, rejeição e fracasso. E talvez, em parte por causa disso, tantos jovens não estejam preparados para se tornar adultos, ponto muito bem apresentado por Mel Levine em seu livro *Ready or Not, Here Life Comes*. Em vez de impedir a rejeição ou fracasso, podemos encarar tais coisas como oportunidades. Nas palavras de Henry Ford: "O fracasso é apenas a oportunidade de começar de novo de forma mais inteligente".

Felizmente, há estratégias que você pode usar com adolescentes e jovens adultos que os ajudarão a vivenciar e aprender com a realidade, sem que os pais sintam que os abandonaram. Uma dessas estratégias é conduzir ativamente os jovens a qualquer tarefa ou situação que, um dia, deverão administrar sozinhos. Ir a um banco atrás de empréstimos para um carro, calcular as despesas e os débitos com educação, elaborar um orçamento para um apartamento ou o próprio custo de vida, efetuar o pagamento de um carro – todas essas experiências são lições importantes de aprendizado. Através delas, os jovens têm a oportunidade de comparar suas ideias com a realidade, em contextos nos quais a informação não é fornecida pelos pais, mas por outras pessoas.

Recentemente, um pai nos falou sobre o plano de sua filha de abrir uma empresa. As tentativas do pai de mostrar-lhe que as expectativas eram irreais e fazê-la desistir só a deixaram ainda mais determinada. Como não conseguiria salvar a menina de si mesma, ele se ofereceu para ajudá-la no que fosse possível. Juntos, identificaram as informações de que ela precisaria, e a jovem consultou um corretor imobiliário para alugar uma loja pequena, saber dos custos e calcular as despesas e inventário. Ela ainda não decidiu se continuará com o plano, mas a experiência foi valiosa e o pai se sente mais confiante com as escolhas da filha.

Uma segunda estratégia, rapidamente mais dolorosa, é deixar que seu filho fracasse. Isso não é novidade para os pais. As crianças experimentam o fracasso para aprender a tolerância às frustrações e a persistência com soluções de problemas. As consequências podem ser mais sérias quando o jovem não mora mais com os pais, mas o objetivo é o mesmo. Multa por usar veículo não licenciado ou em alta velocidade, juros por estourar o limite da conta bancária, cartão de débito rejeitado no restaurante e pagamento por objeto já perdido (cartão, celular, iPod, carteira de motorista) criam um nível de percepção muito superior às palavras dos pais. Embora essas experiências e outras parecidas talvez não corrijam o problema, o impacto das consequências repetidas pode ser um agente poderoso de mudança de comportamento.

Se quiser usar essa estratégia de modo construtivo, você precisa se certificar de que a experiência do fracasso não ocorra com tal frequência e seriedade a ponto de desanimar o jovem. Para isso, faça uma pequena modificação de um princípio anterior: oferecer o suporte mínimo necessário para que seus filhos tenham êxito. O princípio novo será: ofereça o suporte mínimo necessário para eles se levantarem, sacudirem a poeira após o erro, e continuarem em suas jornadas rumo à independência.

Para todos nós, mas principalmente para aqueles que têm filhos com habilidades executivas fracas, as falhas são inevitáveis. Justamente por isso, a abordagem pura de "ou vai, ou racha" é arriscada. Em nosso trabalho, observamos que pais e filhos obtêm maior êxito quando os pais combinam estratégias de ensino com um apoio contínuo, porém decrescente, à medida que os filhos se mostram cada vez mais aptos a lidar com as responsabilidades de um adulto.

Pensamentos finais

Se você leu este livro do começo ao fim, sua cabeça deve estar girando. Provavelmente, vêm à sua mente estas palavras: "Excesso de informações". Pelo menos para que possam ser absorvidas logo. Aqui vai, enfim, uma recapitulação das coisas mais importantes que devem ser feitas.

- Identifique as forças e fraquezas nas habilidades executivas e as circunstâncias em que elas ocorrem. Converse sobre isso com seu filho, para poder enxergá-las e nomeá-las;
- Comece a trabalhar em estratégias o quanto antes, mas lembre-se de que, a partir do momento em que começar, seu filho será beneficiado;
- Ajude a criança a fazer um esforço, dando pequenos passos, endossando as tentativas e, só aos poucos, diminuindo as instruções;
- Aponte para os recursos (pessoas, experiências, livros) que a criança pode acessar, atrás de conselhos/ajuda;
- Decida que tipo de apoio poderá dar (dinheiro, tempo, experiências), por quanto tempo e em que condições;
- Informe a criança especificamente sobre a parte dela (contribuição financeira, notas, trabalho de casa);
- Se a criança não cumprir o acordo, converse com ela sobre isso. Todos (chefes, professores etc.) observarão seu comportamento e você também deve observar;
- Se a criança falhar, ofereça-lhe uma palavra de conforto e, caso ela não consiga se recuperar sozinha, ajude-a. Lembre-se de que se a criança quer tentar por conta própria, só procura ajuda quando realmente precisa, e se não quer ser resgatada, isso é um sinal positivo;
- Como sempre, encoraje os esforços da criança, elogie seus sucessos e deixe claro que você a ama.

Bibliografia

Livros

BAKER, B. L.; BRIGHTMAN, A. J. *Steps to Independence*: Teaching Everyday Skills to Children with Special Needs. Baltimore: Brookes, 2004. – Escrito para pais de crianças com 3 anos ou mais, este livro oferece uma visão geral de princípios de ensino, seguidos de um guia passo a passo para ensinar os sete tipos de habilidades: preparação pessoal, autoajuda, uso de banheiro, autocuidado, cuidados com a casa e aquisição de informações.

BARKLEY, R. A. *ADHD and the Nature of Self-Control*. Nova York: Guilford Press, 1997. – Este livro é um tanto técnico, mas traz uma boa descrição das habilidades executivas em uma estrutura de desenvolvimento, e aborda as habilidades executivas centrais em TDAH. Russel Barkley escreveu vários outros livros que podem ser úteis aos pais, principalmente de crianças desobedientes ou com TDAH. São eles:
- *Taking Charge of ADHD (rev. ed.):* The Complete Authoritative Guide for Parents. Nova York: Guilford Press, 2000. *Your Defiant Child:* Eight Steps to Better Behavior (coautoria de Christine Benton). Nova York: Guilford Press, 1998. *Your Defiant Teen:* 10 Steps to Resolve Conflict and Rebuild Your Relationship (coautoria de Arthur Robin). Nova York: Guilford Press, 2008.

BURON, K. D.; CURTIS, M. *The Incredible 5-Point Scale*. Shawnee Mission: Autism Aspergers Publishing Company, 2003. – Este pequeno livro, escrito por dois professores de educação especial, descreve o uso de escalas classificatórias para ajudar as crianças a compreender e controlar suas emoções.

DAWSON, P.; GUARE, R. Coaching the ADHD Student. North Tonawanda: Multi-Health Systems, 1998. – Este manual descreve alguns detalhes do processo de instrução, uma estratégia de intervenção ideal para ajudar adolescentes a fortalecer as habilidades executivas.

DAWSON, P.; GUARE, R. *Executive Skills in Children and Adolescents*: A Practical Guide to Assessment and Intervention. Nova York: Guilford Press, 2004. – Este livro, escrito essencialmente para educadores e psicólogos escolares, descreve como acessar habilidades executivas, mas também dá descrições de intervenções com base escolar para fraquezas descritas no mesmo contexto deste volume.

DAWSON, P.; GUARE, R. *Coaching Students with Executive Skills Deficits*. Nova York: Guilford Press, 2012. – Este manual prático apresenta um modelo instrucional baseado em evidências que ajudam alunos cujo desempenho escolar é falho por causa de déficits nas habilidades executivas, incluindo administração de tempo e tarefas, planejamento, organização, controle de impulsos e emoções.

DEAK, J.; ACKERLY, S. *Your Fantastic Elastic Brain*. Belvedere: Little Pickle Press, 2010. – Este livro ilustrado apresenta às crianças a anatomia e as várias funções do cérebro de uma maneira divertida e envolvente. Ensina às crianças que ele possui a capacidade de estimular e desenvolver o cérebro e que os erros são parte essencial do aprendizado.

GINOTT, H. *Between Parent and Child*. Nova York: Three Rivers Press, 2003. –Esta é uma edição atualizada de um livro clássico. É a melhor publicação que conhecemos sobre como se comunicar com crianças de uma maneira que encoraje confiança e competência.

GOLDBERG, D. *The Organized Student*: Teaching Children the Skills for Success in School and Beyond. Nova York: Fireside, 2005. –Muitas estratégias práticas de um consultor educacional que as desenvolveu trabalhando com estudantes, incluindo planos para deixar a mochila organizada, usar fichários, arrumar um espaço em casa para estudar, e administrar tempo.

GOLDBERG, E. *The Executive Brain*: Frontal Lobes and the Civilized Mind. Nova York: Oxford University Press, 2001. –Uma descrição um tanto técnica, mas compreensível, de como os lobos frontais do cérebro controlam o julgamento e as tomadas de decisões. Para pessoas que desejam uma descrição mais minuciosa da pesquisa em torno das habilidades executivas, este é um recurso excelente.

GORDON, R. M. *Thinking Organized for Parents and Children*: Helping Kids Get Organized for Home, School, and Play. Silver Spring: Thinking Organized Press, 2008. – Um manual e livro de exercícios com estratégias e instruções passo a passo para os pais ajudarem seus filhos a desenvolver habilidades executivas, principalmente no contexto de tarefas escolares, como interpretação de texto e redação, além de estratégias para aperfeiçoar a memória de trabalho, administração de tempo, habilidades para estudo e organização.

GREENE, R. W. *The Explosive Child*: A New Approach for Understanding and Parenting Easily Frustrated, Chronically Inflexible Children. Nova York: HarperCollins, 2001. –Este livro de fácil leitura é uma fonte de alívio para pais de crianças inflexíveis, pois descreve as causas da inflexibilidade, além de modos de tratar o problema, usando linguagem clara e direta.

GUARE, R.; DAWSON, P.; GUARE, G. *Smart but Scattered Teens*: The "Executive Skills" Program for Helping Teens Reach Their Potential. Nova York: Guilford Press, 2013. – Este livro dá aos pais estratégias passo a passo para promover a independência dos adolescentes, ajudando-os a se organizar, manter o foco e controlar seus impulsos. Apresenta também ferramentas comprovadas, histórias vívidas e dicas valiosas para reduzir os conflitos entre pais e filhos adolescentes.

HARVEY, V. S.; CHICKIE-WOLFE, L. A. *Fostering Independent Learning*: Practical Strategies to Promote Student Success. Nova York: Guilford Press, 2007. – Este livro, escrito essencialmente para educadores e psicólogos escolares, descreve estratégias para ajudar os alunos a aprender por conta própria. Condiz muito com os conceitos descritos em nosso livro, e os pais podem usar algumas estratégias descritas por Harvey e Chickie-Wolfe.

HUEBNER, D. *What to Do When You Worry Too Much*: A Kid's Guide to Overcoming Anxiety. Washington: Magination Press, 2006. – Este é um dos volumes de uma série cujo objetivo é ajudar as crianças a administrar melhor suas emoções. Outros livros da mesma autora e terapeuta são:
- *What to Do When You Grumble Too Much:* A Kid's Guide to Overcoming Negativity. Washington, DC: Magination Press, 2006.
- *What to Do When Your Brain Gets Stuck:* A Kid's Guide to Overcoming OCD. Washington, DC: Magination Press, 2007.
- *What to Do When Your Temper Flares:* A Kid's Guide to Overcoming Problems with Anger. Washington, DC: Magination Press, 2008.

KURCINKA, M. S. *Raising Your Spirited Child*. Nova York: HarperCollins, 2006. –Descreve as crianças agitadas como "intensas, sensíveis, perceptivas, persistentes e energéticas". Os 304 recursos do livro ajudam os pais a compreender o papel do temperamento no comportamento de seus filhos e oferece conselhos para lidar com problemas comuns do convívio com crianças que têm problemas de controle emocional e inibição de resposta.

KUTSCHER, M. L. *Kids in the Syndrome Mix of ADHD, LD, Asperger's, Tourette's, Bipolar and More!* Londres: Jessica Kingsley, 2005. – Este livro, escrito por um psiquiatra de pais, professores e outros profissionais, é um guia conciso para uma gama de transtornos neurocomportamentais em crianças, a maioria envolvendo déficits nas habilidades executivas. Inclui dicas para lidar com as crianças em casa e na sala de aula, além de um capítulo sobre medicamentos normalmente prescritos.

LANDRY, S. H.; MILLER-LONCAR, C. L.; SMITH, K. E.; SWANK, P. R. *The role of early parenting in children's development of executive processes.* Developmental Neuropsychology, v. 21, p. 15-41, 2002.

LEVINE, M. *A Mind at a Time.* Nova York: Simon & Schuster, 2002. – Mel Levine escreveu muitos livros que podem ser úteis para os pais. Este é o nosso preferido. O autor descreve oito "sistemas" cerebrais, o papel de cada um na aprendizagem, e como os pais e professores podem aproveitar as forças de aprendizagem e superar fraquezas para ajudar as crianças a terem êxito na escola. Um documentário da PBS descreve o trabalho do doutor Levine. Disponível em: <www.pbs.org/wgbh/ misunderstoodminds>. Acesso em: 29 nov. 2022.

LEVINE, M. *Ready or Not, Here Life Comes.* Nova York: Simon & Schuster, 2005.

MARTIN, C.; DAWSON, P.; GUARE, R. *Smarts*: Are We Hardwired for Success? Nova York: AMACOM, 2007. – Este livro aplica o mesmo construto das habilidades executivas a uma população adulta, com foco principal nas questões do ambiente de trabalho e o modo como as pessoas podem aproveitar suas forças executivas e superar suas fraquezas, para produzir melhor no trabalho.

RIEF, S. F. *The ADD/ADHD Checklist.* São Francisco: Jossey-Bass, 1997. –Este livro contém descrições de respiração profunda, relaxamento progressivo e outras técnicas de autotranquilização que você pode ensinar a seus filhos.

ROBIN, A. T. *ADHD in Adolescents*: Diagnosis and Treatment. Nova York: Guilford Press, 1998.

SCHAEFER, C. E.; DIGERONIMO, T. F. *Ages and Stages*: A Parent's Guide to Normal Childhood Development. Nova York: Wiley, 2000. – Este livro oferece um guia excelente aos pais sobre o desenvolvimento infantil normal, incluindo, segundo os autores, "dicas e técnicas para construir as habilidades sociais, emocionais, interpessoais e cognitivas de seu filho".

SHURE, M. B. *I Can Problem Solve*: An Interpersonal Cognitive Problem-Solving Program: Preschool. Champaign: Research Press, 2001.

TWACHTMAN-CULLEN, D.; TWACHTMAN-BASSETT, J. *The IEP from A to Z.* Hoboken: Jossey-Bass, 2011. – Este livro tem um capítulo sobre habilidades executivas com sugestões para metas IEP (Estados Unidos) que pode ser útil para alguns pais.

Publicações

ADDitude é uma revista para famílias afetadas por TDAH. Cada edição vem com artigos sobre os mais variados temas, muitos dos quais relacionados com habilidades executivas, incluindo comentários sobre produtos, conselhos práticos e sugestões úteis para lidar com o

TDAH em crianças e adultos. Há também o *site* da revista <www.additudemag.com>. Acesso em: 29 nov. 2022.

Attention! é a publicação oficial da CHADD (sigla em inglês para Crianças e Adultos com Déficit de Atenção/Transtorno de Hiperatividade). Atende ao mesmo público da *ADDitude* e contém artigos práticos semelhantes. Também possui um *site* <www.chadd.org>. Acesso em: 29 nov. 2022.

Parents oferece conselhos sobre desenvolvimento infantil e questões úteis aos pais. O *site* <www.parents.com>. Acesso em: 29 de nov. 2022.

Índice Remissivo

A

adolescência 9, 11, 20, 26, 27, 28, 33, 36, 62, 121, 146, 200, 218, 270, 305, 308

aula 12, 13, 18, 20, 35, 37, 38, 41, 45, 48, 50, 55, 70, 72, 75, 83, 122, 142, 201, 231, 232, 233, 236, 240, 246, 248, 263, 264, 271, 286, 297, 300, 301, 302, 303, 313

autocontrole 7, 8, 9, 31, 187, 199, 203

autonomia 200

B

bebê 19, 20, 30, 31, 95, 110, 199, 202, 209, 218, 267, 291

biologia 25, 29

brincadeiras 35, 44, 98, 99, 100, 110, 203, 204, 206, 218, 276

brinquedo 24, 30, 31, 39, 43, 46, 65, 97, 99, 102, 156, 204, 209, 219, 245, 277

C

cérebro 7, 9, 10, 25, 26, 27, 28, 33, 36, 200, 210, 218, 311, 312

comportamento 5, 10, 18, 22, 23, 24, 25, 28, 29, 31, 32, 35, 45, 46, 50, 51, 52, 59, 63, 64, 66, 71, 72, 73, 76, 79, 84, 89, 91, 92, 93, 96, 97, 104, 105, 107, 108, 109, 115, 116, 117, 123, 128, 129, 130, 131, 132, 133, 134, 139, 144, 145, 146, 147, 149, 186, 187, 199, 202, 203, 204, 205, 206, 207, 208, 213, 215, 216, 217, 219, 222, 223, 224, 225, 230, 232, 238, 241, 243, 247, 248, 254, 257, 263, 265, 271, 272, 274, 276, 279, 281, 284, 285, 286, 287, 288, 289, 291, 292, 293, 295, 296, 301, 303, 307, 308, 309, 310, 313

controle emocional 5, 9, 19, 24, 40, 42, 57, 60, 63, 65, 70, 72, 76, 78, 86, 91, 95, 96, 98, 99, 102, 104, 119, 140, 145, 149, 217, 218, 219, 220, 296, 298, 313

criança 2, 3, 7, 8, 9, 10, 12, 13, 14, 18, 19, 20, 21, 22, 24, 25, 26, 27, 28, 29, 32, 33, 34, 35, 36, 37, 38, 39, 40, 41, 42, 44, 45, 47, 49, 52, 56, 62, 66, 67, 70, 71, 73, 74, 75, 76, 77, 78, 83, 84, 85, 86, 87, 88, 89, 90, 91, 93, 96, 97, 98, 99, 100, 101, 102, 103, 104, 105, 108, 109, 110, 111, 112, 113, 114, 116, 119, 120, 123, 124, 129, 130, 131, 133, 134, 140, 141, 143, 144, 146, 147, 149, 150, 151, 152, 153, 155, 156, 157, 158, 159, 160, 162, 163, 164, 167, 169, 170, 171, 173, 175, 176, 177, 180, 189, 193, 194, 196, 200, 202, 203, 204, 207, 208, 209, 210, 211, 214, 216,

217, 218, 219, 220, 221, 223,
225, 227, 228, 231, 232, 235,
236, 237, 239, 242, 243, 244,
245, 249, 251, 252, 253, 254,
255, 259, 260, 261, 266, 267,
268, 269, 270, 275, 276, 277,
279, 283, 284, 285, 286, 288,
291, 293, 294, 295, 296, 297,
299, 300, 301, 302, 303, 305,
309, 311, 312, 313, 314

D

deficiência 104, 105, 108, 141, 242, 275, 295, 301, 302

E

educadores 35, 37, 299, 301, 311, 312
empatia 64, 300
ensino fundamental 9, 13, 14, 22, 24, 36, 84, 141, 150, 207, 218, 228, 288
ensino médio 9, 13, 84, 98, 99, 116, 127, 211, 219, 221, 230, 239, 240, 244, 255, 259, 260, 264, 276, 283, 284, 305, 306
escola 6, 7, 13, 17, 18, 24, 29, 32, 33, 35, 36, 37, 38, 39, 41, 42, 46, 47, 48, 50, 51, 55, 56, 64, 65, 71, 72, 73, 75, 76, 79, 84, 103, 105, 107, 108, 110, 116, 119, 121, 122, 127, 129, 130, 131, 132, 133, 139, 142, 143, 146, 149, 151, 152, 153, 156, 158, 163, 164, 166, 169, 175, 176, 190, 200, 201, 202, 210, 211, 212, 214, 217, 219, 221, 228, 229, 231, 233, 235, 236, 237, 243, 244, 245, 247, 248, 251, 252, 254, 255, 257, 259, 260, 262, 263,
265, 267, 268, 271, 273, 274, 276, 283, 286, 287, 288, 289, 290, 295, 296, 297, 299, 300, 301, 306, 307, 308, 313
estratégias de estudo 177

F

família 8, 51, 64, 66, 70, 95, 96, 109, 112, 113, 114, 131, 133, 142, 204, 206, 217, 221, 223, 230, 244, 253, 254, 259, 261, 262, 267, 273, 286, 287, 306
filho 5, 7, 8, 9, 10, 11, 12, 13, 15, 19, 20, 21, 24, 25, 26, 29, 30, 31, 32, 33, 35, 36, 38, 39, 40, 42, 44, 45, 47, 49, 51, 52, 55, 56, 57, 61, 62, 63, 64, 65, 66, 67, 69, 70, 71, 72, 73, 74, 75, 76, 77, 78, 79, 83, 85, 86, 87, 88, 89, 90, 91, 92, 93, 96, 97, 98, 99, 100, 101, 102, 103, 104, 105, 108, 109, 110, 112, 113, 114, 115, 116, 117, 118, 119, 120, 124, 127, 128, 130, 131, 132, 133, 139, 140, 141, 142, 143, 144, 145, 146, 149, 150, 151, 154, 155, 156, 157, 158, 160, 161, 162, 163, 165, 166, 167, 169, 170, 171, 173, 175, 176, 177, 178, 180, 181, 182, 183, 184, 186, 187, 188, 191, 192, 193, 194, 195, 196, 197, 201, 202, 203, 204, 205, 207, 209, 210, 211, 212, 214, 216, 217, 218, 219, 220, 223, 227, 228, 229, 231, 233, 235, 236, 237, 238, 239, 240, 242, 243, 244, 245, 246, 247, 249, 251, 252, 253, 255, 258, 259, 260, 261, 262, 264, 265, 266, 267, 268, 269, 272, 274, 275,

276, 277, 278, 279, 280, 283, 284, 285, 286, 288, 291, 292, 293, 294, 295, 296, 299, 300, 301, 302, 303, 305, 306, 307, 308, 309, 310

forças e fraquezas 5, 10, 11, 12, 21, 33, 34, 35, 40, 42, 55, 56, 57, 60, 65, 83, 296, 308, 310

fraquezas 5, 10, 11, 12, 13, 20, 21, 33, 34, 35, 40, 42, 44, 47, 49, 51, 52, 55, 56, 57, 60, 61, 62, 63, 65, 72, 73, 83, 100, 108, 141, 143, 291, 296, 301, 308, 310, 311, 313

H

habilidades executivas 2, 3, 5, 7, 8, 9, 10, 11, 12, 13, 19, 20, 21, 22, 25, 26, 27, 28, 29, 31, 32, 33, 34, 35, 36, 37, 38, 39, 40, 41, 42, 44, 45, 47, 49, 51, 52, 55, 56, 57, 58, 60, 61, 64, 65, 66, 67, 69, 70, 71, 72, 73, 74, 75, 76, 77, 78, 83, 84, 85, 86, 92, 93, 95, 96, 97, 98, 100, 102, 103, 104, 105, 107, 108, 109, 110, 111, 112, 113, 114, 115, 116, 123, 127, 128, 129, 130, 131, 133, 134, 139, 140, 141, 143, 144, 145, 146, 148, 200, 202, 209, 218, 227, 235, 244, 253, 270, 275, 277, 291, 292, 294, 295, 296, 299, 300, 301, 302, 303, 305, 306, 307, 308, 310, 311, 312, 313

I

infância 7, 8, 9, 10, 11, 14, 22, 24, 26, 27, 28, 61, 89, 122, 199, 201, 207, 209, 217, 219, 221, 228, 236, 243, 245, 260, 276, 278, 283, 284, 297, 308

infantil 2, 7, 17, 24, 36, 37, 38, 90, 112, 220, 313, 314

inteligência 7, 18, 83, 202

inteligente 5, 15, 17, 202, 237, 294, 309

irmão 29, 41, 42, 51, 73, 98, 104, 110, 203, 237, 268, 293

J

jogos 12, 17, 31, 35, 84, 98, 101, 102, 105, 108, 112, 113, 140, 148, 162, 186, 218, 219, 223, 224, 276, 280, 281

L

lesões físicas 25
Linguagem 18, 232
lobos frontais 26, 27, 28, 29, 30, 32, 85, 96, 123, 200, 312

M

mãe 8, 11, 14, 17, 18, 20, 21, 25, 29, 30, 31, 32, 38, 41, 45, 55, 57, 60, 63, 64, 69, 70, 71, 72, 73, 74, 84, 86, 89, 90, 95, 96, 97, 102, 103, 104, 107, 108, 116, 117, 118, 119, 120, 121, 122, 127, 131, 132, 142, 178, 189, 194, 201, 203, 204, 206, 207, 208, 212, 213, 214, 221, 232, 233, 237, 239, 246, 247, 248, 249, 254, 264, 265, 271, 272, 273, 274, 288, 289, 292, 293, 307

matemática 7, 18, 41, 119, 120, 121, 139, 142, 169, 221, 232, 239, 240, 256

memória 5, 22, 24, 28, 30, 31, 32, 33, 36, 40, 41, 52, 56, 58, 61, 75, 100, 101, 103, 104, 112, 124, 139, 143, 167, 178, 209, 210,

211, 215, 216, 218, 240, 286, 300, 302, 312
metacognição 21, 23, 25, 44, 46, 49, 51, 60, 166, 169, 170, 173, 177, 195, 283, 287, 289

P

pai 8, 11, 14, 20, 21, 25, 29, 32, 38, 41, 45, 55, 56, 57, 58, 60, 61, 62, 70, 71, 73, 74, 86, 89, 90, 95, 96, 97, 104, 113, 119, 120, 121, 127, 131, 132, 142, 178, 189, 194, 201, 203, 204, 214, 215, 221, 229, 239, 240, 254, 273, 278, 288, 292, 307, 309

pais 5, 8, 9, 10, 11, 12, 13, 14, 18, 19, 20, 21, 22, 25, 26, 28, 29, 30, 31, 32, 33, 36, 37, 38, 39, 41, 46, 52, 55, 56, 57, 58, 61, 62, 66, 67, 70, 71, 73, 75, 76, 77, 83, 84, 85, 86, 87, 88, 90, 91, 92, 95, 96, 97, 98, 100, 101, 103, 105, 108, 109, 110, 111, 113, 118, 119, 120, 122, 123, 124, 127, 128, 129, 131, 132, 133, 134, 141, 142, 144, 145, 146, 160, 161, 170, 173, 174, 181, 189, 191, 194, 196, 197, 200, 202, 204, 205, 207, 208, 214, 217, 218, 220, 221, 222, 223, 224, 225, 228, 230, 231, 235, 237, 238, 239, 240, 241, 244, 245, 248, 251, 253, 254, 255, 256, 257, 258, 259, 260, 262, 263, 264, 265, 266, 267, 268, 269, 270, 271, 272, 273, 278, 279, 280, 281, 284, 285, 286, 287, 288, 291, 293, 294, 295, 296, 297, 298, 299, 300, 302, 305, 307, 308, 309, 310, 311, 312, 313

professor 32, 33, 36, 38, 39, 40, 45, 46, 50, 66, 67, 73, 75, 119, 122, 131, 153, 169, 170, 171, 173, 175, 177, 178, 219, 220, 222, 232, 233, 236, 240, 242, 245, 246, 247, 268, 284, 289, 290, 293, 297, 299, 300, 301, 302, 303, 307

professora 7, 36, 71, 72, 73, 111, 231, 232, 233, 237, 238, 249, 256, 257, 258, 262, 263, 268, 287, 289, 300

professores 7, 10, 13, 18, 20, 22, 28, 33, 35, 36, 37, 38, 39, 40, 46, 49, 50, 52, 66, 67, 73, 76, 83, 84, 86, 103, 122, 128, 131, 146, 170, 211, 219, 222, 223, 227, 230, 231, 241, 243, 244, 246, 247, 255, 256, 258, 266, 268, 288, 289, 293, 295, 297, 299, 300, 301, 302, 305, 310, 311, 313

S

sinapses 26, 27
sistemas escolares 36

T

TDAH 20, 32, 33, 86, 97, 130, 296, 297, 301, 302, 311, 313, 314
Traumas 25